1인 기업

작게 시작해서
더 큰 기회를 만들다

영원한 성장이란 없다. 하지만 전통적인 사업가는 여전히 갈망한다. 대체 성장은 무엇을 성취하기 위한 것인가? 옥스퍼드 대학이 그렇게 성공적이라면, 어찌하여 워싱턴 D.C.에 분교를 만들지 않을까? 120명의 연주자가 교향곡을 성공적으로 연주했다면, 600명이 넘는 인원으로 연주하면 더 큰 성공을 거두지 않을까? '더 크게 성장하는 것'은 그 이상 효과적인 사업 전략이 아니다.

— 리카르도 세믈러, 셈코 파트너 최고경영자

일러두기

이 책의 각주는 전부 옮긴이 주입니다.

원서의 각주는 후주에서 확인하실 수 있습니다.

1인 기업

작게 시작해서
더 큰 기회를 만들다

폴 자비스

서문

밴쿠버 동계 올림픽의 마지막 날인 2010년 2월 28일, 나는 아내 리사와 함께 작은 큐브 밴 차량을 운전해서 페리 터미널을 향해 가는 중이었다. 우리는 밴쿠버 도심 한복판에 있는 하늘로 우뚝 솟은 작은 유리 상자 모양의 콘도를 막 팔고 가는 길이었다. 우리가 가진 모든 자산을 거의 다 매각하거나 기증했으며 밴쿠버 섬 도로 끝자락에 있는, 말 그대로 인적이 드문 외딴 마을로 이사하는 중이었다.

우리의 새 정착지가 될 토피노Tofino 어귀에는 '경계에 서 있는 삶life on the edge'이라는 광고가 자랑스레 서 있었다. 정말 아무것도 없는 곳이었다. 이 섬은 문명과 완전히 단절된 출연자들이 생존을 위해 고군분투하는 리얼리티 TV 쇼, 〈Alone〉의 촬영 장소이기도 했다. 그 촬영지는 마을로부터도 북쪽으로 몇 시간 떨어져 있었다. 토피노에는 주로 파도타기를 하는 사람, 나이 든 병역 기피자 그리고 20세기에도 여전히 행복하게 사는 다양한 히피족 등 약 2,000여 명이 살고 있다.

이사 전후 심지어 이사하는 순간에도 나는 온라인으로 메르세데스 벤츠에서 마이크로소프트, 마리 폴레오Marie Forleo 등과 디자이너 겸 온라인 사업 컨설턴트로서 일하고 있었다. 내 일과 삶은 서로 분리되지 않고 뒤엉켜 있었다. 하지만 지금은 기술과 연관된 이들이 전혀 없는 마을에서 끔찍한 인터넷 환경 아래 사업을 하고 있다. 요컨대 기술계에서 일해 온 나 같은 사람에게 이번 이사 결정은 다소 엄청난 변화가 될 것이다.

내가 문명 세계를 떠나 척박한 지역에 자리를 잡게 된 주된 이유는 단순히 '통상적으로business as usual' 도시 생활을 할 수 있고, 어떤 큰 기회로 성공적인 사업을 키워가기 위한 노력을 충분히 할 수 있었기 때문이었다. 내 아내인 리사 역시 매일의 업무량에 지쳐갔다. 우리는 둘 다 도시라는 존재가 주는 끊임없는 자극과 스트레스, 즉 빛, 소음, 산만함, 끝없이 계속되는 '윙윙거림Buzzing'에서 벗어나고 싶었다. 온전한 정신을 위해 우리는 최대한 빨리 탈출했다. 밴쿠버 섬에서 사는 것은 완벽한 강장제tonic가 되어 줄 것 같았다.

하지만 얼마 지나지 않아 이 섬의 숲에서 사는 것이 정말 흥미로운 일이란 걸 알게 되었다. 숲 생활이 자기 생각 속으로 깊게 빠져들게 만든다는 점에서 그렇다. TV나 넷플릭스가 없다면 특별히 혼자 할 수 있는 일은 그리 많지 않다. 어쩌면 처음으로 자기 생각을 탐구하는 건 세상에서 가장 두려운 일 중 하나일지 모르겠다. 버지니아 대학University of Virginia의 티모시 윌슨Timothy Wilson의 연구에서 보면 사람들은 단순히 생각만 하면서 혼자 지내느니 라리 전기 충격을 받는 편이 낫겠다고 생각하는 것으로 나타났다.[1] 그러나 앉아서 곰곰이 다시 생각해 보면, 사고를 변화시키는 어떤 마음가짐이 드러나는 걸 알 수 있게 된다.

규모를 줄인다는 것은 물리적 소유물을 처분하는 계획일 뿐 아니라 사고의 명료성을 얻는 계획이기도 했다. 원초적이지만 본질적인 의미의 개인적 삶을 새로 만들어 가면서 내 일과 병행하는 것 중에 진정 무엇이 필요한지 아닌지가 더욱 분명해지기 시작했다. 내 머릿속 메일함을 깨끗하게 비우고 생각의 잡동사니들을 치우니 산만함이 사라지고 매일매일의 사업이 훨씬 더 분명하게 보였다. 나는 그 순간까지 내가 왜 이런 방식으로 일해왔는지를 명확하게 표현할 수 없었다.

이러한 명확성은 사업을 시작하기 전부터 내가 거의 20년 동안 무의식적으로 해왔던 어떤 것을 분명하게 드러냈다. 이는 내가 대부분 자율에 대한 욕구와 즐거움으로 인해 회복력 있는 사업을 만들어 왔다는 점이다. 다시 말해, 내 삶의 모든 측면을 축소함으로써 내 사업을 성공적으로 구축해 왔다는 점을 깨달았다. 나는 성장과 확장의 전형적인 사업 방식을 거부함으로써 막대한 이익을 거두고 있었다. 난 이 섬의 숲으로 이사한 지금에서야 처음으로 그 이유를 깨달을 수 있었다.

나는 '1인 기업company of one'을 만들어 왔던 것이었다.

'1인 기업'에 대한 소개

나는 지금까지 '더 많은 것이 항상 더 좋은 것은 아니다.'라는 가정을 혼자만의 느낌이라 여겨왔다. 그러나 이 책을 쓰는 동안 나와 똑같이 느끼는 많은 이들이 있고, 이러한 사업적 결정을 뒷받침하는 많은 연구와 조사도 늘어나고 있음을 알게 되었다. 가장 성공적인 브랜드를 보유한 어떤 기업과 개인이 진실로 '1인 기업'이었음이 드러났다.

토피노에 살면서 나는 매일 하나의 의식처럼 아침 파도타기를 할 수 있었다. 어느 날 회계사 친구와 함께 부서지는 파도 바로 앞 출발선에서 대기하고 있었다. 거기에 앉아 괜찮은 다음 파도를 기다리는데, 친구가 고개를 돌리며 외쳤다. "신난다! 올해 남은 기간 내내 암벽 등반을 하며 휴가를 보낼 만큼 충분한 돈을 벌었어." 지금은 8월이다. 그의 뜬금없는 외침에 당황하여, 나는 밀려오는 몇 번의 파도를 놓치고 말았다. 그는 내가 아직 출발도 못 한 채 대기하고 있는 곳으로 와서 상당한 액수의 생활비와 자금을 벌기 위해 자신이 벌어야 할 금액을 미리 계산해 두었고 자신이 편안히 지낼 수 있는 만큼의 자산의 양을 파악해 두었으므로 그 이상 저축할 필요성을 느끼지 못한다고 말했다.

사실, 그는 더 많은 돈이 필요하지 않았다. '충분한' 돈을 벌면 그는 일을 그만두고 일 년 내내 여행을 했다. 그는 모든 도시에 사무실과 직원이 있는 더 큰 회계 사업으로 성장하고 싶지 않다고 했다. 물론 그가 원한다면 더 큰 사업을 관리하기 위해 인원을 '충분히' 늘릴 수 있겠지만, 그러면 암벽 등반이나 파도타기를 하는 데 지금처럼 많은 시간을 보낼 수 없을 것이다. 그의 사업은 점점 커지는 게 아니라 점점 더 나아지고 있었다. 나는 이내 그와 비슷한 생각을 하고 있었다는 것을 깨달았다. 내 사업과 삶을 영위하기 위해 무엇을 해야 하는지 알고 있었기 때문에 '충분한' 목표에 도달했다는 생각이 들면 속도를 조절할 수 있다.

사람들은 근면함과 현명한 사고가 항상 사업 성장을 가져온다고 가정한다. 그러나 그 반대도 종종 존재한다. 모든 성장이 유익한 것은 아니며 어떤 성장은 실제로 회복력과 자율성을 감소시킬 수 있다. 내가 지식의 영역을 훨씬 벗어난 자급자족의 새로운 기술을 배웠듯이 1인 기업도 똑같이 할 수 있다. 실제로 그것들은 홀로 서고 번영해 가는 데 필요할 것이다.

사실, 갑자기 발생하는 '많은' 문제들에 직면할 수 있으므로 성장을 수용하는 길이 어쩌면 더 쉬운 방법일 수 있다. 더 많은 고객을 원하는가? 직원을 더 많이 고용하라. 더 많은 수입이 필요한가? 더 많은 돈을 지출하라. 늘어난 지원 요청을 처리해야 하는가? 지원팀을 더 크게 확장하라. 그러나 확장이 기본적인 문제에 대한 최선의 해결책은 아닐 수도 있다. 고수익을 창출하기 위해 높은 효율성을 달성하여 더 많은 고객을 확보했다면 더 많은 직원을 고용할 필요가 없지 않을까? 더 적은 비용으로 더 많은 매출이나 수익을 창출한 경우는 어떠한가? 판매한 제품의 사용법을 전달할 최상의 방법을 찾아낸 덕에 고객으로부터 자주 지원 요청을 받을 필요가 없다면 어떨까? 만약 프로젝트에 더 많은 시간을 할애하지 않고 더 효율적으로 일할 수 있다면, 일에서 벗어나 더 나은 삶을 누릴 수 있지 않을까?

늘 하던 식의 사업 감각으로 성장을 맹목적으로 쫓는 것은 현명한 사업 전략이라 말할 수 없다. 이 책에서 다루고 있는 많은 연구가 맹목적인 성장이 사업적 문제의 주요 원인이 된다는 점을 강하게 시사할 것이다. 유지 불가능한 수의 직원, 지속하기 어려운 비용 그리고 하루에 감당하기 어려운 많은 일을 강제로 시키게 되는 상황이 올 수도 있다. 결국에는 직원을 해고하거나 회사를 최적 가격보다 현저히 낮은 가격에 팔거나 심지어 완전한 폐업을 강요받을 수도 있다.

그 대신에 더 작고 더 영리하며 더 효율적이고 더 탄력적인 성장을 향해 노력한다면 어떨까?

작게 유지하는 것은 다른 어떤 것의 디딤돌이거나 사업 실패의 결과라기보다 현명한 최종 목표나 장기적인 사업 전략이다. 1인 기업의 핵심은 성장의 전형적 퇴보를 초래하지 않는 방식으로 더 나아지는 것이다. 직원 급여, 비용, 스트레스 수준을 맹목적으로 늘려야 한다는 강박에서 벗어나, 수익, 즐거움, 충성도 높은 고객, 집중력, 자율성, 경험을 확장할 수 있다. 이 접근법은 회사가 시장에서 살아남을 수 있도록 충격을 완화하는 동시에, 개인에게는 어려움에 처했을 때조차 성장할 수 있는 힘을 준다.

'1인 기업' 접근법은 단지 한 사람의 사업에 적용되는 것이 아니라 개인이 경력 개발을 위해 더 자기 주도적이고 책임감을 더 높이도록 자기 역량을 활용하는 모델이다. 1인 기업은 비록 영세 기업이나 개인 사업일 수도 있지만, 영세 기업 대부분이 보통 최고의 수익을 내기 위한 확장이나 성장을 목표로 한다는 점에서 차이가 있다. 1인 기업은 성장에 의문을 제기하고 의도적으로 작게 유지하려는 목적에 따른다.

1인 기업은 단순히 실용적인 프리랜서freelancer가 아니다. 프리랜서는 1인 기업이 되기 위한 완벽한 첫 단계이지만 돈을 위해 시간을 교환한다는 점에서 다르다. 시급을 받든 현물로 받든 일하지 않으면 급여를 받지 못한다. 프리랜서의 모든 관계는 일대일로 이루어지며, 유급 업무가 발생할 때마다 계약된 무언가를 수행해야 하고 시간을 투입해야 한다.

이와는 대조적으로, 1인 기업은 기업가라는 전통적인 정의에 더 부합한다. 시스템, 자동화, 프로세스를 활용하여 장기적인 사업을 구축하는 경우 돈을 위해 시간을 거래하는 것이 아니라 일대일 관계를 넘어 업무 이외의 시간에 일하고 이익을 얻는 것을 말한다. 예를 들어, 실제 제품을 만들거나, 소프트웨어를 판매하거나 온라인 교육시스템을 운영할 때 1인 기업은 시간을 투자하지 않아도 고객과 사용자는 각 거래에서 이 제품과 서비스를 구매하고 소비할 수 있다. 제품을 개발하는 것은 시간이 많이 소요되고 반복적일 수 있지만 1인 기업의 경우 고객층은 거의 무한대일 수 있고 이익은 소비된 시간 외에도 꾸준히 발생한다. 1인 기업은 다음 장에서 볼 수 있겠지만 고객 규모가 늘어나고 이익이 창출된다고 해서 항상 급격하게 직원이나 자원을 확장할 필요는 없다.

1인 기업은 정신적 관행과 사업적 응용의 양쪽 측면에서, 어떤 시장이든 귀중한 자산을 형성하려 수행하는 일에 대한 소유와 책임을 감당할 수 있도록 영세 기업 소유자에서 대기업 경영자까지 누구나 활용할 수 있는 집단적 사고방식이자 사업 모델이다. 이것은 모든 유형의 경제 환경에서 생존할 수 있는 기민하고 민첩한 기업을 성장시키기 위한 청사진이며, 궁극적으로 기술로부터 회피나 섬의 숲으로 도피할 필요 없이 더 풍요롭고 의미 있는 삶으로 이끌어 주는 모델이다.

마이클 폴란Michael Pollan의 음식 철학을 세 가지 간단한 규칙, 즉 '음식을 먹되 너무 과식하지 말고 주로 채식을 하라.'로 요약할 수 있는 것처럼 '1인 기업' 모델도 비슷한 말로 표현할 수 있다.

"작게 시작하고 성장을 분명히 정의하며 배움을 유지하라."

Contents

2부 정 의

3부 유 지

1부 시작

1인 기업

1 장

1인 기업 정의하기

2010년 가을, 톰 피시번Tom Fishburne은 일류 소비식품 기업의 마케팅 부사장으로 근무한 회사를 퇴직하면서 남들이 부러워할 만한 대단한 경력의 종지부를 찍었다. 그는 만화를 그리고 싶었다. 놀랍게도 이는 정서적으로나 재정적으로 최고의 경력 전환이 되었다.

그는 변덕스러운 열정을 따른 것도, 일종의 반자본주의적 히피가 된 것도 아니었다. 오히려 성공을 위한 계획을 치밀하게 수립하고 조심스럽게 실행했다.

어릴 적 톰은 만화 그리기를 무척 좋아했다. 의사였던 아버지의 처방전 책자 뒷면을 이용하여 플립 북처럼 그림을 그리곤 했다.

그 후 하버드에서 MBA를 목표로 공부하는 동안 친구들은 그에게 대학생 때 일했던 캠퍼스 신문인 〈하버스Harbus〉에 만화를 출품하라고 독려했다. 하지만 일단 학교를 마치고 경영학 학위를 받은 그는 곧바로 회사에 취직했다. 이성적인 면에서 그것은 지당한 것처럼 보였다. 톰은 시트콤SITCOM 세대였기 때문에 '안정적인' 직업이 필요하다고 생각했다. 그러나 여전히 취미로 만화를 그렸고 그가 속한 산업의 마케팅 관련 주제를 재미있게 그려낸 만화를 동료들에게 공유했다.

회사 업무를 수행하는 동안 그의 만화는 많은 만화가 친구와 지인들 그리고 커뮤니티 외부로 공유되면서 점차 주목을 받기 시작했다. 그의 만화를 사고 싶어하는 회사가 점차 많아져 평일 저녁과 주말 동안 부업으로 만화를 그리기 시작했다. 그런 다음 고객과의 안전한 관계를 토대로 상당한 사업자금을 모았을 때 비로소 회사를 떠나 자기 사업을 시작했던 것이었다.

퇴직 이후 7년 동안 만화 작가로 일한 그는 임원 시절보다 2~3배 더 많은 수익을 올렸다. 이는 사무실을 확장하거나 더 많은 직원을 고용하거나 전 세계에 자회사를 확장했기 때문이 아니었다. 오히려 그의 회사 마켓툰 Marketoon의 직원은 여전히 톰과 그의 아내 둘뿐이고 별도의 프로젝트를 보조하는 몇몇 프리랜서가 있을 뿐이다. 톰과 그의 아내는 오후에 정기적으로 두 딸과 함께 앉아 만화를 그릴 수 있는 캘리포니아 마린 카운티 Marin County, California의 햇볕이 잘 드는 스튜디오에서 일하고 있다.

전통적인 의미에서 사업 성장은 항상 성공의 산물로 여겨져 왔다. 하지만 톰은 일을 어떻게 해야 하는지 별로 신경쓰지 않는다. 그는 세계 최고의 명문 대학교에서 공부했고 그 지식을 활용하여 대기업에서 일해 왔기에 누구보다도 사업의 규칙을 잘 알고 있다. 다만 그는 관습적인 규칙들을 따르는데 관심이 없다.

보통 사업이 잘되면 더 많은 직원을 고용하고 더 많은 인프라를 구축하며 수익률을 높이는 데 노력을 쏟는다. 성장은 항상 좋은 것이고 항상 무한하며 성공을 위해 필수적으로 요구된다는 것이 핵심 가정이다. 그 외 다른 것은 최우선순위에서 밀려난다. 만약 톰이 회사를 더 키웠다면 비록 고객을 많이 확보하고 있더라도 만화가들을 관리하는 데 너무 바빠서 오히려 만화를 그릴 시간이 적었을 것이고 스튜디오 뒷마당에서 가족과 함께 보낼 시간이 훨씬 짧아졌을 것이다. 톰에게 그런 성장은 현명한 것도, 논리적인 것도 아니었다. 그의 인생과 경력에서 가장 가치를 두는 것에 어긋나는 것이기 때문이다.

소비문화도 똑같은 말을 한다. 더 많은 것이 항상 더 좋다는 것이다. 광고는 새롭거나 더 상위 버전의 제품이 출시될 때마다 이전에 구매한 제품을 버리라고 요구한다. 더 큰 집, 더 빠른 차, 옷장과 차고에 쌓아두고도 불가피하게 보관함에까지 넣어야 할 많은 물건. 그러나 과대광고와 이 욕망의 물신화는 결코 열매를 맺지 못하는 행복과 성취의 공허한 약속에 불과하다. 우리는 어쩌면 충분히 가지고 있거나 적게 갖고 있더라도 필요한 모든 것은 가졌을 수 있다. 왜냐하면 '더 많다는 것'은 종종 우리의 삶과 사업에서 스트레스와 문제 그리고 책임져야 할 것이 더 많다는 것과 같은 의미이기 때문이다.

비록 반직관적인 사람이라도 적은 돈으로 사업을 쉽게 운영할 수 있다. 톰은 직원, 사무실 임대, 급여 또는 직원 관리 책임에 대해 걱정할 필요가 없다. 그는 유료 프로젝트에 필요한 외부인을 고용할 수 있고 그들 역시 다른 고객과 함께 일하고 있다. 단지 마켓툰만이 아니라 다른 이들과 함께 일하며 그들 스스로를 지켜간다.

톰은 어떤 경제적 여건을 충분히 감당할 수 있을 만큼 작고 안정적인 장기 사업을 만들어 낼 수 있었다. 그리고 하나의 프로젝트나 한 고객에 너무 의존적이지 않을 만큼 회복력이 있으며 다른 방식이 아니더라도 자신의 업무에 활력을 불어넣을 만큼 자율적이었다. 그는 관례에 따라 무리하게 수익을 늘리려 하지 않고도 이익을 높일 수 있었다. 그는 매일 가족과 함께 시간을 보내고 딸들과 함께 만화를 그리면서도 보통의 만화 작가가 버는 것보다 훨씬 더 많은 수익을 올리는 다국적 기업의 훌륭한 사업가이다.

간단히 말해, 톰은 1인 기업의 완벽한 예시이다.

'1인 기업'의 정의

1인 기업은 단순히 말하자면 성장에 의문을 제기하는 기업이다.

1인 기업은 전통적인 성장의 몇 가지 형태를 거부하고 이에 대해 의문을 제기한다. 이들이 의문을 제기하는 이유는 원칙에 의한 것이 아니라 성장이 언제나 가장 유익하고 재정적으로 성공 가능한 조치가 아니기 때문이다. 소상공인이나 소규모 창업자 집단이 이에 해당할 수 있다. 더 많은 자율성과 자급자족을 바탕으로 일하고자 하는 직원, 임원, 이사회, 기업 총수들도 1인 기업의 원칙을 채택할 수 있다. 사실, 대기업이 고용의 측면에서 가장 영리한 방식을 원한다면 1인 기업의 원칙을 채택해야 한다.

문제를 해결하기 위해 전통적인 사업체들이 하던 일, 즉 더 많은 사람을 고용하거나 문제 해결에 더 많은 돈을 투입하거나 직원들을 추가 지원하기 위한 복잡한 인프라를 구축할 필요 없이 어떤 문제의 해결책을 찾았을 때가 내 개인적인 인생에서 가장 성공적인 순간이다. 기본적으로 나는 '더 많은' 문제를 만들어 가며 이를 해결하는 데 집중하는 것에는 관심이 없다.

'더 많은' 문제를 해결한다는 것은 일반적으로 더 복잡해지고 더 큰 비용이 들며 더 많은 책임을 져야 하고 더 많은 돈이 드는 것을 의미한다. 더 많은 것이 보통 가장 쉬운 답이기는 하지만 가장 현명한 답은 아니다. 나는 성장하지 않으면서도 문제에 대한 해결책을 찾는 과정에서 기쁨과 경제적 이익을 모두 발견했다. 다른 이들과 나는 현재 활용 가능한 자원으로 문제를 해결하는 것을 즐긴다. 비록 좀 더 독창적인 것이 필요할 수 있지만 이런 식으로 문제를 해결해 나가면 도산할 염려는 없으므로 장기적인 안정성을 추구하며 사업을 유지할 수 있다.

2016년 10월에 나는 내가 소유하거나 구축해 가는 어떤 회사를 급격히 성장시키는 것에 관심이 없다는 글을 블로그에 올렸다. 나는 초록색 학교 안의 한 마리 붉은 물고기처럼 느껴졌다. 그런데 흥미로운 일이 일어났다. 바로 답장이 쏟아지기 시작한 것이다. 캐러멜을 판매하는 공정무역회사, 일류 기술 회사, 의류 제조사에 이르기까지 온갖 신나는 일을 하는 사람들이 나와 똑같이 느끼고 있다는 이메일을 보내주었다. 그들은 전통적인 의미의 성장을 거부했고 그로부터 혜택을 보았다. 작게 유지하면서 성장에 의문을 제기하는 이 개념을 중심으로 나만의 아이디어를 개발하기 시작하면서 다른 사람도 똑같이 고민하는 연구 자료, 이야기, 사례들을 점점 더 많이 발견하게 되었다. 나는 이 방식으로 사업에 접근하려는 조용한 움직임이 있다는 것을 알았다. 이는 단지 자금난에 처해 있는 기술 창업자나 그럭저럭 살아가는 사람을 위한 것이 아니다. 이 움직임은 수억에서 수십억대의 이익을 내면서도 그들과 같은 일을 하는 다른 사업가들보다 행복해지는 것을 포함한다. 붉은 물고기의 학교는 아이러니하게도 충분히 성장하고 있었다.

떠오르는 1인 기업

사실, 모든 사람은 1인 기업이어야 한다.

심지어 대기업에 속해 있다고 해도 우리 자신은 근본적으로 최상의 이익과 지속적인 고용 안정을 추구하는 유일한 사람이다. 우리의 직업을 유지하는 것에 우리 자신만큼 관심을 쏟는 이는 없다. 피고용인이라는 큰 틀에서도 성공을 정의하고 달성하는 것은 자기 자신만의 몫이다.

조직 내에서 1인 기업이 되는 것은 더 어려울 수 있지만 불가능한 것은 아니다. 조직 내 1인 기업은 오히려 크게 성공할 수 있고 심지어 커다란 발전을 견인할 수도 있다. 수년에 걸쳐 개인들은 포스트잇Post-it 발명에서 플레이스테이션PlayStation 개발에 이르기까지 모든 것을 인정받았다.

'사내 기업가intrapreneur'[2]는 대기업 내에서 1인 기업의 예시를 보여준다. 이 단어는 스스로 목표를 수립하고 실행하는 선도적 기업가를 표현한다. 그들은 완전한 업무 자율성을 부여받았으므로 많은 지침이나 세밀한 관리 감독 등이 필요치 않다. 무엇을 해야 하는지 알고 스스로 판단하여 실행한다. 또한, 회사가 요구하는 것과 자신의 재능이 어떻게 잘 일치하는지 알고 있고 그저 그대로 일하면 된다. '사내 기업가'가 1인 기업과 다른 점은 일반적으로 이들이 제품 생산이나 마케팅을 담당한다는 점이다. 즉, 회사의 자원을 바탕으로 새로운 것을 만드는 데 집중한다. 반면에 조직 안에서 1인 기업은 관리자가 되거나 제품을 만들 필요가 없다. 더 많은 자원이나 팀원도 없이 더 효율적이고 생산적이며 적절한 방법만 찾으면 된다. 1인 기업가들은 확실히 경영자나 제품 생산자가 될 수 있지만, 그것만 규정하기에는 한계가 있다.

대기업 내부에 속해 있는 1인 기업이 혁신을 창출하고 시장을 장악하는 데 도움을 준 사례가 있다. 고어텍스 원단을 만드는 회사인 고어&어소시에이션W. L. Gore & Associates에서 일했던 데이브 마이어스Dave Myers는 회사 내에서 새로운 아이디어를 개발할 수 있는 '취미 삼아 시도해보기dabble' 시간을 얻어, 이미 제조하고 있는 기타 줄 코팅에 응용할 수 있는 아이디어를 생각해 냈다. 그 결과 세계에서 가장 잘 팔리는 어쿠스틱 기타 줄 브랜드인 엘릭서Elixir를 개발할 수 있었다. 내 기타에도 사용하는 이 코팅 줄은 경쟁사에 비해 엄청난 기술 우위를 갖고 있다. 때때로 1인 기업은 우연히 생겨난다. 3M의 과학자인 스펜서 실버Spencer Silver 박사는 우주항공용 접착제를 만들기 위해 노력하던 중 수학 공식을 갖고 장난을 치다가 우연히 잔류물이 남지 않은 더 가벼운 접착제를 만들어냈다. 항공기에는 통하지 않았지만 종이 제품에는 알맞았던 덕에 포스트잇이 탄생했다.

구글과 같은 일부 대기업은 직원에게 전형적인 직무 이외의 아이디어로 실험할 수 있는 '개인 시간personal time'을 제공해 준다. 페이스북은 '해커톤hackathon'을 활용한다. 해커톤은 보통 며칠 동안 계속되며 컴퓨터 프로그래머들을 모아서 비교적 짧은 시간 안에 큰 프로젝트를 공동수행하는 것이다. 이 해커톤이 인터넷 생태계를 속속들이 연결해주는 데 공헌한 페이스북의 '좋아요like' 버튼이 탄생하는 계기가 되었음은 의심의 여지가 없다.

다트머스 대학교Dartmouth College의 비제이 고빈다라잔Vijay Govindarajan 교수는 최근 연구에서 직원 5천 명마다 최소한 250명 이상의 직원이 진정한 혁신가가 될 자질을 갖추고 있으며, 이 중 약 25명은 혁신가이자 훌륭한 사내 기업가 또는 1인 기업가가 될 것이라고 밝혔다.[3]

많은 대기업에는 1인 기업이 숨어 있다. 이들의 혁신성과 자율성에 관한 기술 그리고 열정을 키워낸다면 전체 사업에 큰 혜택을 줄 수 있다. 그러나 이들은 창의성과 자율성을 침해받으면 이직을 하거나 창업하여 빠져나가는 경향이 있다. 그들은 거의 연봉이나 보상에 전적으로 의존하지 않으며 가장 적합한 방식으로 직무와 역할을 재창조하는 쪽으로 노력을 더 기울이고 있다.

만약 당신이 1인 기업이라면 자신의 삶을 중심으로 사업을 만드는 것에 마음을 두지, 다른 방식을 찾아 헤매지는 않을 것이다. 나에게 1인 기업이 된다는 것은 일의 목적을 무한한 성장에 두지 않음을 의미한다. 일하는 방식의 효과를 더 극대화하고, 때때로 일을 줄이는 데 집중하는 것이다. 큰 비용과 경비, 급여 지급에 신경쓰는 것보다 내 정신의 속도에 맞게 일하는 것이 중요하다. 부의 축적을 즐기는 만큼 나 자신과 건강을 돌보지 않는다면 잃어버리는 것도 많을 것이다.

우리 사회는 성공한 사업의 모습에 대해 매우 특별한 선입견을 심어주었다. 가능한 한 많은 시간을 일하다가 사업이 나아지기 시작하면 모든 방향으로 모두 확장한다. 오늘날까지 이 전략은 기존의 해결책에 더 '많은' 것을 더함으로써 문제를 더 성공적으로 해결할 수 있다고 믿게 한다. 작게 유지하려는 사람은 이 혼합 전략에 '더 많은' 것을 더하는 것에 동의하지 않는다. 사업적으로 이런 사고방식에 도전해 보면 어떨까? 만약 작게 유지하는 것이 사업적 문제를 더 덧붙이지 않고 해결하는 방법을 알아낸 것이라면 어떨까?

성장, 특히 맹목적인 성장은 기업이 직면할 수 있는 어떤 문제에 대한 최선의 해결책이 아니다. 그리고 더 나아가, 사업이 성장하는 것은 실제로 사업의 수명에 있어 최악의 결정일지 모른다.

따라서 1인 기업은 성장이나 수익을 반대하는 건 아니며, 확실하게 할 수 있다 해도 단순히 1인 사업이라고 말할 수 없다. 기술과 자동화, 인터넷의 연결성에 의존하는 것은 1인 기업이 쉽게 되도록 해준다고 할지라도, 단지 기술

중심 또는 스타트업 사고방식으로 일하는 것만을 의미하지는 않는다. 1인 기업은 먼저 성장에 대한 의문을 품고 더 현명하고 나은 방법이 있다면 성장을 거부한다.

이제 1인 기업이 공통적으로 지닌 전형적인 네 가지 특징인 회복력resilience, 자율성autonomy, 속도speed 그리고 단순성simplicity에 관해 살펴보자.

회복력

베스트셀러 작가 겸 자수성가한 기업가 다니엘 라포트Danielle LaPorte는 매달 수백만 명에게 의식적인 목표 설정과 기업가 정신의 메시지를 전하고 있다. 그녀는 또한 오프라 윈프리Oprah Winprey의 '슈퍼 소울 100Super Soul 100' 지도자 중 한 명이다. 하지만 사업 초기에 그녀는 몇 달 전 자신이 고용했던 최고경영자에게 해고되었다.

2장에서 더 자세히 설명할 예정이지만, 자신의 사업에 급격한 성장이 필요하다고 믿었던 그녀는 사업을 운영하기 위해 '스타 CEO'를 고용해야 한다는 단서조항과 함께 민간 투자자들로부터 40만 달러의 자금을 투자받았다. 그래서 그녀는 슈퍼스타라고 생각하는 이를 고용했다.

그러나 6개월 후, 투자자와 최고경영자는 사업 모델을 변경하길 원했는데, 이는 다니엘의 역할을 한 달에 몇 개의 블로그 게시물 작성으로 한정시키고 연봉을 대폭 낮추는 것을 의미했다. 참고로 그녀의 이름을 딴 이 사업은 자신만의 독특한 개성과 스타일을 바탕으로 만들어진 개성 중심 브랜드였다.

다니엘이 요가와 눈물, 좋은 친구로부터 큰 위안을 받아 과거의 사건에 대한 큰 충격에서 단숨에 벗어나자마자 그녀는 다시 두각을 나타내기 시작했다. 그녀는 최상급 팀원들로 구성된 새로운 팀을 데려왔고 몇 주 안에 웹사이트를 만들었으며 그녀가 완전히 통제할 수 있는 새로운 사업으로 탈바꿈할 가장 빠른 방법을 찾아냈다. 너무 유명해서 고객 대기 명단을 만들어야 할 만큼 가치 있는 컨설팅 서비스를 제공하기 시작했으며 저술한 책은 베스트셀러가 되었다.

그녀는 새로운 웹사이트의 성공 덕에 다른 사람의 돈에 붙어 있는 단서조항은 때때로 자신의 사업과 삶에 대한 타인의 의견이라는 걸 깨달았다. 그녀는 어려움 속에서 1인 기업이 되는 길을 찾을 수 있었다. 1인 기업이 되는 건 회복력과 관련이 있다. 변화하는 고용 시장이나 해고와 같은 어려움에서 신속하게 회복할 수 있는 능력과 강인함이 필요하다. 더 큰 회사의 관점 변화나 새로운 파괴적 기술에 적응하거나 로봇으로 대체되지 않는 것처럼 말이다. 물론 이 책은 공상과학을 향한 전환을 말하는 건 아니다.

어댑티브 러닝 시스템Adaptiv Learning Systems의 최고경영자인 딘 벡커Dean Becker는 1997년부터 회복력이라는 아이디어를 중심으로 프로그램을 연구하고 개발해왔다. 한 사람이 보여주는 회복력의 수준은 교육, 훈련, 경험의 수준보다 훨씬 더 사업 성공에 영향을 미친다는 것을 발견했다. 대중의 믿음과는 달리, 회복력은 엄선된 소수의 사람만이 가질 수 있는 역량은 아니다. 그것은 분명히 배울 수 있다. 회복력 있는 사람은 절대적으로 학습이 가능한 세 가지 특징을 가지고 있다.

회복력 있는 사람이 갖는 첫 번째 특성은 현실을 받아들이는 능력이 탁월하다는 점이다. 그들은 어떤 것은 꼭 이래야 한다는 생각을 하지 않으며 망상에 빠져 있지도 않는다. '이것만 바뀌면 나는 더 잘될 거야.'라고 상상하는 대신 우리 삶에서 일어나는 일들의 대부분은 완전히 통제할 수 없다고 생각한다. 다만 우리가 할 수 있는 최선은 삶의 강물을 따라 떠내려갈 때 배를 약간씩 조종하는 것뿐이라는 현실적인 견해를 가지고 있다. 예를 들어, 이웃집이 무척 시끄러운 전기톱을 사용하고 있다 해도 글쓰기를 멈추지는 않을 것이다. 창문을 닫고 전자음악을 크게 틀어놓고 다시 일하면 그만이다. 다니엘 라포트는 해고된 후 링 위의 선수처럼 수건을 던져 포기하지 않았다. 대신에 잠시 시간을 갖고 그룹을 다시 만든 다음 새롭게 출발했다.

종종 블랙 유머웃음을 유발하면서 그 밑에 인간 본성이나 잔혹한 반어와 풍자 등을 담고 있는 유머는 현실을 받아들이는 데 좋은 약이 되기도 한다. 소방관이자 응급구조원인 내 아내는 정기적으로 부서원들과 농담을 즐긴다. 그들은 화재, 심장마비, 심지어 전기톱 사건 등 최악의 상황에 일상적으로 노출되기 때문이다. 그들의 유머는 소방서장이 적극적으로 장려하는 대처 방법인데, 나쁜 상황을 가벼이 여겨서 그런 게 아니라 나쁜 상황에서도 빛의 느낌을 잊지 않고 극복해 내기 위함이다. 그들의 유머 감각은 생명을 구하고 불을 끄는 능력만큼이나 중요하다. 관심 없는 어떤 이들에게는 미친 소리처럼 들릴지 모르지만 블랙 유머는 응급구조원과 소방관이 자신의 현실을 받아들이도록 해주고, 재난구조작업을 수행할 때 회복력을 유지해준다.

회복력 있는 사람의 두 번째 특징은 돈보다 의미에 의해 동기 부여되는 목적의식이다. 물론 그들도 돈을 바라지 않는 건 아니지만 끔찍한 스트레스를 받는 상황에서도 더 커다란 선善을 위해 노력하고 있음을 알 때 회복력을 발휘할 가능성이 더 높다. 이 목적의식은 전체로서 개인과 기업 양쪽 모두에게 불변하고 중립적인 가치에서 비롯된다.

1인 기업은 항상 모든 면에서 즐겁게 일할 수 없음을 알고도 일을 즐기면서 한다. 비록 어떤 일이 스트레스를 주더라도 전체 혹은 최종 결과와 관련되어 있다면 결과적으로 가치 있는 일이다. 예를 들어, 신제품을 출시하거나 신규 고객을 유치하는 순간에는 스트레스를 받을 수 있지만 제품이나 고객이 사업의 목적에 부합한다면 그 순간적인 불안은 나름의 가치가 있다. 왜냐하면 매일매일 스트레스를 받는 것은 아니기 때문이다.

회복력 있는 1인 기업의 마지막 특성은 상황이 바뀔 때마다 적응할 수 있는 능력이다. 캐나다 라이어슨 대학Ryerson University은 자동화의 변화에 따라 42%의 일자리가 사라질 위험에 처했다고 밝히고 있으며,[4] 2016년 백악관 경제자문위원회Council of Economic Advisors는 미국 내 62%의 일자리가 향후 10년에서 20년 이내에 대체될 위험에 처할 것이라고 보고하였다.[5] "로봇 지배자를 환영한다welcoming our robot overlords."[1]라는 말처럼 농담처럼 들릴 수 있지만, 위협은 현실이다. 맥도날드는 햄버거를 10초 안에 뒤집을 수 있는 로봇을 가지고 있고 몇 년 안에 모든 직원을 로봇으로 대체할 수 있다. 테슬라를 비롯한 업체들은 장거리 화물 운송용 트럭 운전사를 대체하기 위해 대형 자율주행 장치 개발에 나서고 있다. 고도로 숙련된 전문직도 위협받기는 마찬가지이다. 예를 들어, IBM의 왓슨Watson은 의학 연구의 논문과 질병 자료를 활용하여 특정 질병에 대한 치료법과 처방을 제안할 수 있다.

그러나 자동화하기 어려운 것은 바로 1인 기업을 훌륭하게 만드는 것이다. 문제를 '더 많이' 만들지 않고 새롭고 독특한 방식으로 문제를 창의적으로 해결하는 능력이다. 역할을 단순히 '수행'하는 근로자는 로봇이나 다른 근로자에 의해서도 대체될 수 있지만, 어려운 문제를 창의적으로 해결하는 역할은 대체 불가능한 사람만이 수행할 수 있다. 이른바 로봇 지배자의 부상과 상관없이 이것은 1인 기업의 특별한 강점이다.

---

1 H. G. 웰스의 단편 『개미왕국(Empire of the Ants)』을 1977년에 영화로 각색한 작품에서 기억에 남는 대사 인용.

1인 기업은 위와 같은 대체 불가능성을 보고 있다. 예를 들어, 인테리어 디자이너는 소모품을 측정하고 주문하는 데 걸리는 시간을 줄임으로써 독특한 고객의 요구에 더 혁신적인 디자인 생각을 만드는 데 더 많은 시간을 할애할 수 있다. 또한, 재정 자문은 고객의 재정 상황을 분석하는 데 시간을 줄임으로써 고객의 특정한 요구를 이해하고 자산을 관리하는 최고의 방법을 교육하는 데 더 많은 시간을 할애할 수 있다.

이러한 산업 붕괴나 시장 변화는 하늘이 무너지는 시나리오가 아니다. 진정한 의미로 변화를 재정의하고 적응해 나갈 기회일 뿐이다. 내가 전일제 웹디자이너로 근무하고 있을 때, 매번 거품 붕괴나 불경기가 닥칠 때마다 더 좋은 일감을 스스로 찾을 수 있던 것은 큰 기획사가 요구하는 높은 품질의 일을 해냈기 때문이기도 하지만 그보다 0이 하나 덜 들어간 가격을 제시할 수 있었기 때문이기도 했다. 그러면서도 여전히 직장인으로 근무하는 것보다 더 많은 수익을 올리고 있을 뿐 아니라, 비용을 초과해 쓰지 않기에 여전히 최적의 청구 가격을 유지할 수 있었다. 이후에 경기가 회복되면 보통의 회사는 일이 너무 몰려서 다시 고용을 서둘러야 했지만 나는 변함없이 이 일을 계속할 수 있었다. 어느 쪽이든, 큰 회사들은 엄청난 규모를 줄이지 않고는 회복할 수 없는 수익 모델을 가지고 있었다.

시장에서 변화가 발생하거나 어려움이 생길 때 유연하게 행동하면 더 많은 직원이나 비용 혹은 인프라 등을 더 추가하지 않아도 당면한 문제를 해결할 수 있다.

회복력에 관한 이러한 특성은 타고나는 것이 아니라 전적으로 학습 가능한 것이다. 사실, 1인 기업을 만들고자 한다면 회복력은 반드시 학습하고 육성해야 한다.

자율성과 통제

특별히 경력 관리와 관련하여, 사람은 자기 자신의 삶에 대해 더 많은 자율성을 부여하고 통제하기를 원하므로 1인 기업의 인기는 점차 높아지고 있다. 이것이 바로 이 길을 선택하고 있는 이유다. 1인 기업이 되는 것은 자신의 삶과 직업을 통제할 수 있게 해 준다.

그러나 1인 기업으로서 자율성을 얻기 위해서는 핵심적인 기술의 장인匠人이 되어야 한다. 역량과 자율성은 상충하면서도 서로 연결되어 있다. 서로 완전한 통제력을 가지고 있으나 자신이 하는 일에는 해결의 실마리는 되지 않는다. 그래서 톰이 하버드 MBA 교육과 졸업 이후 기업 내 마케팅 직무에서 지식을 키우고 어린 시절부터 매주 일하며 훈련한 그림 재능을 함께 잘 육성했던 것처럼 1인 기업은 필요한 기술 세트 또는 기술 역량을 갖고 있어야 한다. 이렇게 잘 개발한 기술 역량을 갖고 있으면, 어떤 분야가 성장의 혜택을 받을 수 있을지, 어떤 성장 잠재력이 이치에 맞지 않는지를 깨닫게 될 것이다.

기본적으로 기술을 사용함으로써 자율성을 달성할 수 있을 것으로 기대하기에 앞서 자신만의 기술 역량을 충분히 향상해야 한다.

보통 기술은 자신보다 상위에 있는 관리자의 의지에 좌우되는 경우가 많으므로, 자율적이지 않고 통제력도 떨어지며 회복력이 낮을 수밖에 없는 직무 초기에 상당히 지루한 시간을 견디지 않고서는 기술 숙련도를 높이기 어렵다. 1인 기업은 더 큰 이익을 위해 표준적인 규칙을 벗어나는 방법을 알고 있다. 하지만 그러기 위해서는 까다롭더라도 표준 규칙을 먼저 습득해야만 한다. 처음에는 1인 기업의 전 단계로서 연습생이라는 마음가짐을 기본적으로 갖고 직업, 산업계, 고객에 대해 자신이 할 수 있는 모든 것을 익히고 귀중한 거래의 방식들을 배워야 한다.

유능한 직원들을 위한 자율성을 형성하는 데 탁월한 기업은 종종 1인 기업과 같이 권한을 부여하기도 한다. 이들은 모두 더 빠르고 독창적으로 일하며 더 적은 자원을 사용한다. 예를 들어, 구글은 엔지니어들에게 '20%의 개인 시간'을 제공한다. 이들은 20%의 시간 동안 자신이 원하는 프로젝트를 선택하여 수행할 수 있다. 구글이 현재 출시한 제품과 서비스, 프로젝트의 절반 이상이 이 20%의 시간 동안 만들어졌다.

어떤 회사는 직원의 일정을 확정하지 않고 모든 회의가 선택 사항이며 근무 시간의 운영을 전적으로 직원의 자율에 맡기는 '성과중심 근무환경ROWEs; Results-Only Work Environments'을 조정한다. 직원이 원하면 집에서 근무할 수 있고 자신의 여건에 맞게 새벽 2시부터 6시까지 일할 수도 있으며 산출결과가 회사 전체에 이익이 되는 조건에서 원하는 방식대로 근무할 수 있다. 칼리 레슬러Cali Ressler와 조디 톰슨Jody Thompson은 10년 이상 ROWEResults Only Work Enviroment 구현을 정의하고 연구해왔으며, 이러한 자율적 환경에서 생산성이 향상되고 직무 만족도가 올라가며 이직이 감소한다는 것을 발견했다.[6]

자율성은 선도적 기업가나 홀로 일하는 사람에게 더 성취하기 쉬운 것처럼 여겨질 수도 있는데, 여기에는 몇 가지 함정이 숨어 있다. 자신을 위해 일하게 되면 종종 까다로운 고객에 대해 깐깐한 관리자가 되기도 한다. 더 좋은 고객이나 프로젝트를 찾는 방법은 이 절의 처음 시작 부분에서도 언급했듯이, 기술과 경험에 깊은 관련이 있다. 외부 프로젝트에서 일을 시작할 때 기술이 개발되어 있지 않다면, 프로젝트를 이끌거나 수행하는 동안에 그렇게 깐깐하게 행동하지 못할 것이다. 하지만 전문지식이 축적되고 네트워크가 성장함에 따라 자신의 기술과 지식으로 더 나은 성과를 창출할 수 있는 프로젝트와 세심한 고객을 선별적으로 유치할 수도 있고, 프로젝트의 유형을 보다 구체적으로 선택할 수도 있다.

디지털 전략가이자 현재 프리랜서로 활동하고 있는 카이틀린 모드Kaitlin Maud는 5년 동안 한 기획사에서 실력을 키웠다. 그동안 그녀는 업계에서 일하는 요령을 배웠을 뿐만 아니라 견고한 고객 연락망을 적극적으로 구축했다. 만화 작가 톰과 마찬가지로 그녀는 비교적 안정된 수입을 만들 프리랜서 프로젝트를 충분히 확보할 때까지 모험을 선택하지 않았다.

자율성은 모든 사람에게 다르게 나타난다고 카이틀린은 생각한다. 그녀는 일의 보상으로 일찍 퇴근할 수 있는 자율적 근무 방식을 만들었다. 보통의 회사는 얼마나 빨리 일을 끝내느냐에 상관없이, 하루에 정해진 근무 시간 동안은 계속 회사에 남아 있어야 한다. 다시 말해, 생산성과 효율성에 대한 보상이 없다. 카이틀린은 오전 9시부터 오후 1시까지 집중력을 발휘하면 자기 일을 잘 마무리할 수 있다는 걸 알게 되었고, 오전 업무 시간 동안은 회의나 전화를 받지 않았다.

업워크Upwork의 발표에 따르면, 현재 미국의 모든 직업 중 약 1/3 이상이 프리랜서로 조사되었다.[7] 카이틀린처럼, 많은 사람이 점차 프리랜서로 일하기를 선택하고 있다. 분명한 것은 일자리가 점점 줄어들고 있기 때문에 프리랜서 일자리를 활용하는 건 아니라는 점이다. 프리랜싱Freelancing은 젊은 층의 직업 중 거의 절반을 차지하고 있는데, 이들은 자신의 진로에 대해 더 통제력을 높이기 위해 프리랜서를 선택하고 있다. 사회적으로, 점차 '일work'을 한결같은 일자리가 아니라, 하나의 계약이나 프로젝트로 여기기 시작했다. 특히 밀레니얼millennial 세대[2]는 최선을 다해 어떤 일을 성취하지 않으며 전통적인

---

2 밀레니얼 세대는 1980년대에서 2000년대 초반에 출생한 세대로, 세계 인구의 약 25~30%에 해당하며 막강한 소비력을 갖고 있다. 디지털 기기에 능숙하고 경제 불황기 속에 성장 경험이 있어 불확실한 미래보다는 현재의 만족과 재미를 더 추구한다는 점이 이들의 특징으로 꼽힌다.

회사의 업무 열정을 비꼬고 풍자한 시트콤, 〈à la The Office〉를 보며 즐긴다.

부가적 프로젝트 고객을 안정적으로 확보하고 방대한 고객 연락망을 갖춘 카이틀린은 기획사를 떠나 전업 프리랜서로 나섰다. 처음 일을 시작했을 때, 좀 더 자율적이기 전에 먼저 자신의 기술을 향상할 수 있는 일을 했다. 단독으로 활동을 시작한 이후로 그녀는 안정적인 고객 대기자 명단을 갖게 되었고, 정기적으로 자신의 가치에 맞는 프로젝트를 선택하며 그 수를 줄여 왔으며, 비츠 바이 닥터 드레Beats by Dr. Dre, 타코벨Taco Bell, 어도비Adobe, 톰스Toms 등 여러 대기업과 함께 일했다. 일을 훌륭하게 소화하는 데 시간과 공을 들였기 때문에 이제 그녀의 삶을 중심으로 움직이게 되었다. 자신이 선호하는 일의 유형에 완전히 집중할 수 있고 기본적으로 온라인을 통해 문제를 창의적으로 해결할 수 있었다. 카이틀린은 인터넷의 '올리비아 교황Olivia Pope'으로 불린다. 그녀는 다른 사람이 할 수 없는 것들을 잘 해결하고 자신만의 1인 기업이 되는 길을 잘 걸어가고 있다.

캐나다 동료인 솔 오웰Sol Orwell은 매우 수익성이 높은 사업인 이그재민닷컴Examine.com에 대한 벤처캐피털 투자 제의를 거절했는데, 이는 벤처 투자가들에게 지배권을 양도하는 것이 바람직하지 않다고 보았기 때문이다. 그 회사는 1년에 수십억대의 수익을 내고 있어서 현금이 필요하지 않았다. 그리고 급하게 앞서 나가거나 자기 회사를 매각하고 싶지 않았다. 일을 매우 즐기는 그는 대주주로서 유료 고객을 제외한 누구에게도 응답할 책임이 없다. 솔은 자기 일을 완전히 소유하고 있으며, 매일의 모든 시간을 업무로 채우지 않아도 될 자유를 누리고 있다. 그에게 성공은 훌륭한 생활을 의미하지만, 수요일 오후에 애완견을 산책시키거나 한 시간 동안 댄스 수업에 참석하기 위해 한낮의 긴 휴식을 취할 자유를 포기하지 않는다.

그러나 이것을 염두에 둘 필요가 있다. 1인 기업에 대한 통제력을 높이는 것은 단지 습득한 핵심적 기술을 사용하는 것 이상을 요구한다. 다시 말 해, 영업, 마케팅, 프로젝트 관리와 고객 유지 등을 능숙하게 할 수 있어야 한다. 대부분의 일반 기업 근로자는 하나의 기술에 매우 집중하는 반면, 1인 기업은 대기업 내에 속해 있더라도 여러 가지 일을 능숙하게 잘하는 제너럴리스트generalists가 되어야 한다.

속도

1인 기업은 창의성과 독창성을 훌륭히 활용하기 때문에 제약 조건 속에서 가장 잘 작동한다. 베이스캠프Basecamp와 같은 회사는 여름 동안 금요일에는 근무하지 않는 주 4일 근무제를 채택한다. 주 4일제 근무가 직원이 일의 중요성과 우선순위를 스스로 정해 처리해가는 데 도움을 주기 때문이다. 인적 자원 관리의 핵심은 더 열심히 일하게 하는 데 있는 것이 아니라, 주어진 시간 안에 더 현명하게 일할 방법을 알아내는 것이다. 1인 기업은 시스템, 프로세스 그리고 구조를 보다 효율적으로 만들어 같은 직원이 더 적은 근무 시간으로 더 많은 것을 달성할 수 있는지를 묻는다.

베이스캠프는 회사 인트라넷에 '주말 체크인weekend check-in'을 하게 함으로써 3일 휴식하는 동안에 찍은 사진을 올릴 수 있도록 했다. 이는 원격 기반의 회사인 베이스캠프가 전 세계에 퍼져 있는 직원들 사이의 연결성을 강화하는 데 도움을 주었다.

속도는 단순히 미친 듯이 더 빨리 일하는 것에 관련된 것이 아니다. 그것은 새롭고 효율적인 방법들로 일을 완수하는 가장 좋은 방법을 알아내는 것에 관련이 있다. 이는 ROWE 방식을 의미하는 개념과 유사하다. 정해진 시간 동안 일하지 않아도 되지만 일을 빨리 끝내면 그에 합당한 보상을 받는다. 많은 일을 더 빨리 처리할 수 있도록 현명하고 나은 방법을 택함으로써 자기 삶의 방식에 적합하고 유연한 일정을 만들 수 있다.

카이틀린이 지금 일하고 있는 회사의 개방형 사무 환경에서는 이전에 며칠이 걸렸던 업무들도 몇 시간이면 마칠 수 있다. 생산성을 극대화하기 위해 무엇이 필요한지 이미 알고 있기 때문이다. 그녀는 생산성이 떨어지는 시간대를 활용하여 체육관에 운동하러 가거나 갓 태어난 딸과 시간을 보내는 여유를 누린다. 4시간 근무하는 동안 8시간만큼의 일의 효율성을 높여 업무를 수행하고 나서 하루의 나머지 절반을 자유롭게 지낼 수 있다. 때때로 프로젝트 마감일에 맞춰 훨씬 더 오래 열심히 일하기는 하지만 보통은 시간의 대부분을 그녀 자신을 위한 일정으로 채우고 현실을 즐기고 있다.

1인 기업에서 다루는 또 다른 속도의 측면은 고객층이나 시장이 변할 때 빠르게 전환하는 능력이다. 단독 근로자 또는 소규모 회사로서 1인 기업은 이 작업을 훨씬 더 쉽게 수행할 수 있다. 왜냐하면 인계받는 인프라가 적기 때문이다.

따라서 속도는 필요할 때 더 빠르게 전환할 수 있게 할 뿐 아니라, 기업의 대량 주문을 줄여 1인 기업이라는 장점을 최대로 활용할 수 있다. 스튜어트 버터필드Stewart Butterfield는 '네버엔딩Neverending'과 '글리치Glitch'라는 온라인 게임을 개발했다. 두 게임 모두 수익을 올릴 만큼 충분한 사용자를 확보하는 데는 실패했지만, 두 번 모두 스튜어트는 소규모 팀을 선발하여 게임의 주요 기능을 덜어내고 사진 공유 사이트인 플리커Flickr와 협업용 메신저 슬랙Slack이라는 새로운 제품으로 분리할 수 있었다. 이는 현재 10억 달러가 넘는 내부적 대화 시스템이다. 시간과 돈이 바닥난 한계에 직면한 스튜어트 팀들은 단일 솔루션에 초점을 맞춰 시장에 출시할 수 있었다. 회사를 작게 유지하고 우선하여 작업해야 할 것과 그렇지 않은 것에 초점을 맞춤으로써 마침내 큰 이익을 얻는 자회사로 빠르게 전환할 수 있었다.

다니엘 라포트에게 새로운 아이디어를 위한 사업 자금을 다시 지원받을 것인지 물었을 때 그녀는 단호히 아니라고 말했다. 외부 자금을 투자받지 않으면 더 속도감 있게 움직일 수 있다는 점을 배웠다. 대신에 가능한 한 수익을 빨리 창출하기 위해 비용과 경비를 최대한 낮게 유지하면서 자금을 지속해서 공급할 수 있도록 신상품 초기 모델을 빨리 출시할 것이라고 답했다. 회사는 직원 수와 외부 자금 개입을 줄일수록 직진과 방향 전환 모두를 빠르게 해낼 수 있다.

단순성

단순한 힘의 가장 좋은 예시로 두 개의 경쟁적인 소셜 즐겨찾기 서비스 핀보드Pinboard와 딜리셔스Delicious를 들 수 있다. 딜리셔스의 창업자인 조슈아 섀히터Joshua Schachter는 초기 투자로 빠른 확장을 하며 많은 기능을 추가했고, 약 530만 명의 사용자를 가진 회사로 성장시켰다. 이 회사는 야후Yahoo가 1,500만 달러에서 3,000만 달러 사이의 금액으로 매수했다. 하지만 수익을 낼 수 없게 된 야후는 이 회사를 다시 아보스 시스템Avos Systems에 매각하면서, 딜리셔스 이용자들이 가장 좋아했던 지원 포럼을 없애버렸다. 몇 년 후, 아보스는 딜리셔스를 사이언스Science, Inc.에 다시 판매했는데, 딜리셔스의 이용자는 계속해서 다른 서비스로 이탈하고 있었다.

딜리셔스의 소유자가 빠르게 바뀌는 동안 핀보드는 웹 개발자인 마키에즈 세글로우스키Maciej Ceglowski에 의해 시작되었다. 그는 이용자에게 연 3달러를 받고 간단한 형태의 서비스를 제공했는데, 시간이 지남에 따라 점차 연 11달러까지 인상하였다. 처음부터 핀보드는 제한적인 특징을 지니고 투자자도 없는 단 한 명의 회사였다. 세글로우스키는 처음 몇 달 동안 부업으로 핀보드를 운영했는데, 이는 전임으로 일할 수 있는 충분한 수입을 만들 수 있을 때까지였다.

2017년 6월 1일, 핀보드는 단 35,000달러에 전격적으로 딜리셔스를 인수하고 새로운 사용자의 유입을 신속하게 차단함으로써 기존 이용자들이 자연스럽게 핀보드로 이동할 수 있도록 계정 이전 기능을 제공하였다.

급속한 성장과 제품 내부 구조의 복잡성 증가로 수백만 달러가 투자된 딜리셔스는 결국 아주 적은 가격에 1인 기업에 매각되었다. 핀보드는 모든 것을 단순하게 유지하고 장기적인 게임을 했으며 결국 승리했다.

보통의 기업은 성공하거나 대중의 관심을 끌면 부가적인 복잡성을 감수하면서도 성장하려 한다. 이러한 복잡성은 종종 기업의 본질이나 최우선적인 집중력을 훼손하여 더 큰 비용과 시간, 자금을 투자하게 만든다.

어떤 규모라도 1인 기업은 대개 간단한 규칙과 프로세스 그리고 솔루션을 가지고 승리한다. 복잡성은 특히 대기업 등에서 복잡한 프로세스와 시스템에 다른 복잡한 과정이 부가되면서 어떤 일을 채 마무리하기도 전에 다른 일을 하게 만든다. 그것은 아주 미끄러운 경사가 될 수 있다. 가령, 한 단계 정도는 복잡성을 많이 증가시키지 않고 프로세스에 추가될 수 있지만 다년간 여기저기에 단계를 추가하다 보면 한 단계만 거치면 되는 일도 이제 6명의 부서장, 법률 검토 그리고 12명 이상의 이해관계자 회의에서 승인을 받아야 할 수도 있다.

이와는 대조적으로, 1인 기업의 성장은 규칙과 과정의 단순화를 의미할 수 있다. 일을 더 빨리 완료할 수 있으므로 더 많은 일을 하거나 더 많은 고객을 맡을 시간을 확보할 수 있다. 이 목표를 염두에 두고 1인 기업은 자신이 하는 모든 일에 대해 반복해서 질문한다. 이 프로세스가 충분히 효율적인가? 어떤 단계를 제거할 수 있으며 그랬을 경우 최종 결과는 같거나 더 나은가? 이 규칙이 우리의 사업에 도움이 되는가, 아니면 방해가 되는가?

1인 기업이 성공하기 위해서는 단순화 전략이 바람직한 목표일 뿐만 아니라 절대적인 요건이다. 제품이나 서비스가 너무 많거나 관리 계층이 너무 많거나 작업을 완료하기 위한 규칙과 프로세스가 너무 많으면 위축될 수 있다. 단순성은 의무사항일 것이다.

마이크 자피로프스키 Mike Zafirovski는 노텔 Nortel의 최고경영자가 되자마자 '사업을 단순하게 만든다.'라는 명쾌하고 분명한 주제를 실행했다. 비용 절감부터 제품 개발 가속화, 고객이 최신 기술을 쉽게 얻을 수 있도록 하는 것에 이르기까지 '단순성'이라는 아이디어를 사업의 모든 분야에 쏟아부었다.

복잡성은 종종 새로운 사업의 시작을 고려하는 초기부터 서서히 나타날 수 있다. 사무실 공간, 웹사이트, 명함, 컴퓨터, 팩스 그리고 사용자 정의 소프트웨어 솔루션과 같은 '필수 요소'가 사업에 필요하다고 생각되기 시작할 것이다. 실제로 단 한 명의 유료 고객을 찾아 돕는 것만으로도 프리랜서나 스타트업 등의 사업을 시작하는 것이 일반적으로 가능하다. 그런 다음, 계속해서 고객을 찾고 또 찾는다. 그리고 절대적으로 필요한 경우에만 새 아이템이나 프로세스를 기존 혼합 전략에 추가한다.

만약 당신이 많은 돈과 시간 혹은 자원을 필요로 하는 사업을 시작할 작정이라면 어쩌면 너무 큰 생각을 하고 있을 가능성이 크다. 아이디어는 기본에 충실하도록 축소하여 반복할 수 있다. 여기서 기본은 지금 바로, 저렴한 가격에 신속하게 수행하는 것이다. 자동화나 인프라, 과부하 없이 시작하라. 고객 한 명을 돕는 것에서부터 시작하여 또 다른 고객으로 확대하라. 이는 옳은 방향으로 고객을 즉각적으로 돕는 데 집중할 수 있도록 도와준다. 고객과의 관계에서 개인적으로 놀라움과 즐거움의 상호작용이 어렵다면 그때 영업 경로 개척이나 자동화와 같은 작업을 수행한다.

우리는 새로운 기술, 새로운 소프트웨어, 새로운 장치에 매료되어 너무 자주 대기업이나 심지어 개인 사업자들까지 새로움을 '유지'하려는 노력을 기울이고 기존 체계에 이를 통합하려고 한다. 여기서 문제는 '단순함'을 '쉬운' 것으로 착각하는 것이다. 우리는 종종 더 단순해지려고 노력한다고 하면서 결국 더 복잡해진다. 일상적으로 사용하기 쉽다는 것이 무엇인지 실험하거나 의심하지 않고, 쉽게 만든다고 하면서 오히려 더 많은 도구, 소프트웨어, 장치를 혼합하고 있다.

예를 들어, 최근에 출시한 최고의 HR 소프트웨어라도 수백 개의 화면과 드롭다운 메뉴는 필요하지 않을 것이다. 수천 개의 제품을 판매하는 기업의 매출 대부분이 오직 5% 정도의 특정 제품에서 나온다면 어쩌면 과감하게 그 외 제품을 줄여버릴 수 있을 것이다. 3가지로도 충분하다면 13개의 전사적 전략은 필요하지 않을 수도 있다.

가능한 한 단순하게 시작하고, 항상 새로운 차원의 복잡성을 추가하는 것에 대해 적극적으로 의문을 제기하라. 그리고 기존의 문제들을 해결할 수 있는 능력과 새로운 문제에 대한 적응력을 극대화하는 1인 기업으로 자신을 설정하라. 누가 알겠는가. 어쩌면 거대한 경쟁자가 이 급진적인 단순성을 따라잡지 못하는 경쟁우위를 얻게 될지 모른다.

생각해보기

- 성장이 진정으로 당신의 사업에 도움이 되는가?

- '더' 추가하지 않고 사업의 문제를 단순하게 해결할 수 있는 방법은 무엇인가?

- 아이디어를 실현하기 위해 자금이 정말 필요한가, 아니면 단지 너무 큰 아이디어를 갖고 있는 것은 아닌가?

2 장

최종 목표로서 작게 유지하기

숀 드수자Sean D'souza는 회사를 크게 키우고 싶지 않았다. 그는 1년에 50만 달러 정도의 이익을 목표로 하고 이를 초과하지 않을 것이라고 결심했다.

사이코택틱스Psychotactics는 다른 기업을 대상으로 고객의 구매 또는 비구매 관련 심리학을 가르치는 컨설팅 회사로, 온라인 교육과 직접 교육 방식의 워크숍을 통해 이익을 얻는다.

숀은 사업주로서 자신의 업은 끝없이 이익을 늘리거나 경쟁에서 이기는 게 아니라 고객이 자기 삶과 일에서 혜택을 얻도록 더 나은 제품과 서비스를 창출하는 것으로 생각한다. 그는 실행이야말로 고객을 계속 구매하도록 설득하는 중요한 열쇠라는 걸 알았다. 어떤 고객이 혹시 내가 만든 것을 사용하게 되었다면, 고객은 자신의 사업에 이를 성공적으로 활용해 보고 나서 더 많은 것을 구매하게 된다.

숀은 오직 자신이 목표한 한계에 도달하는 것에만 관심이 있다. 이 목표는 사업과 성공에 관해 우리가 배워 온 것과 매우 직관적으로 어긋나는 것처럼 느껴진다. 사업 목표는 이익 증가에 중점을 두어야 하고, 이익이 늘어남에 따라 더 많은 직원이나 비용, 성장에 초점을 맞춰야 한다고 사회는 말한다. 하지만 숀은 다른 이들처럼 이것은 진실이 아니라고 느낀다. 성공은 개인적 차원에서 정의될 수 있으며 이익과 지속 가능성은 기업에 절대적으로 중요하지만 사업 성공의 유일한 원동력이나 기반, 요인은 아니라고 생각한다.

목표 이익을 달성하고 이를 초과하지 않으려는 숀의 목표는 매년 3개월간의 휴가 동안 아내와 함께 산책하고 요리하며 어린 두 조카에게 매일 공부를 가르치면서 자신이 살고 싶은 최적의 삶을 중심으로 사업을 꾸려가는 데 있다.

숀은 일반적으로 새벽 4시쯤 일어나지만 알람시계는 필요하지 않다. 그리고 그의 집 뒷마당에 있는 작은 사무실로 일하러 나간다. 이렇게 일찍 시작하는 이유는 주변 세상이 너무 소란스러워지기 전에 팟캐스트용 오디오를 녹음하기 위함이다. 한 시간씩 걸으며 충분한 휴식 시간을 갖는 목가적인 삶을 즐긴다. 그의 일과는 주로 웹사이트의 개인 의견 게시판에 올라온 고객의 질문에 답변을 작성하는 것이다.

숀은 마케팅과 홍보보다는 기존 고객층에 세심한 주의를 기울이는 데 집중함으로써 연간 50만 달러의 목표 이익을 쉽게 달성해 나간다. 숀의 구독자는 천천히 그리고 꾸준하게 늘어났는데, 그 이유는 그 청취자들이 자신의 구독자와 지인에게 숀의 일을 공유해 주었기 때문이다. 말하자면, 현재의 고객들은 기꺼이 숀의 무급 영업사원이 되어 주었다.

사업 중에는 너무 자주 청중과 현재의 고객에 대해 망각한다. 그들은 이미 이전부터 구독해오고 있고 구매하고 있으며 깊은 열의를 보여주는 사람들이다. 이들은 당신이 원하는 그 누구보다 사업에 가장 중요한 사람이다. 고객이 10명이든, 100명이든, 1,000명이든 간에 지금 당장 제대로 하지 않으면 성장이나 마케팅을 고려하여 진행하는 어떤 것도 전혀 차별화를 만들어 내지 못할 것이다. 이미 나에게 관심을 기울이고 있는 사람의 이야기를 경청하고, 소통하며, 돕는 것을 확실히 하라.

숀은 온라인 교육 분야의 많은 사람이 전적으로 마케팅에 집중하는 것을 자주 보지만, 그의 관심은 기존의 구독자들을 위해 상품을 더 좋게 만드는 것에 있다. 숀은 기존 고객을 위해 점점 더 나은 결과를 얻기 위해 노력하고 기존 고객은 예전의 상품과 새로 출시된 신상품 모두를 계속 차례대로 구매한다. 그는 자기 사업을 일종의 「호텔 캘리포니아Hotel California」로 비유하곤 한다. "언제든지 체크인할 수 있지만, 결코 떠날 수는 없어." 단지 팝송 가사처럼 환각적이고 소름 끼치는 '얼음에 담긴 핑크빛 샴페인pink champagne on ice'이 아니라 그저 초콜릿을 제공한다는 차이만 있을 뿐이다.

숀의 고객 유지 전략 중 하나는 초콜릿 한 상자를 손으로 쓴 메모와 보내거나 때로는 직접 그린 작은 만화와 함께 보내는 것이다. 이 우편물은 현재 그가 사는 뉴질랜드에서 배송하는 조건으로 약 20달러의 비용이 들지만, 고객의 반응은 한결같다. 그들은 2,000달러의 훈련 프로그램을 구매하고는 초콜릿에 관해서만 이야기한다. 숀은 앞으로도 행사에서 연설할 것이고, 고객은 초콜릿에 대해 계속 말할 것이다. 고객은 이렇게 작은 접점을 만드는 사업방식으로 관심을 받는 것을 좋아한다. 숀의 사업은 무한한 성장이 아니라 오로지 기존 고객을 섬기는 것에만 초점을 맞추고 있다.

숀의 한 친구는 기록적인 이익을 달성한 축하 자리에서 어쩌면 '얼음에 담긴 핑크빛'일 수도 있는 샴페인을 터트리며 다음 해에는 두 배의 이익을 달성하겠다고 공언했다. 하지만 숀은 자신의 최종 사업 목표가 사업을 작게 유지하는 것이라고 확고하게 생각했다. 그에게 맹목적인 성장의 사고방식은 불필요하므로 이에 대해 의문을 가진다. 만약 친구의 공언처럼 이익을 두 배로 올리고자 한다면 이 친구는 얼마나 많은 일에 관여하게 될까? 추가적 업무로 인해 그와 가족의 전반적인 삶은 어떤 영향을 받게 될까? 숀은 그런 복잡함과 스트레스와 책임감의 증가를 원하지 않는다. 그는 자기 인생의 모든 면과 시간을 일로 채우지 않고도 훨씬 더 잘 살기를 원했다. 그래서 숀에게 성공이란 작게 유지하는 것을 의미한다.

숀의 사업, 사이코택틱스는 1인 기업이 최적의 규모와 집중을 찾아내는 좋은 사례이다. 그는 이익과 생활방식을 극대화하는 데 적합한 장기 전략으로 사업을 작게 유지하는 쪽을 택했다. 사이코택틱스가 현재의 규모인 상황에서 고객에게 20달러 상당의 초콜릿을 계속 보내는 한 그는 고객에 대해 더 잘 알 수 있고 더 나은 도움을 줄 수 있을 것이다.

숀과 마찬가지로 셈코 파트너스Semco Partners 최고경영자인 리카르도 세믈러Ricardo Semler도 자신이 소유하고 투자하는 사업에 적합한 유기적 규모를 찾아냈다. 그는 셈코를 1억 6천만 달러 이상의 가치를 지닌 사업으로 성장시켰기 때문에, 이제 자기 자신을 위해 일하고 있다. 그는 단순히 사업을 더 크게 하는 것보다 더 나아지는 데 집중할 필요가 있다고 믿는다. 그의 접근방식은 성장이 항상 좋고 언제나 무한하다는 생각에 의문을 제기하는 것이다. 리카르도는 자신이 경영하는 각 회사가 세계적인 경쟁우위를 누릴 수 있는 최적 규모를 결정한 다음에, 그 지점에서 성장을 멈추고 더 커지는 것 대신 더 나은 쪽으로 나아가게 하는 데 집중한다.

현재의 사업 패러다임은 많은 돈을 벌거나 지속적인 성공을 달성하려면 사업을 확장할 필요가 있다고 가르친다. 다시 말 해, 사업이 크지 않으면 실패하거나 수익이 나지 않는다고 하지만 이것은 분명히 사실이 아니다. 이러한 견해에 따르면 실상 우리가 구상하는 사업이 시작되기도 전에 성장이라는 유일한 목적을 갖고 어쩌면 막대한 이익을 위한 궁극적인 매각을 목표로 사업을 만들어 갈 필요가 있다. 그러나 이 패러다임은 진실에 근거하지 않으며 비판적 연구를 고수하지도 않는다.

3,200개 이상의 고성장 기술 스타트업을 분석한 스타트업 게놈 프로젝트Startup Genome Project의 연구에 따르면, 이들 기업 중 74%가 경쟁이나 부실한 사업계획 때문이 아니라 너무 급격한 규모 확장으로 인해 실패했던 것으로 나타났다.[8] 성장에 최우선적으로 집중하는 것은 나쁜 사업 전략일 뿐만 아니라 완전히 해로운 전략이다. 연구에 나타난 대로 실패한 이 고성장 스타트업은 대규모 정리해고를 하거나 사업을 완전히 청산하거나 헐값에 매각했다. 아무리 사업적 조언의 유행이라 해도 이윤보다 성장을 전략적으로 내세우는 것은 몰락을 자초하는 일이었다.

카우프만 재단과 Inc. 매거진Kauffman Foundation and Inc. magazine이 5~8년 뒤, 가장 빠르게 성장하는 5,000개 기업 리스트를 대상으로 후속 연구를 수행한 결과, 그들 중 3분의 2 이상이 폐업했거나 대규모 해고를 당했으며 시장가치보다 낮게 매각되어 스타트업 게놈 프로젝트의 연구 결과가 사실이었음을 입증했다.[9] 이들 기업은 실제 수익이 아니라, 기대하는 예상수익이나 투입된 벤처 자금을 기반으로 돈을 쓰고 성장했기 때문에 자급자족할 능력이 없었다.

벤처캐피털은 사업의 성공을 위해 자금을 투입하는 신속한 방법이 될 수 있지만 그것은 필수사항은 아니며 분명히 어떤 함정을 동반한다. 카우프만 재단의 연구에서도 장기적으로 성공한 기업 중 거의 86%가 벤처캐피털의 자금을 받지 않은 것으로 나타났다. 이유는 무엇일까? 그것은 기업의 이익이 항상 투자자의 이익과 일치하는 것은 아닐 수 있기 때문이다. 더 나쁜 것은 투자자의 이익이 항상 기업의 최종 고객에게 가장 적합한 것은 아닐 수도 있다는 점이다. 자금 투입은 또한 1인 기업이 가진 특징인 자율성, 회복력, 속도와 단순성에서 멀어지게 만들 수 있다.

가장 크고 주목할 만한 스타트업 액셀러레이터인 와이 컴비네이터Y Combinator를 공동창업한 폴 그레이엄Paul Graham은 벤처캐피털이 수백만 달러를 모두 기업에 투자하지 않는다고 설명한다. 오히려 벤처캐피털 사업이 실제로 자신에게 긍정적인 수익을 가져다줄 만한 소수의 회사 포트폴리오를 엄선하여 그들이 성장할 수 있는 만큼만 자금을 투자한다고 밝혔다. 그레이엄은 갑작스럽고 큰 투자는 회사를 '회의하기 위해 둘러앉아 있는 직원들의 군대'로 변모시키는 경향이 있다고 지적한다.

연쇄 창업가serial entrepreneur인 살림 이스마일Salim Ismail이 말했듯이, 스타트업은 천성적으로 매우 취약하다. 그들은 극도로 불확실한 상황에서 대기업으로 성장할 수도 있는 임시 조직으로 설계되었다. 그들은 수입이 지출을 따라잡을 것이라는 기대를 바탕으로 돈과 자원을 소비하지만 대부분은 이런 일이 생기지 않아서 실패한다.

이러한 사례 중 대부분이 스타트업으로 간주할 만한 회사지만, 1인 기업이 항상 전통적인 의미로 스타트업인 것은 아니다. 많은 스타트업은 성장, 매입, 직원, 테이블 축구와 개방형 디자인의 호화 사무실 그리고 어떤 대가를 치르더라도 막대한 이익을 얻는 데 초점을 맞추고 있으며, 초기 운영자금을 투자자에게 의존하는 경향이 있다. 반면 1인 기업은 안정성, 단순성, 독립성과 장기적인 회복력에 초점을 맞추고, 외부 투자 없이 소규모로 시작하여 가능한 한 수익성을 높이는 데 주력한다. 투자를 받아야만 할 수 있는 것이 아니라, 현재 여기서 할 수 있는 것에 집중하는 1인 기업은 자금을 투입하지 않고도 시작할 수 있다.

모든 스타트업이 다 똑같지는 않다. 어떤 이는 스타트업의 맹목적 성장 주문mantras에 도전하고 있다. 예를 들어, 3백만 명 이상의 이용자를 보유한 소셜 미디어의 일정 관리 도구를 만든 버퍼Buffer는 72명의 직원을 보유하고 있으며, 꼭 필요한 경우가 아니라면 직원 수를 급하게 늘리려고 하지 않는다. 버퍼가 항상 성장을 거부했던 건 아니었다. 몇 년 전에는 대규모의 자금 조달을 위해 고용 열풍에 휩싸인 적이 있었다. 더 높은 시장 점유율을 확보하고 투자자가 만족할 만한 수익 목표를 달성하기 위해 고용을 야심 차게 추진할 생각이었다. 그러나 수입에 비해 너무 많은 사람을 고용하여 비용이 급격히 증가했다.

그 후 2교대로 전환했지만 자금을 확보한 후에도 여전히 팀의 11%를 해고해야 한다는 걸 깨달았다. 실제 이익과 경상 이익이 아닌 매출에 근거하여 직원을 고용하고 인건비를 지급한다는 건 합리적인 가정이 아니었다. 두 번째로, 버퍼의 경영진은 서로 다른 의미로 사업 성공을 규정하고 있음을 깨달았다. 최고경영자CEO는 보다 이윤 중심적이고 전체주의적이며 느린 성장 계획을 원했다. 그리고 그것이 실현되기를 원하기보다, 자금 여력이 가능할 때만 직원을 더 고용하는 것이 옳다고 믿었다. 반면, 버퍼의 최고운영책임자COO와 최고기술경영자CTO는 높은 지분과 성장, 다른 말로 전형적인 스타트업 게임startup game에 더 많이 좌우되었다. 그들은 결국 회사를 떠났지만, 다른 직원은 남았고 해고당하지도 않았다.[10] 남아 있는 사람은 이윤을 기반으로 하는 느린 성장을 해야 한다는 최고경영자의 비전에 공감했다.

사업이 이윤을 내기 위해 끝없는 성장을 필요로 할 때, 점점 더 높아지는 목표를 따라잡기 어려울 수 있다. 반면에, 현재의 규모를 유지한 채 이익을 더 많이 낸다면 성장은 선택이 될 수 있고 합리적일 때 만들어갈 수 있다. 성장은 성공의 필수 조건이 아니다.

1인 기업의 질문은 항상 '내 사업을 더 크게 성장시키기 위해 내가 할 수 있는 건 무엇인가?' 대신에 '내 사업을 더 나은 것이 되도록 내가 할 수 있는 건 무엇인가?'여야 한다.

최종 목표로서 과도한 성장의 단점

다니엘 라포트Danielle LaPorte가 말하듯이, 흔히 성장을 추구하는 기업이나 창립자는 '야수'와 싸워야 한다. 성장에 초점을 맞춘 회사는 종종 급격한 성장과 규모를 다루기 위해 복잡한 시스템을 배치하는데, 이를 관리하기 위해 더 많은 자원, 곧 인적 자원과 재정 등을 필요로 하며 증가한 자원을 관리하기 위해 더 복잡한 시스템이 필요하다.

다니엘의 야수는 커다란 사업 비전에 걸맞게 만들어진 체계와 재정적, 기술적 구조였다. 그녀는 사업을 한 단계 끌어올리기 위해 이 백만 달러짜리 웹사이트에 투자했는데, 문제는 이 웹사이트가 항시 관리되고 운영되는 데 전문가 팀이 필요하다는 것이었다. 블로그 게시물이나 제품을 업데이트하는 데 엄청난 비용을 발생시킬 수 있다.

야수는 식욕이 왕성하여 지속적인 먹이가 필요했다. 이 야수를 만족시키기 위해 다니엘의 관심은 중심에서 벗어났다. 즉, 사업을 만들고 운영하는 처음의 목적에서 점점 멀어지고 있었다. 집중력이 흐려지면서 그녀는 핵심 사업을 일보다 야수를 먹이는 데 더 바쁜 자신을 발견했다. 야수를 위해 급격히 성장하고 싶지 않다는 것을 깨달은 다니엘은 이를 부수기로 마음먹었다.

'자신의 크라켄[3]을 죽임'으로써, 표현 그대로 급격히 단순해지기 시작했다. 그녀의 전략은 '가능한 한 많은 사람에게 방송하는 것'에서 '사람의 눈에 띄는 방송을 하는 것'으로 옮겨가는 것이었다. 성장과 규모에 집중하지 않은 게 1인 기업에서 야수를 제거하는 것이고, 이미 관심을 보여주는 이들에게 다시 집중하는 것이 가장 좋은 방법이었다고 그녀는 믿는다. 더 많은 사람과의 접촉을 중단하고 유료 채널을 통해 소수의 고객에게만 서비스하기로 한 자신의 결정을 단 몇 사람에게 저녁 식사를 제공하는 것에 비유했다. 이들은 자연적이고 유기적으로 입소문을 통해 그녀의 일을 찾아보거나 그녀의 사업에서 오랜 시간을 보내는 사람이다. 그러나 그녀는 여전히 수십만 명의 엄청나게 굶주린 팬에게 '저녁 식사'를 제공하고 있는 것이 사실이다.

물론 야수를 쫓는 것은 완전히 이해할 수 있고 인간적으로 느껴지기도 한다. 사업에서조차 우리는 다른 사람보다 더 많이 사랑받고 싶어하며, 더 많이 느끼고 싶어 한다. 그러나 이 필요성과 사업이 어떻게 관련이 있는지 진정으로 질문하지 않는다면 그 때문에 망할 수도 있다. 불교 신자는 이러한 야수를 '아귀餓鬼'라고 부른다. 즉, 탐욕스러운 식욕을 피하기 어려운 존재이다. 굶주린 귀신에게 충분함이란 없어서 항상 더 많은 것을 갈망한다. 사업에서 아귀는 더 많은 성장, 더 많은 이익, 더 많은 팔로워follower, 더 많은 좋아요like를 쫓는 것이다.

대기업이나 기존의 기업들조차 높고 무한한 성장의 야수를 쫓는 위험에 대한 면역력을 갖지 못한다. 스타벅스Starbucks, 크리스피 크림Krispy Kreme 그리고 펫츠닷컴Pets.com 등은 모두 공격적인 확장을 추구했고 다양한 방법으

3 크라켄은 노르웨이 앞바다에 나타난다고 하는 전설적인 괴물이다.

로 가파르게 상승하는 비용을 치렀다.

스타벅스는 전 세계에 수백 개의 매장을 열고 있었지만 그들의 상품 메뉴에 샌드위치, CD 그리고 더 관심을 끌 만한 음료를 추가함으로써 더 빨리 확장하려 했다. 이러한 급속한 확장은 결국 스타벅스 브랜드의 이미지를 희석시켰고, 그로 인해 빠르게 위축되어 900여 개의 매장을 폐쇄할 수밖에 없었다. 그 후 스타벅스는 커피를 더 잘 만드는 데 집중했다. 커피 기계를 업그레이드하고 완벽한 에스프레소 샷을 만드는 기술을 습득하도록 직원을 재교육하며 음악과 점심 메뉴와 같은 불필요한 상품을 제거함으로써 고급 커피 전문점의 경험을 되찾기 위한 노력을 재개했다. 스타벅스는 언제나 더 큰 것이 더 좋은 것은 아니라는 걸 어렵게 배웠다.

크리스피 크림의 신선하게 구워내는 조리법은 매우 인기가 높았고 맛도 있어서 이 회사는 실패할 수 없을 것만 같았다. 신선하게 갓 구웠다는 크리스피 크림의 간판 앞은 출입구마다 단골들의 긴 줄이 이어졌다. 그러나 식료품점, 주유소, 심지어 작은 동네를 비롯한 여러 지역으로의 확장에 집중하면서 크리스피 크림은 한때 자신들의 자산이던 그 희소성을 상쇄시켰다. 가맹점들끼리 서로 경쟁하면서, 2004년부터 2006년까지 2년 동안 본사 매출이 18%나 감소했다는 것을 알게 되었다. 크리스피 크림의 대규모 신규 확장은 회계결산부정으로 인한 소송의 악몽으로 이어졌고, 결국 미 증권거래위원회와 7,500만 달러의 조정을 강요받았다.

마지막으로, 펫츠닷컴은 대부분의 평가에서 닷컴 호황과 번영기의 전형으로 꼽힌다. 이는 원가보다 훨씬 낮은 가격으로 판매하는 것과 같은 일을 하면서도 통제되지 않은 채 과도한 자금 지원을 받는 성장 우선의 예가 되었다. 분명한 건 이런 식으로는 오래가지 못한다는 것이다. 펫츠닷컴은 2000년

2분기에만 양말 인형 삭퍼펫sock puppets이 관련된 광고에 1,700만 달러 이상을 지출했다. 한편, 그 당시 수입은 880만 달러에 불과했다. 펫츠닷컴은 현재의 위치가 아니라 성장할 것이라는 희망을 근거로 지출을 하고 있었고, 결국 그 과정에서 약 3억 달러의 투자 손실을 보았다.

물론 규모의 경제는 때때로 특정 시장과 일부 제품의 성공을 위해 요구될 수 있지만 때로는 전혀 필요하지 않으며 성장이 필요 없음에도 성장을 강요하는 것은 강력한 사업 전략이 아니라 자존심에 불과하다.

시장에서 가장 큰 기업과 경쟁해야 한다고 느낄 때, 결국 제품을 향상하는 대신에 경쟁자의 성장을 쫓아가게 된다. 때로는 한 명의 고객에 다른 고객을 추가하고, 또 다른 고객을 더해가는 것이 매우 유용하고 확실한 시작 방법이다. 때로는 그것이 당면한 관계와 유급 업무에 관심을 두고 집중하려는 최종 목표일 수도 있다. 그러나 때때로 가장 좋은 계획은 선두나 성장을 추구하는 것이 아니라, 현재 고객의 성공에 초점을 맞추는 것이다.

퀸즈 오브 스노 글로브Queen of Snow Globes의 창업자인 레아 앤드류스Leah Andrews의 경우처럼, 모든 것이 성공을 위해 확장될 필요는 없다는 사실이 우연히 발견되기도 한다. 그녀는 매우 비확장적인 사업을 하고 있다. 즉, 고객을 위해 한 번에 하나씩 복잡하고 독특한 스노 글로브를 만든다. 처음부터 그녀는 쿠엔틴 타란티노Quentin Tarantino와 채닝 테이텀Channing Tatum과 같은 유명인사들과 심지어 넷플릭스 회사 사무실로부터 이런 주문 제작 예술품에 대한 요청이 쇄도했다. 생산 규모를 늘리는 대신에, 그녀가 밀려드는 주문을 감당할 수 있는 수준의 수요가 되도록 제품 가격을 조금씩 올리는 데 초점을 맞췄다. 그녀는 대량 생산된 경쟁 제품보다 더 훌륭하고 놀라운 작품을 만드는 데 집중함으로써 자신의 작업에 엄청난 프리미엄을 부과할 수 있었다. 대량 생산 제품이 아닌 최고의 제품을 만드는 데 주력했기 때문에 생산량을 늘리지 않고도 빠르게 수익을 올렸으며 복잡성과 비용도 줄일 수 있었다.

미국프로농구NBA 명예의 전당 코치이자 NBA 챔피언 다섯 팀을 이끌었던 팻 라일리Pat Riley 감독은 '더 많이 병the disease of more'이라는 신조어를 사용했다. 그는 몇몇 스타트업과 마찬가지로 승리하는 선수는 더 나아지려 노력하는 대신 점점 더 다른 것에 초점을 맞추려 한다는 것을 깨달았다. 선수들이 경기에서 한번 이기고 나면 연습과 집중력처럼 승리를 위해 필요한 것은 내버려두고 대신 더 많은more 지지와 더 많은more 찬사와 더 많은more 언론의 관심에 집중한다. 결과적으로, 경쟁자가 아닌 내부의 적에게 패한다.

더 나은 방법으로 사업을 수행하고 고객에게 더 좋은 서비스를 제공하는 것에 주력하면 자신이 감당할 수 있는 수준의 수요가 되도록 가격을 올릴 수 있으므로 1인 기업은 결국 같은 양의 일에서 더 많은 이익을 얻을 수 있다. 내 사업이 고객 중심의 디자인 사업일 때도 같았다. 나는 요구사항이 그 일의 작업 소요 시간을 약간 초과하는 선까지 계속해서 요금을 두 배씩 인상했다. 그렇게 하면 이윤을 증가시키기 위해 더 많은 사람을 고용할 필요가 없었다. 나는 같은 시간에 더 잘할 수 있는 일에 집중할 필요가 있었을 뿐이지만 내가 하는 일의 가치와 수익을 더 높일 필요도 있었다. 숀이나 리카르도의 기업 성공 비전과 같이 나는 무한한 확장성 대신 개선책을 모색하기 때문에 작게 유지하는 것은 여전히 내 최종 목표이다.

적당한 규모를 찾은 다음 더 나아지는 데 집중하는 것은 아무 문제가 없다. 작다는 것은 단지 밟고 올라서는 디딤돌이 아니라 장기적인 계획 자체가 될 수 있다.

전통적인 사업 수행 방식이 파괴되었나?

엄격한 규칙과 기업 위계 구조를 가진 기존의 업무 처리 방식이 점차 자율적인 긱gig 기반의 원격 근무로 전환되고 있다. 비즈니스 세계는 새로운 자동화와 기술로 끊임없이 붕괴하고 있으며 이것은 좋은 일이다. 일하는 방식의 변화는 우리에게 최소한의 투자, 사람, 시간을 갖고 규모를 조정할 기회를 제공한다.

전통적으로 작게 사업을 하는 것은 좋은 출발점으로 생각되거나 기업이 제한적 성공만을 이루었을 때 일어나는 일로 생각되었다. 그러나 작게 시작하고 작게 유지하는 새로운 종류의 사업이 있는데, 그렇게 하는 이유는 이 사업에 비전이나 전략이 부족해서가 아니라 오늘날에는 한 사람이나 혹은 작은 팀이 많은 성과를 거둘 수 있기 때문이다. 기술은 지속적으로 향상되어 영업 깔때기sales funnel, 곧 기업의 마케팅 활동을 자동화하거나 창고와 직원 없이 물리적 제품을 보관하거나 기계와 창고에 투자하지 않고도 주문형 인쇄를 할 수 있게 한다.

인터넷에 만들어져 있는 모든 웹사이트 중에 약 26%를 차지하고 있는 웹 제작 도구인 워드프레스WordPress는 샌프란시스코의 멋진 사무실을 최근 폐쇄했는데 이는 회사가 돈이 없어서가 아니라 직원의 대부분이 사무실이 아닌 집에서 일하기 때문이다. 15,000제곱피트나 되는 사무실은 하루에 약 5명 정도만 사용하고 있었다. 1인당 3,000제곱피트는 확실히 너무 넓은 공간이다. 기술을 활용하면 어디에 있든 어떤 컴퓨터에서든 쉽게 작업할 수 있어서 사무실이나 사무집기 등에 관한 지출을 줄일 수 있다.

피터 레벨스Pieter Levels는 사업 전통의 현상에 도전하는 디지털 유목민이자 네덜란드의 프로그래머이다. 그는 인터넷 연결을 통해 전 세계 어디서나 일하며 소프트웨어를 개발함으로써, 20명 이상의 팀원을 보유하고 벤처캐피털 자금을 지원받는 실리콘 밸리의 기업들과 당당히 경쟁한다. 그는 현재 태국의 작은 마을에 머물고 있다. 피터는 온라인 서비스인 노마드 리스트Nomad List를 운영하고 있다. 노마드 리스트는 일하기가 얼마나 쉽고 재미있느냐에 따라 전 세계 도시의 순위를 매기는 커뮤니티로, 직원이나 심지어 사무실 없이도 일 년에 40만 달러를 벌어들인다.[11] 뉴욕 타임스New York Times, 와이어드Wired, 씨앤앤CNN, 포브스Forbes가 모두 노마드 리스트에 대해 보도함에 따라 피터는 홍보팀이나 마케팅팀 없이도 항상 최상의 서비스 수준 유지와 개선에 초점을 맞출 뿐이다. 회사에는 단지 피터 자신과 필요에 의해 활용하는 소수의 계약직뿐이어서 아이디어를 있는 그대로 실행하고 시장에 적합한지 시험해 본 뒤 만약 적합하지 않다면 재빨리 전환할 수 있다. 그는 하나의 팀만으로 훨씬 큰 기업들보다 업계에서 최고가 될 수 있다. 현재 그는 전형적인 우편 발송 주소조차 없다. 기존 소프트웨어로 할 수 있는 것을 자동화함으로써, 한 번에 몇 주 동안 오프라인 상태로 있으면서도 안정적인 수익을 올리고 있다.

세심한 계획과 개인화된 영업 깔때기를 전략적으로 실행함으로써 이메일 자동화와 교육 컨설팅을 운영하는 브레넌 던Brennan Dunn과 같은 사람은 손가락 하나 까딱하지 않고 제품을 출시할 수 있다. 브레넌은 컴퓨터 없이 집을 자유로이 떠날 수 있으며, 자신의 웹사이트로 이상적인 구매자를 유도하고 가입하게 하여 사이트와 목록에 있는 콘텐츠를 그들의 동작이나 행동 기반으로 변경하는 개인화된 이메일을 보내는 시스템을 구축했기 때문에 여전히 기록적인 판매가 가능하다. 그가 있든 없든 현재와 관계없이 수익을 창출하는 과정인데, 한 달에 수백 달러의 사용료를 지불하는 소프트웨어, 즉 메일클림프MailChimp 또는 드립Drip 같은 이메일 서비스 제공자를 통해 모두 수행된다. 브레넌은 사업 성공을 위해 직원을 고용하고 사무실을 확보하며 인력, 투자, 자원을 확장하는 전통적인 경로로 시작했다. 하지만 지금은 사무실도 없고 소수의 원격 하도급 계약직만으로 축소하여 업무 시간과 간접비용도 훨씬 줄어들었으며, 디지털 선반digital shelf 기술을 활용하여 더 많은 수익을 창출한다.

예전에는 비싼 기업용 소프트웨어였거나 개발되지 않았던 도구를 이제 저렴하게 사용할 수 있게 되었고 배우기도 수월하며 많은 시간을 들이지 않고도 사용하기 쉽다. 예를 들어, 일주일에 약 한 시간을 투자하여 내 수입의 대부분을 발생시키는 30,000명의 메일링 리스트를 운영할 수 있다. 구글 문서Google Documents로 무료로 편집할 수 있고 전 세계에 공유할 수 있는 문서를 생성하거나 드롭박스Dropbox와 같은 서비스를 이용하여 어떤 종류, 어떤 크기의 파일도 공유할 수 있다. 베를린에 있는 계약 시스템 관리자 한 명이 나를 위해 한 달에 1~2시간 일하는 것만으로 IT 부서 전체의 효과를 대신할 수 있고, 무료 분석 소프트웨어로 내 사업용 웹사이트를 방문하는 사람들에 대해 알아야 할 모든 것을 배울 수 있다. 기술 덕분에 예전에는 비용이 많이 들거나 팀이 필요한 일을 쉽게 할 수도 있게 되었다. 사업의 새로운 현실은 최종 목표로서 과도한 성장보다는 그 어느 때보다도 쉽게 1인 기업이 될 수 있게 해 준다.

나 자신을 위해 일하는 것은 너무 위험할까?

리스크Risk는 단지 유명하고 놀랄 만하며 모든 것을 소비하는 보드게임의 이름만은 아니다. 사람들 대부분은 자신을 위해 일한다고 할 때 위험하다고 생각한다. 물론 자신을 위해 일하는 데에는 완화되거나 제거될 수 없는 위험이 분명히 존재하지만, 우리는 1인 기업이 전통적인 회사에서 일하는 것보다 더 위험하다는 생각에 도전해야 한다.

전통적인 사업 방식이 변하고 있는 것처럼, 기업가주의가 위험한 모험이라는 두려움에 사로잡힌 낡은 정의도 변화해야 한다. 오늘날에는 학교에 다니고 학위를 받고 일자리를 구해 은퇴할 때까지 유지하는 단일 경로는 더 이상 존재하지 않는다. 빨리 취직하여 그 경력을 유지하는 방식으로는 수십 년 전과 같이 안전하지 않다. 간단히 말해서, 50년 만근한 직원을 위해 정년 축하 파티를 열어주고, 금시계와 함께 훌륭한 연금을 주면서 퇴직시키던 시대는 이미 지났다.

밀크우드 디자인MilkWood Designs의 설립자이자 사장인 미란다 힉슨Miranda Hixon은 샌프란시스코 베이 지역Bay Area에 있는 작은 스타트업을 위한 작업 공간 디자인을 한다. 그녀의 작업은 회사의 특별한 내부 스타일과 의사소통, 기본적으로 회사 문화의 물리적 표현에 맞춰 의도적으로 작업 공간을 디자인하는 것이라고 생각하면 맞을 것이다. 고객과 함께하는 그녀의 역할은 아름다운 가구를 사들이거나 주문 제작하고 공간 구조를 계획하며 회사가 성장을 촉진하거나 축소할 때 경험적 공간을 조정하는 것을 포함한다.

1980년대에 성장한 미란다는 파워슈트power suit처럼 어깨 패드가 큰 옷을 입는 회사에서 일하는 것을 꿈꿨다. 그 당시에는 그런 패션이 유행이었다. 그녀가 어렸을 때 그녀의 아버지 스티브 힉슨Steve Hixon은 대형 건축 회사에서 해고된 후 혼자 일했다. 그 직장은 안정적이고 안전할 것으로 생각됐지만, 기업환경이나 경기가 변화할 때 대기업은 대부분 직원 규모를 줄인다.

미란다의 아버지는 샌프란시스코 근교의 가족 차고에서 새 프로젝트 관리 사업을 운영했는데, 가족들은 창문 없는 그 차고를 '박스'라고 불렀고, "아빠는 차고에서 나오셨니?"라고 말하곤 했다. 그다지 고급스러울 것도 없는 이 홈오피스에는 유일한 가족 컴퓨터가 하나 있었고, 모니터에 붙어 있는 포스트잇에는 '초과 = 죽음OVERHEAD=DEATH'이라고 쓰여 있었다. 이것은 그의 사업 운영 철학이었다. 시대를 훨씬 앞선 그는 프리랜서 건축가, 엔지니어, 원가 추정가들의 네트워크를 활용함으로써 필요한 만큼만 일을 작게 유지했다. 회사는 곧 그 자신이었기 때문에, 그는 시장의 변화와 자신이 즐기는 특정 유형의 일에 집중할 틈새 시장으로 나아가도록 여러 차례 전환할 수 있었다. 그는 1인 기업으로서 자신만의 유연한 시간을 정할 수 있었으므로 언제나 미란다의 수영과 농구팀을 지도하고 나서 저녁 시간을 이용해 일할 수 있었다.

미란다는 졸업 후 실리콘 밸리에 있는 벤처기업에서 포스트스쿨postschool 경력을 쌓았다. 이 직업이 주는 우정, 여행 그리고 공동체를 즐기는 동안 유리 천장에 상당히 심하게 부딪히고 있는 자기 자신을 발견했다. 비록 대부분 백인, 부유층, 남성 상사가 그 공동체에 총체적인 포괄성과 개방적인 가치를 높이는 데 반해, 그녀는 끊임없이 경력 성장에 대한 저항에 부딪혔다. 이로 인해 그녀는 스스로 모험에 나섰고 그곳에서 자신의 능력에 대한 한계를 더 잘 통제하거나 아예 없애버릴 수 있게 되었다.

아버지의 '초과 = 죽음' 정신은 그녀의 잠재의식 속으로 스며들었고 그녀는 아버지의 방식대로 사업을 운영했다. 그녀는 화공, 수리공, 설치공, 목수를 필요한 만큼만 고용했다. 그들은 과거에 함께 일했거나 그녀가 직접 의뢰한 적이 있는 신뢰할 만한 사람들이었다. 그녀는 또한 그들이 더 작은 프로젝트나 주말에도 일할 수 있도록 독려하기 위해 평균 이상의 임금을 지급했다. 공평하다고 여길 만큼 임금을 지급했기 때문에 평균 이상으로 일을 잘했으며 그녀가 고객에게 높은 대금을 청구할 수 있게 해주었다. 그리고 사업을 작게 유지함으로써 직원 수가 많고 비용이 많이 드는 많은 인테리어 디자인 회사가 더 높은 수익 추구를 위해 보통 회피하는 틈새시장, 즉 소규모 스타트업에서 일할 수 있게 되었다.

그녀의 어릴 적 꿈인 파워슈트에 대한 비전은 사라졌다. 어깨 패드가 이제는 유행하지 않아서라기보다는 지속적인 성장이 종종 스트레스와 불안을 가져온다는 것을 사무실 한쪽에서 깨달았기 때문이다. 직원을 채용하면 책임져야 할 것이 많다. 주택담보대출금을 갚고 가족들을 부양하고 심지어 아이를 대학에 보낼 수입원이 돼줘야 한다. 그것은 무거운 책임이다. 하지만 프리랜서로 계속 계약하면 특정 프로젝트에 대해서만 책임을 질 수 있고, 급여에는 그 사람에게 지급할 것 모두가 포함되어 있다는 걸 알게 된다.

미란다는 자신의 조건에 따라 성공하기에 충분히 책임지는 방법을 찾았지만 스트레스를 받아가며 다른 사람을 관리하는 데 많은 시간을 보내야 할 만큼 그렇게 큰 책임을 지고 있는 건 아니다. 그녀는 시에라 네바다 산기슭에 지은 유르트yurt, 즉 유목민들이 쓰는 이동식 둥근 천막에 오랜 시간 동안 머물러 있을 수 있는데도 그녀의 전반적인 삶 역시 스트레스를 덜 받는다는 것을 알았다.

나는 거의 20년 동안 나 자신을 위해 일해왔으며 매년 안정적으로 수입이 증가하고 있다. 그것은 경제가 바뀔 때마다 대기업이나 스타트업에서 일하다

해고되거나 인원 감축된 많은 동료와는 대조적이다. 미국 인구 통계국Census Bureau 조사에 따르면, 2015년 연간 100만 달러의 수익을 달성한 무직원 업체, 즉 자신을 위해 일하고 직원이 없는 업체 수가 6% 가까이 증가했다. 조사 결과, 38,029개의 1인 기업이 통상적인 첨단과학 기술서비스에서부터 장비 수리, 세탁 서비스에 이르기까지 높은 수익을 올리고 있는 것으로 나타났다.[12]

인구 통계국의 연간 자료는 자신을 위해 일하면서 여전히 더 나은 삶을 사는 것이 더 쉽고 위험도 점차 줄어들고 있다는 것을 보여준다. 외주를 주거나 프리랜서를 고용함으로써, 전통적으로 직원들이 하던 업무를 처리할 수 있다. 그리고 기업과는 달리 진급에서 성별에 따른 유리 천장에 부딪힐 일은 없다. 수요가 있는 일을 훌륭히 하는 한 자신을 위해 일하는 것은 아무런 제한도 없으며 다음에 나올 내용처럼 당신이 스스로 배치하는 현명한 상한선을 가질 뿐이다.

상한선

기업 대부분은 목표와 대상을 설정하지만 상한선을 고려하는 기업은 거의 없다. 오히려 목표의 하한선에 주의를 기울이면서 이익 달성 지점을 계속해서 초과하는지에 집중한다. 그리고 "이번 분기에 적어도 100만 달러를 벌고 싶다."라거나 "하루에 2,000명씩 메일링 리스트를 늘려야 한다."와 같은 목표를 설정한다. 그들은 도달하고자 하는 최소 임계점을 설정해 놓고, 많으면 많을수록 좋다고 생각한다.

그렇다면 생각을 바꾸어, 목표에 상한선을 정한다면 어떨까? 예를 들어, "이번 분기에 적어도 100만 달러는 벌고 싶지만 140만 달러 이상은 넘지 않아야 해"라든지 "하루에 2,000명씩 목록을 늘려야 하는데 2,200명 이상을 넘을 필요는 없어."라고 정하면 어떨까?

대부분의 사업 영역에는 이 책의 시작에서 제기된 '충분함'이라는 개념과 관련된 가성의 마법 영역이 있다. 만약 성장이 너무 빨리 일어나면 유지할 수 있을 만큼 충분히 빠른 충원이 불가능하거나 증가하는 업무량을 처리할 인프라가 부족해지는 등의 문제가 발생할 수 있다. 예를 들어, 수익성을 얻기 위해 충분한 매출을 창출해야 하는 경우처럼 하한선이 중요할 수 있다. 하지만 초과 이익을 얻기 위해 필요한 것보다 더 많이 버는 것이 얼마나 유용할까? 회사의 목표를 초과 달성한 경우 회사와 사업, 또는 고객에게 어떤 도움이 될까?

습관과 생산성이라는 주제를 다루는 성공적인 블로거인 제임스 클레어James Clear는 1996년 사우스웨스트 항공사Southwest Airlines가 흥미로운 문제에 직면하게 된 사례를 들려준다. 그 항공사는 작은 지역 항공사에서 조금 더 큰 국가적 입지를 갖추기 위해 체계적인 확장을 이뤄왔다. 다른 항공사 대부분이 손해를 보거나 파산하고 있는 상황에도, 100개 이상의 도시들은 사우스웨스트 항공사에 그 지역까지 항공 서비스를 확장해달라고 요청하고 있었다. 하지만 흥미로운 부분은 이 점이 아니다. 정말 흥미로운 부분은 사우스웨스트 항공사가 이 제안 중 95% 이상을 거절하고 오직 4개의 새로운 지역에서만 항공 서비스를 시작했다는 것이다. 이 기업의 경영진은 성장의 상한선을 정했기 때문에 기하급수적 성장을 거절했던 것이다.

물론 사우스웨스트 경영진은 매년 성장하고자 했지만, 그렇다고 너무 큰 성장을 하려 하진 않았다. 스타벅스, 크리스피 크림, 펫츠닷컴과 달리 그들은 장기적으로 지속할 수 있는 그들만의 속도 조절을 원했다. 이렇게 함으로써, 다른 항공사들이 휘청거리는 시기에도 계속해서 번창할 수 있게 도와주는 성장의 안전한 한계선을 확립했다.

사우스웨스트는 사업을 지속하기 위해 경영자가 할 수 있는 최선을 다했다는 점에서 흥미롭다. 진화론적 관점에서 보면, 점점 더 많이 축적하고 싶어하는 것에는 어쩌면 합당한 이유가 있을 것이다. 더 많은 음식, 더 많은 물, 포식자로부터 더 많은 보호를 받는 것 등은 아마 우리보다 더 큰 무언가에 의해 잡아먹혀 죽을 가능성을 더 낮출 수 있을지도 모른다. 그래서 과거에는 목표에 상한을 두지 않는 것이 도움이 되었고, 먹이고 보호하며 진화했을 것이다. 그러나 현대 사회에서 무한히 성장하고 확장하는 목표를 갖는 것은 종종 문제가 될 수 있다. 우리 대부분은 음식이나 안전에 대해 걱정할 필요가 없지만, 여전히 끝도 없이 모으는 것을 갈망하게 되어 있다. 이 사고방식은 우리가 만들고 운영하는 사업에도 영향을 미친다.

문화적으로, 성장은 우리의 자아와 사회적 지위에 영향을 미친다. 소유한 회사가 크면 클수록, 다른 사람보다 더 많은 이윤과 직원을 가질수록 더 우월한 기분이 들어 좋을 것이다. 제임스 클레어는 자신의 새 블로그의 뉴스레터 구독자 1만 명이 자신의 성공을 의미하는 마법의 숫자가 될 것으로 생각했다. 하지만 얼마 지나지 않아 빠르게 1만 명을 돌파했음에도 블로그 사업에는 아무런 변화가 없었다. 그래서 자신의 목표를 10만 명의 구독자로 조정했지만, 그 숫자를 금방 채운 뒤에도 여전히 아무것도 변하지 않았다. 비록 우리가 원하지 않고 인정하지 못한다고 해도 목표를 설정하는 데 있어 외부 요인과 동료의 압력에 어느 정도는 영향을 받는다. 하나의 집단에 의해 인정받고 더욱 가치 있게 느끼는 것은 좋은 일이다. 만약 우리의 목표가 항상 완전히 내면화된다면 성장을 그렇게 추구하지 않을 것이다.

제임스도 이제 사업의 상한선과 하한선에 초점을 맞추고 있으며 그의 목표가 외부와 동료 요인에 약간 영향을 받게 할 뿐만 아니라 업무적 이유에 의해 부분적으로만 좌우되도록 하고 있다.

부러움은 영혼과 사업 성장의 병

그리스 철학자 소크라테스는 '부러워하는 것은 영혼의 병envy is the ulcer of the soul'이라고 했다. 이는 다른 사람의 성공에 쉽게 부정적인 영향을 받을 수 있다는 것을 의미한다. 속으로 자신을 남과 비교할 때 진정한 우리의 모습이나 욕구는 우리 마음에 그늘을 드리울 수 있다. 우리는 스티브 잡스Steve Jobs, 엘론 머스크Elon Musk, 오프라 윈프리와 같은 사람을 우상화하고 거대한 제국을 창조하는 것과 같은 성공에 이른 그들의 길을 따르는 것이 우리 행복과 경력 실현의 열쇠라고 생각한다.

우리는 종종 1인 기업이거나 성장하지 못할 때 다른 것이나 큰 사업과 비교해서 '만들어 가는 중'인 것처럼 보여야 한다는 사회적 압박을 느낀다. "당신은 무슨 일을 합니까?"라는 질문에 자기 자신을 위해 일한다고 대답하면, 보통 "사업은 얼마나 큽니까?"라는 두 번째 질문이 자연스럽게 이어진다. 사업을 혼자 운영하는 중이고 앞으로 성장할 계획이 없다고 대답해야 한다면 약간 당혹스러울 수도 있다. 하지만 실제로 어느 정도 규모 있는 사업을 운영하는 것은 힘든 일이다. 그것이 크든 작든 지속할 수 있고 수익성 있게 만든 것 자체로 자랑스러워할 만한 것이어야 한다.

외적인 압력과 심지어 성장을 원하는 내적인 기대도 대부분 이런 부러움에서 기인한다. 다른 어떤 사업을 봤을 때, 규모가 크다면 그 사업은 성공했다고 단정한다. 매우 투명한 기업조차도 일반적으로 총 직원 수나 월간 경상수익MRR, monthly recurring revenue만을 공유한다. 이는 전체 그림의 한 부분에 불과하며 실제 이익이나 한계이익이 어떤지는 설명하지 않는다. 만일 한 달에 50만 달러를 버는 기업이 주요 직원에게 많은 일을 시키는 대가로 월 55만 달러를 지급하는 중에 어느 순간 벤처캐피털 자금이 바닥났다면, 이후엔 수익을 내지 못하고 잠재적으로 지속되기 힘든 상태일 수 있다.

부러움은 사회적으로 용인되기 어려운 감정이어서 보통은 대부분이 느끼는 것이기는 하나 관리하기가 매우 어렵다. 이것은 또한 자기 일과 사업 그리고 고객에게 집중할 기회를 빼앗는다. 우리가 부러움이라는 감정에 휩싸여 있을 때 선택할 수 있는 최선은 차선책을 찾는 것이다. 우리 대부분은 다른 사람의 방식을 모방하려고만 하고 자기 자신의 방식을 발전시키려 하지 않기 때문이다.

부러움은 요리되지 않은 식자재는 보지 못하고 맛있게 구워진 파이만 보고 비교하는 것과 같은 잘못된 비교에 근거한다. 다른 사람을 부러워하면서 오직 최종 결과물이나 제품만을 본다. 즉, 맛있는 디저트만을 보는 것이다. 그러나 우리는 맛있지 않은 식자재를 모두 보고 성공적인 최종 완성품을 만들어가는 데 필요한 실제적인 과정을 잘 알고 있다. 우리는 너무 자주 스스로의 지저분한 자아를 다른 이의 가장 빛나고 좋은 부분에만 비교하고 부족함을 느낀다. 모든 사업에는 성공만이 아니라 실패도 있다는 것을 기억해야 한다.

하지만 부러움이 진정으로 가치 있는 것을 인식하는 도구로써 유용할 때도 있다. 예를 들어, 누군가 나보다 더 많은 돈을 버는 것이 부럽다면 돈을 더 버는 것이 나에게 중요할 수도 있다는 것을 인식하고 그것이 정말 사실인지 알아보는 노력을 해본다. 돈을 더 많이 버는 것이 나에게 중요하다는 것이 사실로 드러난 다음에야 우리는 어떻게 돈을 더 많이 벌지 결정할 수 있다. 일단 무엇이 부러운지 알아야 어떻게 할지 다시 생각하거나 앞으로 나아갈지 선택할 수 있는 것이다.

인도의 고대어인 팔리Pali에는 '무디타mudita'라는 말이 있는데, 이는 부러움의 반대말인 것 같다. 왜냐하면 '다른 사람의 행운이나 업적을 기쁘게 생각한다.'라는 뜻이기 때문이다. 참고로, 영어 'envy'의 반대말은 없다. 이타주의 측면에서, 무디타는 사업적으로 유용한 개념이다. 우리는 머스크나 오프라 같은 사람이 존재하고 지속해서 성장하고 있다는 것을 기뻐할 수 있다. 동시에 그들의 진취적인 제국이 우리가 하는 일이나 자신의 사업을 보는 방식에 영향을 주지 않는 것을 기쁘게 여길 수 있다. 우리는 다른 사람들이 그들의 사업 성공을 이뤄왔지만 그것이 우리의 사업에 영향을 미치는 유일한 요소는 아니라는 점을 알 수 있다.

우리는 훌륭한 삶을 살거나 심지어 실질적인 영향력을 행사하기 위해 지배적인 태도를 보일 필요가 없고 우리의 일에 꼭 그런 태도가 꼭 필요한 것도 아니다. 우리의 일은 이러한 유용함을 유지하는 동안 작게 시작하고 끝낼 수 있다. 더 많은 것을 취하는 대신에 더 나은 방향으로 나아가는 데 집중하면서 말이다.

생각해보기

- 기존 고객에 집중하는가, 아니면 잠재적 고객에게만 관심을 기울이는가?
- 단순히 사업을 더 크게 확장해 가는 대신 더 나은 방향으로 발전시킬 수 있도록 잘 정의했는가?
- 사업 성공을 위해 실제로 성장이 필요한가?
- 최적 규모에 대한 상한선은 어디이고 이익과 즐거움이 매출을 감소시키는 점은 어디인가?
- 부러움을 다른 이들의 성공을 기뻐하고 배우는 동기로 활용할 수 있는가?

3 장
1인 기업을 이끄는 데 필요한 것들

지금까지 1인 기업이 무엇인지, 왜 자기 삶의 질을 향상하는 것을 맹목적인 성장보다 더 중요하게 여겨야 하는지에 대해 생각해보았다. 이제 당신이 큰 회사의 민첩하고 자율적인 팀의 리더이든 직원을 고용할 생각이 없는 1인 기업가이든 1인 기업가는 누가 되어야 하는지, 어떤 특성이 요구되는지에 관심을 돌려보자.

1인 기업을 이끌기 위해 요구되는 것은 자신이 생각하는 것과 다를 수 있으며, 우리는 리더십과 권력의 부담에 대한 걱정과 이를 피하는 방법에 대해서도 살펴볼 것이다.

평범하지 않은 리더

할리우드 영화 산업은 리더가 해야 할 것에 대한 원형적 비전을 공유한다. 카리스마 있고 지배적이며, 대부분이 남성인 A형type A의 성격을 가진 사람은 방에서 가장 큰 목소리를 많이 내는 사람이라는 점만으로 주의를 끄는 사람이다. 그런 유형의 리더는 때때로 높은 위치를 차지할 수 있지만, 그런 유형만

이 단지 유일한 지도자감은 아니다. 특히 남성일 때 그러하다. 1인 기업은 조용하고 사려 깊고 내성적인 사람이 이끌 수도 있고 관리할 팀원이 있는 경우에도 운영될 수 있다.

1인 기업은 특별한 통솔력이 필요하다. 만약 자신을 위해 일한다면 고객과의 관계를 유지하는 것뿐만 아니라 서비스나 제품을 성공적으로 홍보할 수 있는 그런 사람이 되어야 한다. 만약 계약자나 프리랜서 팀과 함께 일한다면 그들을 이끌 수 있어야 한다. 기업 구조상 지도력을 발휘하는 역할이 아니라고 해도 마찬가지로 통솔력을 발휘하지 않고는 자율에 필요한 통제력과 회복력, 속도를 얻을 수 없다.

강력한 추진력을 갖고 절박함을 고조시키며 협력을 장려하기 위해 리더들이 타고난다고 하는 소위 X-요인X-factor, 곧 카리스마Charisma는 타고나야만 하는 선천적인 자질은 아니다. 사실, 카리스마는 조용한 사람이라도 필요할 때 배우거나 자연히 발휘될 수 있다. 로잔 대학교 경영대학원University of Lausanne business school의 연구는 특정 집단의 관리자가 비록 고유한 카리스마의 특성을 타고나지 못했을지라도, 훈련을 통해 카리스마적인 자질과 지도자로서의 전반적인 효과성이 향상될 수 있음을 보여주었다.[13] 설득력 있는 이야기와 은유, 높은 기대감, 심지어 얼굴의 표정을 활용함으로써 누구나 다른 사람에게 영감을 줄 수 있다.

도움이 되는 다른 특성은 자기 자신과 다른 이를 위해 매우 높은 목표를 설정하는 것이다. 간디Gandhi는 '인도를 떠나라Quit India.'라는 유명한 연설에서 폭력을 사용하지 않고 영국 통치에서 벗어날 수 있도록 온 국민을 고무시켰다. 샤프Sharp의 마치다 가츠히코Katsuhiko Machida 전 최고경영자는 1999년에 사업 붕괴가 닥쳤을 때 이전에는 생각도 못 한 제안을 제시하면서 모든 직원에게 활력을 불어넣었다. 그것은 거대하고 투박하며 깊은 박스 모양의 CRT TV를 바꾸고 싶어하는 소비자의 요구를 충족시키기 위해 2005년까지 훨씬 얇은 LCD 모델로 교체해야 한다는 것이었다. 그러나 이런 터무니없는 목표와 기대를 설정하는 것만으로는 충분하지 않았다. 그들에게는 성취할 수 있다는 자신감이 뒤따라야만 했다. 간디는 평화 시위의 수많은 사례를 통해 국민들을 설득했고, 마치다는 이 목표를 달성할 수 있다는 자신감을 불러일으키는 동시에 그것을 실현할 자원을 지원해줌으로써 공학팀을 설득했다.

페이스북Facebook의 최고경영자 마크 저커버그Mark Zuckerberg는 전형적인 내향적 리더여서 사회정치적 조언을 해주는 최고운영책임자 셰릴 샌드버그Sheryl Sandberg의 도움을 받았다. 마크는 많은 수의 직원이나 부하를 자신의 통제력 아래에 두려 하기보다는 더 작고 진실하며 협력적인 연결에 의지하려 하였다. 또한, 그는 다른 스타트업과 기업가정신이 매우 탁월한 많은 창업자와 함께 많은 시간을 보내며 그들의 이야기를 진지하게 경청함으로써 페이스북에 가입하도록 설득하는 데 매우 유능한 모습을 보여주었다.

하버드 경영대학원Harvard Business School의 연구는 특히 내성적인 성향의 리더가 숙련되고 적극적으로 팀을 관리할 때 매우 성공적일 수 있다는 걸 보여주었다. 조용하고 침착한 성격의 리더는 주의 깊게 경청하고 집중력을 유지하며 방해 없이 장시간 일을 하는 것을 두려워하지 않기 때문이다. 그리고 같은 일을 할 수 있는 사람으로 구성된 팀을 훌륭히 이끌 수 있다. 1장에서 논의한 바와 같이, 자율성이란 일련의 기술을 익힌 후에만 이익을 얻을 수 있는 것처럼 작은 팀으로 운영되는 1인 기업은 개별적·전체적 기능 수행을 위해 각 구성원의 진정한 전문지식이 필요하다. 이들은 별도의 관리가 필요 없다.

애덤 그랜트Adam Grant, 프란체스카 기노Francesca Gino 그리고 데이비드 호프만David Hofmann의 연구는 내성적인 성향의 사람이 더 훌륭한 상사가 될 수 있음을 보여준다.[14] 이는 때때로 먼저 말부터 하고 나중에 생각하는 외향적인 성향의 리더가 실제로 팀의 존경심을 상실하여 더 나쁜 결과를 초래할 수 있다는 점을 시사한다. 그러나 내향적이든 외향적이든 팀으로부터 현명하고 유용한 의견을 수용할 줄 아는 리더는 협력을 이루는 데 필요한 신뢰를 쌓을 수 있다.

내향적인 지도자는 외향적인 사람이 더 효과적인 지도자라는 강력한 문화적 선입견을 극복해 내야 한다. 비록 인구분포상으로는 내향적인 사람과 외향적인 사람이 거의 균등하게 나뉘지만, 관리자와 임원의 96% 이상이 외향적인 성향을 지녔다. 2006년의 한 연구에서는 상위 기업의 임원 65%가 내향성을 리더십의 장애물로 여겼다. 그러나 이런 고정관념이 항상 사실인 것은 아니어서 반드시 재검토해야 한다. 리젠트 대학Regent University은 다른 사람에게 봉사하고 그들이 성장할 수 있도록 힘을 주는 것이 리더로 성장하고 리더십을 유지하는 데 중요한 요인이라는 점을 발견했다. 고대 중국철학 『도덕경Tao Te Ching』에 나타나는 소위, '서번트 리더십servant leadership'은 직원이나 고객이 자신의 목표를 달성하도록 도와줌으로써 기업의 목표가 가장 잘 달성된다는 믿음에 기초를 둔다. 그런 지도자는 자신이 관심의 대상이 되는 것보다 다른 이들의 승리와 업적이 더 빛나기를 원한다. 서번트 리더십은 겸손함이 필요하지만, 이 겸손은 결국 성과를 거두게 한다. 1인 기업은 다른 사람을 높이는 것이 바로 팀 전체나 사업을 향상하는 것이라고 인식한다.

1인 기업은 때때로 소리 없이 세상을 변화시키도록 내적 동기를 부여받은 조용한 사람이다. 많은 사람이 이들은 창업과 사업 운영에 적합한 사람이 아니라거나 다른 사람에게 영업을 하기에 적합한 사람이 아니라고 생각하는 경향이 있다. 나 자신도 역시 사회성이 부족하고 다수가 모인 자리에서 말을 잘 하지 못한다는 것을 인정한다. 나는 콘퍼런스에서 파티에 이르기까지 대중의 앞에 나서는 모든 일에 어려움을 겪는다. 내가 한 일은 내가 더 잘하는 것, 즉 온라인 교육과 서면 소통을 중심으로 사업을 구성하는 것이다. 내 행동에 대해 구차한 변명을 늘어놓는 대신에 나의 내향성을 긍정적인 도구로 변화시켰다. 내 성격과 보유 기술에 맞는 지도 방법을 찾았다. 나는 큰 그룹과 대화하는 것을 피하는 대신에 일대일 의사소통에 더 의존한다. 다시 말 해, 이것이 내향적인 성격으로 인해 내가 다수의 청중을 향해 연설하는 것보다는 온라인 강좌를 선택하는 주된 이유다. 온라인 강좌는 내게 효과적으로 의사소통할 수 있는 채널이 되어 주고 잠재 고객과 연결하는 방식을 활용할 수 있게 해 준다.

내게 리더십이 없다는 사실이 1인 기업을 이끌어가는 데 손해를 끼치기 쉬운 것이 사실이므로 나는 어떤 종류의 관리도 필요 없는 프리랜서나 도급 계약자들과만 협력하고 있다. 그들은 자기 일을 어떻게 해야 하는지 정확히 알고 있는 A급 선수A-player들이다. 나는 단지 여러 변수들 사이의 연결점만 제공하고 그들이 일을 잘하도록 내버려 두면 된다. 내가 고용한 사람이 일을 잘할 수 있도록 완전한 자율권을 주고 회의나 체크인, 관리 없이 내 일에 집중할 수 있다. 그리고 문제가 생기면 나에게 즉시 알려달라고 요청한다. 만일 그들에게서 소식이 없으면 그들의 침묵은 자기 일을 잘 소화하고 있다는 것을 의미한다고 여긴다. 다른 사람을 관리하는 것에 서툴고 효과적이지 않다는 내 단점들을 인식하고 부정하지 않으며 사업을 수행해 나간다. 내 리더십 스타일은 높은 연봉의 A급 선수들을 고용할 때 더 많은 인건비를 지출하게끔 하지만 그들의 일은 항상 그럴 만한 가치가 있고 긍정적인 사업적 이익을 만들어 준다.

자율성은 마법의 총알이 아니다

직원이 자율성을 갖는 1인 기업을 이끈다는 것은 모든 규칙, 절차, 조치를 전부 없애는 것보다 복잡한 일이다. 결과적으로 무정부 상태가 되어 수익성과 지속 가능성 면에서 끔찍한 결과를 초래할 수 있을 것이다.

오늘날 포춘지가 선정한 1,000대 기업의 79%와 제조 기업의 81%는 여전히 어떤 식으로든 권한을 위임받은 자기 주도적이거나 자율적인 팀을 가지고 있다. 자기 주도적인 팀에게 방향을 요구하는 것이 이상하게 보일 수도 있지만 실제로는 특정한 유형의 방향이 필요하다.[15]

레고LEGO와 스포티파이Spotify에서 일해온 경영지도사 헨릭 나이버그Henrik Kniberg는 조직이 직원에게 완전한 자율성을 부여하거나 직원의 업무가 관리자의 목표와 지침에 완전하게 부합한다고 가정하는 것은 잘못된 이분법에 해당한다고 생각한다. 창업과 유지를 위해서는 두 가지 모두 조금씩은 필요하다. 1인 기업의 리더는 직원과 관리자 간의 조정 프로세스를 제공하고 공통의 목표가 있는지 확인해가는 동시에, 자율성을 가능하게 하는 역할을 수행한다. 이 미묘한 균형을 달성하는 것은 어려울 수 있다.

스포츠팀 소프트웨어 회사인 허들Hudl의 디자인 부사장, 카일 머피Kyle Murphy는 회사에 채용된 첫 번째 직원이었고 9년 동안 600여 명의 직원을 보유한 회사의 일원이 되었다. 허들이 처음 사업을 시작했을 때에는 '자동 과부하autonomy overload'가 있었다. 모든 팀은 원하는 대로 무엇이든 하고 때로는 중복된 일을 했으며 어떤 때는 다른 팀과 어울리지 않는 결과물을 만들었다. 이는 혼란을 일으켰다. 카일이 신속하게 점검한 건 글로벌 조직 체제의 필요성이었다. 직원의 창의성과 독창성을 제한하지 않으면서도 공통된 구성요소

집합과 각본을 제공해야 했다.

카일의 디자인 팀은 회사가 해야 하는 디자인 작업량과 현재의 필요 사항을 감당할 수 있는 충분한 디자이너를 고용하기 위해 고군분투하고 있었다. 이로 인해 허들의 디자인팀을 운영하던 방식을 재고하게 되었는데, 이 팀은 대부분 평탄한 그룹이었다. 버튼, 색상, 글꼴 등 소프트웨어의 시각적 요소에 대한 공통 스타일 가이드와 같은 규칙을 제정함으로써 공통의 구성요소 도구 모음을 갖게 되었기에, 허들은 이제 더 적은 수의 디자이너들이 더 많은 작업을 할 수 있게 되었다. 또한, 피드백과 개정 작용을 간소화하여 프로세스에 드는 시간을 줄였다. 사실, 더 많은 사람을 고용하는 것은 해결책이 되지 못했다. 대신에 공통된 많은 프로세스와 구조를 도입하면 소수의 사람이 더 많은 것을 성취하는 데 도움이 되었다. 동시에 공통된 도구 모음을 사용하여 그들 나름대로 문제를 해결할 수 있는 자율성을 허용했다.

자율성은 물론 심각하게 남용될 수 있다. 문제는 자율적 근로 시간이나 원격 근무와 같은 특혜를 이용하는 직원이 아니라, 지나친 지시와 명령을 줄일 필요가 있는 선임자이다. 리더의 임무는 명확한 방향을 제시하고 길에서 비켜주는 것이다. 1인 기업이라도 방향을 정하고 과정을 수립해야 한다. 즉, 창의성을 발휘하고 목표를 충족하는 것은 일반적인 제약조건이다. 이는 자율과 비자율의 이분법적 결정이 아니라 지시와 신뢰 사이의 균형으로 신중하게 조정되어야 한다. 너무 많은 지시를 하면 팀은 그것에 의존하기 시작할 것이고, 리더십은 의사 결정의 병목 원인이 될 것이다. 반대로 너무 적게 지시하면 무정부 상태로 전락하게 된다. 가장 중요한 점은 실적이 우수한 팀이 더욱 탁월한 성과를 내면서 기업에 가장 많은 혜택과 혁신적이고 놀라운 결과를 창출하게끔 하는 것이다.

직원이 없는 회사라 할지라도 여전히 제약조건은 필요하다. 매우 구체적인 서비스를 제공해야 할 고객뿐만 아니라 자사의 제품을 정확한 방식으로 제공해야 하는 고객일수록 프로세스, 시스템 그리고 재사용 가능한 코드와 시각적 마케팅 언어 등 표준화된 도구를 통솔력에 더 많이 적용할 수 있다면 시급 작업자나 고용된 직원이 자기 일을 더 빠르게 잘할 수 있으며 매출과 완료된 과정 측면에서 유료 고객의 요구 사항이 줄어들 것이다.

다양한 종류의 기술

우리는 학교와 직장 등에서 종종 전문화가 더 나은 것이며 그것이 성공의 열쇠라고 배운다. 그래서 어릴 때부터 특정 직업으로 이끌어줄 전공을 고르며, 일을 할 땐 주어진 업무를 완수하기 위해 하나의 특정한 기술만 사용한다. 이것은 전공 영역 하나의 전문지식을 습득하는 데 도움이 되지만 1인 기업은 자기 일을 통제하기 위해서 진정 수많은 주제와 기술을 알고 이해할 수 있어야 한다.

훌륭한 제너럴리스트generalist로서, 보통 전문 분야에서 시작하여 필요에 따라 보조적이고 보완적인 기술을 추가하게 될 것이다. 단, 특정 분야의 특정한 직업만이 아니라 사업의 전부 또는 대부분의 측면을 전체적으로 이해할 수 있게 될 것이다. 이것은 홀로 일할 때 특히 그러하다. 돈을 받고 판매하는 제품을 만드는 데 사용하는 기술을 알아야 하는 한편 마케팅 전략, 회계장부 기장, 영업과 같은 주요 측면에 대한 철저한 이해도 필요하다.

사업 조건은 물론 완벽하지 않다. 실제로 시장이 자주 변하고 추세가 항시 다르며 소비자 수요가 수시로 바뀌는 상황에서 일반적으로 이상적인 것은 없다. 경영 일선의 스페셜리스트specialist는 특정 호황기에 번창할 수 있다. 예를 들어, 코볼COBOL 프로그래머는 2000년 밀레니엄Y2K[4]이 다가옴에 따라 1999년에는 폭발적인 수요가 있었지만 2000년 1월 1일부로 그 필요성이 급격히 쇠퇴했다. 이와는 대조적으로 어떤 컴퓨터 언어로든 코드를 작성할 수 있는 제너럴리스트 프로그래머들은 1980년대 개인 컴퓨터PC가 주류가 되면서부터 수요가 있었고, 지금까지 다양한 기술에 대한 수요가 계속해서 나타났다.

『인간은 무엇이 되려 하는가Evolutionaries』의 저자인 카터 핍스Carter Phipps는 '많은 영역에 대해 조금 더a little bit about a lot' 아는 제너럴리스트의 가치가 점점 높아지면서 사업이 계속 번창할 것이라고 하였다.[16] 따라서, 제너럴리스트로서 스페셜리스트의 영역에 속하는 것이 1인 기업으로 생존하는데 가장 중요한 측면일 수 있다. 예일대학Yale University의 강사 바이크람 만샤라마니Vikram Mansharamani는 특정 전문지식을 인정하는 것이 과대평가되었다고 하였다. 확실히 특정 분야의 지식이 있어야 하는 자연 과학과 같은 영역도 있지만, 대부분 특정 전문지식은 그것이 다른 모든 것에 맹목적이라면 너무 많은 불확실성과 모호함, 미흡한 지표로 인해 오늘날의 사업 환경 혹은 1인 기업에는 적합하지 않다.

제너럴리스트적인 사고와 많은 것에 대한 이해를 포용할 때가 되었다. 1인 기업의 제너럴리스트 리더는 성공을 위해 필요한 일의 많은 측면을 이해해야 한다. 그러한 리더는 핵심적인 기술에 숙달되어야 할 필요가 있을 뿐만 아니라, 일반적으로 사업이 어떻게 작동하는지 이해해야 한다. 1인 기업의 기업가가 먼저

---

4 원서에서는 밀레니엄을 Y2K로 표기하고 있다. Y2K는 'Year 2K(K는 1,000을 의미)'의 약자이다.

시작하거나 기꺼이 육성해야 할 일반화된 리더십 특성이 몇 가지 있다.

심리학

다른 사람이 어떻게 생각하는지 이해하는 것은 1인 기업에 있어 매우 중요하다. 사람이 제품이나 서비스에 대해, 어떻게 또 왜 그런 결정을 내리는지 알아야 한다. 그들은 왜 당신이 만든 것을 구매하는가? 그들은 어떤 이유로 망설이는가? 그들은 어디에 삶의 가치를 두는가? 만약 누군가 물건을 구매한다면 그들에게 이익이 되는 건 무엇인가? 어디에서 고객의 이탈이 발생하며, 그 이유는 무엇인가? 이러한 핵심 요소를 이해할 수 있다면 더 나은 1인 기업가, 더 나은 영업 사원, 더 나은 마케팅 담당자가 될 수 있다.

의사소통

비록 우리 스스로 전달자나 작가라고 생각하지 않을지라도 대부분은 하루의 많은 시간 동안 글을 쓰며 보낸다. 이메일 작성부터 트윗, 전화 통화까지 모든 것이 의사소통이다. 우리가 명확하고 효과적으로 의사소통하는 방법에 대해 더 많이 배울수록 지시사항을 더 잘 이해하고 이끌어가게 될 것이다.

회복력

영국 언론인 마일스 킹턴Miles Kington은 "지식Knowledge은 토마토가 채소라는 걸 아는 것이다. 지혜Wisdom는 그것을 과일 샐러드에 넣지 않는 것이다."라고 하였다. 풍부한 지식을 지녔다고 해서 지혜도 풍부할 것이라고 가정해서는 절대 안 된다. 수많은 자료나 경험을 접할 수 있다 하더라도 여전히 통제할 수 없는 많은 요인이 있다. 사실, 사업의 상당 부분은 추정이다. 그래서 실패했을 때 곧바로 회복하여 팀에 활력을 불어넣는 것이 중요하다. 왜냐하면 회복력은 그럴 수 있는 힘이기 때문이다.

집중력

1인 기업의 리더는 능숙하게 거절할 줄 아는 전문가가 되어야 한다. 기회, 업무, 오락, 계획, 회의 등에 모두 자주 등장하기 때문에 '아니오.'라고 말하는 것은 실제 실행 가능한 전략이라는 것을 배울 수 있다. 자기 사업이나 팀에 도움 안 되는 어떤 것을 거절함으로써 더 나은 기회에 집중할 여력을 확보할 수 있다. 그 선택 사항을 어떻게 신속히 평가할 수 있는지, 어떤 걸 추구하는 것이 좋은지 그리고 어떤 것을 거절할지 배울 필요가 있다.

결단력

의사 결정은 정신적으로 부담스럽고 피곤할 수 있으며, 반복되다 보면 결정하는 것 자체에 질려버려 나쁜 결정을 하기도 한다. 스트레스를 많이 받는 큰 결정을 더 작고 처리가 수월한 크기로 쪼개어 더 빠르고 현명하며 더 적은 스트레스를 받는 방향으로 변경할 수 있다.

"언제나 난 허슬링"

회복력, 통제력, 속도, 단순성 등을 높이는 일은 1인 기업을 이끄는 데 중요하다며 이 일에 주의를 기울이지 않으면 큰 문제가 뒤따를 수 있다.

기업가 정신entrepreneurship을 구글에 검색해 보면 '허슬링hustling'[5]에 관한 기사가 50만 건 이상 나온다. 그런데 이 절의 제목에 인용된 릭 로스Rick Ross 랩 음악에 관한 기사는 없다. 어떤 이유에서인지 자신을 위해 일하는 것과 매일 한계점까지 자신을 몰아가는 것은 서로 밀접하게 연결되어 있다. 마치 더 많은 일을 하는 것이 더 나은 것처럼 말이다. 2장에서 논의한 것처럼 더 많은 게 항상 더 나은 건 아니다. 말할 것도 없이 더 나은 것이 더 낫다. 기술을 습득하기 위해 시간과 노력을 투입하는 것은 장점이지만 균형에 대한 필요성도 또한 커진다. 허슬링이 불면증을 명예 훈장으로 바꾸고 일 때문에 건강, 가족, 친구를 뒷전으로 밀어낸다면 지금이 확실히 휴식을 취해야 할 때이다.

애플Apple의 TV 프로그램인 플래닛 오브 더 앱스Planet of the Apps에서 한 참가자는 "나는 내 아이를 거의 보질 못해요. 그건 감수해야 할 희생이에요."라고 하였다. 정말일까? 다른 모든 것을 제쳐놓고 일을 우선시하는 이런 유형의 허슬링은 일을 많이 하는 것 대신에 더 잘하고자 하는 1인 기업의 운영 철학과 맞지 않는다. 기술적이고 규모가 큰 사업에서 모두 성공하기 위해 일 중독Workaholism이 필요하다는 생각에 동의하지 않는 1인 기업으로 덴마크 프로그래머, 데이빗 하이네마이어 한슨David Heinemeier Hansson이 있다. 그는 루비 온 레일즈Ruby on Rails라는 인기 있는 오픈소스 웹 프레임워크를 만들었으며 소프트웨어 개발사인 베이스캠프Basecamp의 파트너이다. 한슨은 더 많은 일을 해야 성공할 수 있다는 이 패러다임을 경멸한다. 그는 더 많은 일을 해야 한다는 압력이 리더십에서 그냥 전해지는 것이 아니라, 회사를 통해 외부로 나아갈 때 증폭된다고 믿는다. 그는 기업이 고군분투하는 걸 멈출 필요가

---

5 허슬링은 스포츠나 게임 등에서 자신감을 위장하여 사기를 치거나 허풍을 드러내는 행위 등으로 묘사되지만, 경영 분야에서 특히 기업가 정신과 관련해서는 미친 듯이 돈을 버는 것과 더 관련이 있다.

있고 직원에게 직장 밖에서의 삶, 수면과 회복에 대한 진정한 유용성을 받아들이는 데 집중하도록 격려하며 업무 습관이 훨씬 더 차분해져야 한다고 믿는다.[17]

1971년 심리학자인 웨인 오에츠Wayne Oates가 만든 용어인 '일 중독Workaholism'은 허슬링의 전형이다.[18] 일 중독자의 욕구가 너무 지나쳐, 그들의 건강과 인간관계에 혼란을 일으킨다. 흥미롭게도 오에츠는 일 중독자가 그렇지 않은 이들에 비해 월등한 성과를 내는 건 아니라는 걸 발견했다. 눈에 띄는 영향은 업무 스트레스 증가, 일과 생활의 큰 갈등, 건강 악화뿐이다. 그리고 일 중독과 더 큰 금전적 보상 또는 자기효능감 사이에 아무런 관련이 없음을 밝혀냈다.

프리랜서 디자이너와 개발자를 계약직 근로가 필요한 회사와 연결하는 크루Crew는 정해진 근무 시간에 대해 신뢰하지 않는다. 하루에 8시간씩 일하거나, 오전 9시에서 오후 5시 사이에 일할 거라고 기대하지 않는다. 크루는 직원이 좀 더 활기차고 집중력이 높은 시간대에 실질적인 업무를 끝내도록 필요한 만큼 시간을 줄이거나 늘리는 식으로 근무 시간을 유연하게 계획하게 한다. 크루는 일을 하는 시간보다 성취한 일에 더 신경을 쓴다.

더 나은 결과를 위해 직원과 자기 자신이 더 많은 시간을 강제로 일할 필요가 있는가, 아니면 그냥 같은 양의 일을 같은 시간 혹은 더 짧은 시간 안에 잘하면 그만일까?

1인 기업을 이끄는 가치는 민첩성과 신속성이다. 그러나 이러한 이점은 지속적인 경계심을 필요로 한다. 성공을 이루면 기회는 대부분 성장하고 확장할 수 있기 때문이다. 하지만 1인 기업을 유지하면서 리더십에 대해 정의한 성공의 정의를 고수하기 위해서는 적합하지 않은 기회를 거절해야 할 것이다. 기획, 업무, 오락, 회의, 이메일은 처음에는 모두 생산적으로 보일 수 있지만 잘 관리되지 않으면 즉시 역효과를 낼 수 있으므로 1인 기업은 적합하지 않은 것을 가차 없이 거절할 필요가 있다. 즉, 자기 사업의 가치와 아이디어에 부합하는 기회에 '예'라고 대답할 여지를 남겨두어야 한다.

불굴의 리더십에 관한 신화를 고치는 것

역사학자 헨리 애덤스Henry Adams는 '권력은 희생자의 연민을 끝내 죽이는 종양'이라고 주장했다. 그 평가는 꽤 가혹하거나 과도해 보일지 모르지만 심리학적 연구와 신경과학적 연구로 지지받는다.

맥매스터 대학McMaster University의 신경과학자인 석빈더 옵하이Sukhvinder Obhi는 리더십을 통해 권력을 얻었을 때 일어나는 현상을 설명하기 위해 '권력의 역설power paradox'이라는 용어를 만들어냈다.[19] 우리는 결국, 권력을 얻기 위한 필수적 능력, 곧 공감, 자각, 투명성, 감사하는 태도와 같은 것을 잃게 된다. 버클리대 심리학과 교수인 대처 켈트너Dacher Keltner는 리더의 행동을 20년간 연구하여 비슷한 결과를 얻었다. 리더의 역할을 성취하게 해주는 자질은 일단 달성하면 확연히 줄어드는 경향을 보인다.[20]

그들은 일정 규모의 기업 리더로서 지칠 줄 모르는 신화의 대상이 된다. 기업가 정신은 일과 회사에 봉사하는 과정에서 모든 희생과 일 중독을 우상화하고 전체 사업의 무게와 책임을 한 사람의 어깨에 고스란히 얹는다. 진정 황량해 보이지 않는가? 그러나 검색엔진 최적화SEO와 마케팅 자료 분석을 수행하는 회사인 모즈MOZ의 '마법사wizard'이자 한때는 최고경영자였던 랜드 피시킨Rand Fishkin은 오히려 매우 희망적이라 말한다. 랜드는 블로그에서 컨설팅 기업으로 모즈를 급성장시켰으며, 매출은 2006년 30만 달러에서 2014년 4,800만 달러 이상으로 성장하여 수년 동안 매년 100% 이상의 매출 증가를 이루었다. 대부분의 사회적이고 사업적인 수단으로 볼 때 랜드는 경영자로서 성공한 것처럼 보였지만 성공에 대한 어떤 세간의 찬사도 그의 정신질환 예방에는 도움이 되지 않았다. 점차 우울증이 심해지자 랜드는 모즈의 최고경영자 자리에서 물러나야 했다. 그러나 이 힘겨운 경험을 통해 대기업이든 중소기업이든 기업을 경영하는 데 필요한 것에 대해 귀중한 통찰력을 얻었다. 그가 배운 것은 과학적 연구가 뒷받침하지만 그럼에도 불구하고 전통적인 사업 조언과 완벽한 리더십 신화에 역행한다. 건강한 리더십의 역할을 유지하는 데 필요한 자각, 공감, 투명성, 감사하는 태도의 역할에 대해 살펴보자.

랜드의 첫 번째 통찰인 자각self-awareness은 절대적으로 필요한 것이다. 예를 들어, 당신은 우울감 같은 자기 내면을 알아차리는 능력을 강화함으로써 종양이라고 불리는 것을 제거하거나 낫게 할 수 있다. 무엇이 자신을 움직이고 무엇이 개인적으로 자신을 외적 동기부여로 이끄는지 알게 될수록, 당신은 그것의 건강한 기능을 리더인 자신을 위해 십분 활용할 수 있을 것이다.

우리는 모두 인간이고 모든 인간은 불완전하다는 것을 인식함으로써 리더는 무조건 오류가 없어야 한다는 생각을 고칠 수 있다. 리더로서 우리의 일은 자각을 하고 정기적으로 자기 자신을 스스로 점검하는 것이다. 랜드는 매주 금요일 중 30분 동안 아내 제랄딘Geraldine과 함께 한 주의 걱정과 스트레스에 대해 공개적으로 이야기한다. 다른 사람에게는 외부 전문가 또는 직업적인 도움을 구하는 것과 같은 의미이다. 어떤 사람이라도 리더십 역할의 모든 스트레스와 요구 사항, 때로는 회사 전체의 중압감까지도 감당할 수 있다고 생각하는 것은 지나친 생각이다. 다른 사람과 대화를 나누지 않고 문제를 해결할 수 있다고 가정하는 것은 좋지 않다. 이것이 바로 1인 기업을 세우고 유지하면서 주요 요소인 회복력을 필요한 만큼 개발하는 방법이다.

1인 기업이라도 모든 걸 혼자 다 맡거나 홀로 처리하려고 해서는 안 된다. 그리고 자기 자신을 위해 일하는 것이 꼭 혼자 일하는 것을 의미하지는 않는다. 랜드의 말대로 "이 치료법이 토니 소프라노Tony Soprano[6]에게 충분하게 좋다면 자신에게도 충분하다."

두 번째로 브레네 브라운Bréné Brown 박사는 옵하이의 '권력의 역설power paradox'에서 큰 부분을 차지하는 공감empathy은 사람과 함께 느끼는 것이라고 말한다. 이는 2부 3장에서 더 자세히 다룰 예정이다. 그러나 빠르게 성장하는 많은 기업에서 리더는 인간관계에서 벗어나 어떤 방법으로든 필요한 성장을 달성하기 위해 사람을 자원으로 사용하는 것에 집중해야 한다고 느낀다. 문제는 무엇이 조직원에게 동기를 부여하거나 사기를 저하시키는지 느끼지 못하는 리더는 조직을 이끌 수 없다는 점이다.

마지막으로, 리더는 감사하는 태도gratitude를 실천할 필요가 있다. 와튼Wharton의 애덤 그랜트Adam Grant는 사람이 시간을 내서 계약자, 직원, 동료에게 감사를 전할 때 훨씬 더 참여적이고 생산적이라는 것을 알게 되었다.[21] 감사 이메일이나 대중의 인정 같은 작은 감사 표현도 효과적이다. 예를 들어, 허들의 카일은 조직에서 가장 큰 영향을 미치는 디자이너에게 표창장을 수여한다. 켈트너의 연구에 따르면, 프로 스포츠에서도 다른 선수와 함께 힘찬 포옹이나 주먹 인사 등의 행동을 통해 고마움을 표시하는 선수는 동료 선수의

---

6 토니 소프라노는 1999년 HBO에서 첫 방영 이후 8년간 높은 시청률을 기록한 미국 드라마인 〈소프라노스(Sopranos)〉의 주인공으로, 마피아 두목이라는 남다른 직업을 가지고 있으나 가정에서는 평범한 가장이다. 그는 일과 가정을 철저하게 분리하는 것을 원칙으로 삼았다.

선전을 독려할 뿐만 아니라 시즌당 거의 두 경기 이상 우승하게 하거나 플레이오프에 출전하게 하는 데 영향을 미친다.

따라서 자각을 유지하고, 개인적 성공과 실패를 투명하게 공개하며 동료와 공감하고 그에 대한 감사를 표현함으로써 우리는 '권력의 종양' 치료를 위해 노력할 수 있다. 리더들의 실패와 결점은 고치고 배워서 개선하는 대신에 무시하기 쉽기 때문에 불굴의 리더에 대한 찬양은 확실히 많은 문제의 근원이다.

랜드가 리더십에 대해 희망을 품는 이유는 바로 여기에 있다. 이 모든 특성이 서서히 기업문화와 기업가문화로 발전하고 있기 때문이다. 구글, 페이스북, 제너럴 밀스, 포드, 심지어 골드만 삭스와 같은 회사들은 이제 리더십으로 인해 생기는 문제를 고치도록 돕는 훈련 프로그램을 운영하고 있다. 아직 갈 길은 멀지만 리더를 현대 문화의 신화적인 영웅이 아니라 다른 사람과 같이 한계를 지닌 인간으로 보는 수정된 관점을 향한 큰 진보가 계속되고 있다.

생각해보기

- 자율과 타율의 균형을 이룰 수 있는 지점은 어디인가?

- 당신이 사업에 도움이 되는 것을 잘 배울 수 있고 더 잘 다듬어진 제너럴리스트가 될 수 있는 분야는 무엇인가?

- 허슬링과 회복력 사이의 균형을 위해 취할 수 있는 조치는 무엇인가?

4 장

성장하지 않는 기업으로 성장하기

과도하고 맹목적인 성장이 사업 실패의 주요 원인이라면, 어떻게 그 모든 것을 피하는 방향으로 사업을 시작하고 운영할 것인가?

성장은 확실히 매력적이고 흥미진진할 수 있다. 더 많은 돈을 벌고 고객층을 넓히며 전 언론의 관심을 끌게 된다. 이러한 성취는 어느 하나 본질적으로 잘못되거나 나쁜 것은 아니다. 그들은 단지 의미 있고 장기적인 전략과 균형을 맞추기만 하면 된다. 기술자 사이에서 자주 사용하는 실리콘 밸리 용어인 '성장 해킹growth-hacking'[7]은 과도한 변동성에도 불구하고 성장을 지속하기 위해 강압적이고 때로는 어리석은 전략을 구사하는 것을 말한다.

예를 들어, 웹사이트의 모든 페이지에 있는 무료 기사를 읽을 수 있도록 팝업 메시지를 추가하면 회사 메일링 리스트의 구독자 수를 증가시킬 수 있는 반면, 읽지 않는 이메일과 구독 취소도 늘어나 결국 순가치net-net 성장이 매우 낮아지거나 심지어 부정적 영향을 받을 수 있다. 1인 기업은 새로 유치하고자 하는 이들이 관심을 가질 만한 가치 있는 콘텐츠를 더 많이 담아 훌

7 성장 해킹은 기업 또는 사업의 가능성을 잠식하는 급격한 성장의 종류를 의미한다. 이 성장 해킹 전략은 고객이나 사용자의 동의를 받거나 동의 없이 개인정보, 연락처 등을 활용하여 고객을 급격히 확보하는 과정에서 다양한 기술적, 윤리적 문제 등을 초래한다.

륭한 뉴스레터를 제공하려는 태도를 가질 것이다. 이는 전체 구독률은 더 낮을지 모르지만, 이메일 오픈율open rate과 유지율은 더 높이는 방법이다.

포춘지 선정 500대 기업의 컨설턴트 겸 연설가인 케이트 오닐Kate O'Neill은 1인 기업이 채택해야 할 의미 있는 성장의 유형을 이해하고 있다. 그녀는 넷플릭스Netflix와 도시바Toshiba와 같은 회사가 고객 경험을 향상하기 위해 데이터를 사용하는 방법을 보여준다. 이 전략에서 전체적인 성장은 사용자 행복에 대한 신중한 계획의 산물이다.

케이트의 최대 강점은 데이터를 인간의 경험에 적용할 수 있다는 것이다. 그녀는 성장 해킹 회사가 급격한 사용자 확보에 집중하고 있는 패턴을 발견했다. 그들은 원하는 고객 유형을 정하거나 이미 고객이 된 사람에게 주고 싶은 경험을 결정하는 것이 아니라 고객을 유치하는 것을 가장 우선시한다. 그녀는 성장하는 것이 성공이라는 1차원적 선입견에도 불구하고 굳이 성장할 필요가 없다는 사실을 알아냈다. 일단 획득한 고객을 지원할 방법이 없을 땐 성장한다고 해서 문제가 해결되지는 않았기 때문이다. 기업 대부분은 이윤을 내기 위해 그렇게 과도한 성장을 할 필요가 없다. 에어비앤비Airbnb와 같은 회사는 거대한 재고를 안고 시작해야 한다. 에어비앤비는 시장에서 진입하기 전에 숙소를 모아야 한다. 하지만 보통의 회사는 사업을 시작하는 데 그렇게 큰 시장 점유율을 요구하지 않는다.

케이트가 매거진닷컴Magazines.com에서 근무할 때, 그녀의 역할은 고객 확보를 위한 전반적인 전략을 수립하는 일이었다. 이전에는 더 많은 고객을 확보하기 위해 즉시 성장하는 전략을 활용했었는데 단순히 더 많은 고객을 추가하는 게 더 많은 수익을 가져다줄 것이라는 생각 때문이었다. 그러나 케이트가 수집된 데이터를 살펴보니 기존 사용자를 유지하는 것보다 새 사용자를 확보하는 데 더 큰 비용이 들었다. 매거진닷컴은 가입자를 늘리기 위해 노력하는 것보다 구독 취소 건수를 줄임으로써 더 나은 수익과 이득을 보게 될 것이었다. 전사적 사업 모델은 계약 갱신에 기반을 두고 있었기 때문에 회사는 끊임없이 새로운 고객을 찾으려는 생각을 버리고 기존 고객을 매우 만족시켜서 계약을 연장시키겠다는 생각으로 완전히 전환해야 했다. 케이트는 갱신 고객 수가 신규 고객 수보다 훨씬 더 중요하고 비용이 적게 드는 성공 지표임을 회사 측에 보여주었다. 매거진닷컴은 기존 고객과 대화하기 위해 홈페이지 메시지 서비스를 개편하고 갱신 제안을 추가했으며 유료 사용자에 대한 고객 지원을 개선했다. 케이트는 새 고객을 확보하기 위해 기존 고객의 경험을 포기하는 건 장기적으로 효과가 없으며 회사를 시작하는 데 좋은 전략도 아니라는 점을 거듭 확인했다.

처음부터 성장이 요구되는 4가지 이유

언뜻 잘 이해가 되지 않을 수도 있지만 착수 단계에서부터 작게 시작하고 유지하는 것의 성장을 시험할 필요가 있다. 만약 회사 대부분이 왜 성장하는지를 살펴보며 1인 기업을 시작한다면 그 방법이 올바른 길인지 아닌지 판단할 수 있다. 회사 대부분은 물가상승률, 투자자, 이탈, 자부심의 네 가지 이유로 성장한다. 각각의 것을 검토함으로써, 우리가 해야 할 결정에 대해 준비를 할 수 있고, 사회적 또는 사업적 압력으로 자신이 원하지 않는 일이나 자기 사업에 맞지 않는 일에 동요되지 않도록 할 수 있다.

물가상승률inflation은 사업에 들어서면 상수에 가깝다. 모든 건 결국 더 비싸지게 되어 있다. 내 조부모께서 예전에 탄산음료 한 잔에 내신 5센트는 오늘날 자판기에 넣어야 하는 금액과 같지 않다. 내 부모님은 1980년대 초 토론토 외곽에서 방 세 개짜리 주택을 사는 데 5만 달러를 냈지만 지금 그 가격으로는 소형 콘도조차 구할 수 없다. 따라서 물가상승은 항상 일어나며 만일 기업이 이를 유지하지 못한다면 이익은 줄어들 것이다. 가장 간단한 해결책은 매년 요율을 인상하고 물가상승률보다 더 높은 금액을 지급하는 곳에 추가 이익을 투자하는 것이다. 즉, 사업 이익의 대부분을 0.001% 이자를 주는 은행 계좌에 보관하지 않는 것이다.

투자자investors는 심지어 그들이 회사를 소유하고 있을 때도 기업이 성장하기를 원하는 가장 큰 이유다. 만약 벤처캐피털 회사가 오늘 당신의 회사에 100만 달러를 투자한다면 몇 년 안에 적어도 3배 이상의 이익을 얻고 싶어 한다는 것을 뜻한다. 초기 투자자인 경우는 더 큰 이익을 원한다. 이 목표를 달성하려면 과도한 성장을 추진해야 한다. 창업하기 위해 자기 돈을 투자한다고 해도 자신이 처한 위험에 대한 보상으로 좋은 대가를 받고 싶을 것이다. 그러나 초기 투자가 거의 없는 소규모로 시작할 수 있다면 투자에 대해 '환불'해야 할 필요를 끊임없이 되뇌는 것 대신에 사업 운영과 고객 서비스 향상에 집중할 수 있다.

앞에서 간단히 논의한 바와 같이 이탈churn은 기존 고객이 이제는 고객이 되고 싶지 않다고 결정할 때 일어나는 일이다. 따라서 창출한 수익은 신규 고객의 수익으로 대체될 필요가 있다. 만약 고객 이탈률이 사용자 확보율보다 더 높다면 하향곡선을 그리게 될 것이다. 기업 대부분은 케이트 오닐처럼 기존 고객이 떠나는 이유를 줄이기보다는 더 많은 고객을 확보하는 데 집중함으로써 이탈 문제를 고쳐보려고 노력한다. 크로스 채널 마케팅 보고서Econsultancy/Responses Cross-Channel Marketing Report에 따르면, 신규 고객을 확보하는 것은 기존 고객을 유지하는 것보다 5배 이상의 비용이 든다.[22] 따라서 유지보다 확보에 우선순위를 매기는 것은 성장에 도움이 될 수 있지만 매우 비싼 값을 치르는 선택이다. 그러나 이 보고서는 기업들이 기존 고객을 유지하는 것보다 새로운 고객을 찾는 것에 훨씬 더 큰 노력을 기울일 가능성이 있음을 보여준다.[23]

많은 회사가 성장을 원하는 마지막 이유는 자부심Ego이다. 이는 극복하기 힘들기에 가장 까다로운 과제가 되기도 한다. 사회적으로 우리는 큰 회사를 소유한 이들에게 더 큰 영향력과 존경을 허락하기 때문에 큰 회사를 세우는 것은 가치 있는 목표가 되었다. 우리 중 많은 사람은 대기업 경영을 꿈꾸지만 더 큰 그림을 보지 못하고 그러한 성장이 우리의 개인적인 삶 혹은 심지어 우리가 즐기는 일의 유형에 미치는 영향에 대해 생각하지 않는다. 성장은 복잡성을 더하고 종종 관계를 구속하며 스트레스를 가중시킨다. 우리 모두가 가족용 컴퓨터 모니터에 '초과 = 죽음'이라고 쓰인 포스트잇 쪽지를 붙이고 있는 아버지를 가진 것은 아니다. 우리가 스스로 성장하는 모습을 눈으로 확인하고 싶어하는 까닭은 실제보다 더 존경받는 것처럼 보이길 원하기 때문일지 모른다. 자부심은 우리가 애초에 사업을 시작한 이유가 무엇이었는지를 알아내면 대개 극복되기 마련이다.

작게 유지하고 성장에 전적으로 집중하지 않으면서 사업의 핵심에 진실성과 개성을 유지하면 적합하고 도움이 되는 방식으로 사업이나 팀을 운영하는 것이 훨씬 수월해진다.

『카나리아의 경고Corporate Canaries』의 저자인 게리 서튼Gary Sutton은 "수익성이 없는 사업에서 벗어날 방도는 없다."라고 말한다.[24] 따라서 처음부터 수익성에 초점을 맞춘 1인 기업을 설립하는 것은 매우 중요하다. 성공은 1차원적인 측정 기준에 맞춘 성장만으로 판단할 수 없다. 즉, 성공의 척도는 판매하는 상품의 품질, 직원 행복, 고객 행복과 유지, 심지어 더 큰 목적과 같은 지극히 개인적인 어떤 것일 수 있고, 특별한 1인 기업에 집중하는 것일 수도 있다.

'시작 단계'에서

사람들은 사업을 시작할 때, 종종 사무실 공간, 규모 확장, 웹사이트, 명함, 컴퓨터 집기 등 부수적인 것들에 집중하는 경향이 있다. 수입이 발생하면 나중에 비용이나 더 큰 아이디어를 추가할 수 있다. 하지만 만약 시작 단계에서 많은 돈, 시간 또는 자원을 필요로 한다면 아마도 너무 큰 생각에 서두르는 것일 수 있다. 지금 당장 할 수 있는 일, 저렴하고 빠르면서 반복적으로 할 수 있는 일까지 규모를 줄여야 한다.

코미디언 스티브 마틴Steve Martin도 시작과 동시에 잘못된 것에 집중하는 것에 대해 비슷한 생각을 해왔다. 대다수 신입 코미디언은 마틴에게 "연예기획사를 어떻게 찾나요?", "프로필 사진은 어디서 찍어야 하나요?", "어떤 코미디 클럽부터 시작해야 할까요?" 등의 질문을 반복적으로 했다. 그들이 물어봐야 할 유일한 질문은 "어떻게 하면 정말 코미디를 잘할 수 있을까요?"여야 한다고 마틴은 강조했다.[25]

1인 기업을 창업하기 위해서는 먼저 가장 작은 단계의 자기 아이디어를 파악한 다음, 그것을 빨리 실현할 방법을 찾아야 한다. 자동화는 나중에 발생할 수 있다. 원한다면 규모 확장은 나중에 이룰 수 있다. 인프라와 프로세스도 나중에 생길 수 있다. 시간이나 돈을 많이 투자하지 않고도 어디서 사전 검증할 수 있는지 집중한 다음, 처음에는 소수에 불과하더라도 가벼운 접점으로 나중에 고객으로 되었을 때 어떤 일이 일어나는지 주목해야 한다. 고객은 왜 구매했는가? 그들의 동기와 이유는 무엇인가? 어떻게 하면 그들을 행복하게 할 수 있을까? 그리고 가장 중요한 것은 '어떻게 하면 고객의 성공을 도울 수 있을까?'이다

위의 마지막 질문을 강조하자면, 고객은 당신이 수익성이 있든 없든 상관하지 않는다. 하지만 고객에게 파는 제품이 그들의 이익에 도움이 된다면 분명 당신의 사업을 떠나려 하지 않을 것이다. 그들은 고객으로 계속 머물 것이고 다른 사람에게도 당신의 고객이 되라고 추천할 것이다. 고객과의 관계를 단순히 거래 관계로만 취급할 때 얼마나 많이 그리고 얼마나 자주 판매할 수 있는지에 몰두하게 될 것이다. 신규 고객을 실질적인 관계, 곧 성장하고 육성할 수 있는 관계로 대하기 시작할수록, 또 그들을 어떻게 도울 수 있는지를 더 많이 파악할수록 고객으로서 더 오래 머무르고 싶어 할 가능성이 크다. 고객의 성공은 수익성 높은 1인 기업의 초석이 된다.

알렉산드라 프란젠Alexandra Franzen은 여러 권의 책을 저술했으며, 지난 10년 동안 《타임Times》, 《포브스Forbes》, 《뉴스위크News Week》 등의 간행물에 글을 썼다. 이전에는 라디오 방송국에서 정규직으로 근무했다. 퇴직하고 나서 며칠 후에도 그녀는 사무실 공간을 빌리거나 명함을 만들지 않았다. 오히려 그녀는 지금껏 알아 온 사람, 곧 그녀의 부모님, 친구, 대학교수, 전직 동료, 인터넷 친구 등 그녀가 생각할 수 있는 모든 사람에게 이메일을 보냈다. 그녀는 각각 자신이 라디오 일을 그만두고 지금은 프리랜서 작가로 일하고 있으며 새로운 프로젝트를 할 준비가 되어 있다는 내용의 개인적인 이메일을 썼다.

알렉산드라는 자신이 찾고 있는 일의 유형도 언급했다. 그녀는 주말까지

60명의 사람에게 이메일을 보냈고 거의 모든 사람의 답장을 받았다. 그것은 다른 사람에게 연락해주겠다거나 그녀의 새 일자리를 부탁해 준다는 식의 답장이었다. 그녀는 세 개의 작은 프로젝트로 시작했다. 첫 고객이 다른 새 프로젝트를 위해 다시 고용하거나 작문 작업이 필요한 다른 사람에게 그녀를 추천하면서 세 개의 프로젝트로 이어졌다. 거기서부터 점차 눈덩이처럼 불어나 지금은 거의 1년 후까지 예약이 밀려 있다. 그녀는 성장과 이익에 대한 전망이나 다음 단계의 비전을 계획하며 시작하지 않았다. 그녀는 즉시 돈을 결제받을 수 있는 일부터 시작했다. 그리고 그런 다음 이윤을 바탕으로 경비를 조금 늘리면서 몇몇 사업을 일부 사들였다.

사람은 가능한 한 빨리 새로운 사업의 모호함에서 벗어나고 싶어 한다. 처음에는 잠재 고객에게 덜 노출될 수 있지만 대규모의 고객 없이 작은 규모로 시작하는 것은 사업 아이디어로 경험을 얻고 즐길 수 있게 해주는 완벽한 조건이다. 바닥에 붙이고 납작 엎드리면 나를 바라보는 사람이 없다는 사실은 말할 필요도 없다. 소규모로 시작하는 것은 자신의 사업이 진정 무엇인지 그리고 왜 서비스를 제공해야 하는지 깨닫기에 가장 좋은 시간이다. 자신이 감당할 수 있는 것보다 더 빨리 주목받기 위해 서두를 필요는 전혀 없다.

1인 기업을 시작하기 위해서는 현재 달성 가능한 것을 받아들여야 하는데 이는 대개 이상적인 미래에 대한 비전보다 작은 것을 포용함을 의미한다. 처음이 가장 작고 민첩하다는 것을 기억해야 한다. 고객 수도 적거나 없고 프로세스 수가 적으며 남들은 내 이름도 알지 못한다. 기대를 반영하기보다는 이익에 근거하여 작고 의미 있는 성장을 측정하는 것은 훨씬 더 많은 안정성을 보장한다.

우리는 종종 디지털 제품을 출시하기 위해 모든 시스템, 모든 자동화, 모든 프로세스를 갖추어야 한다고 생각한다. 우리는 '개시'하기 전에 모든 것이 세련되고 완벽하길 원한다. 그러나 보통 이런 일은 일어나지 않는다. 사실, 모든 것이 완벽해질 때까지 기다리는 것은 사업 출발을 손상하거나 지연시킬 수밖에 없다.

'가질 필요가 있는 것'을 적은 아이디어 목록만으로는 창업할 수 없다. 그 어디로도 나아가지 못할 것이다. 게다가 사람이 일단 구매하고 사용하기 시작하면 필요로 하는 것에 대한 많은 가정이 바뀔 수도 있다. 진정 '가질 필요가 있는 것'은 만약 그것을 가지고 있지 않다면 사업 아이디어 자체를 무너지게 할 것이다. 가령, 만일 헬스케어 검색엔진 최적화SEO 컨설팅 사업에 관한 아이디어라면 먼저 SEO와 병원 웹사이트에 대한 영향과 의미를 철저히 이해할 필요가 있다. 그렇지 않으면 이 아이디어는 병원에 아무런 소용이 없다. 그런데 자택이나 더 저렴한 공용 공간에서 컨설팅 업무 수행이 가능하다면 굳이 회사 사무실이 필요할까? 대부분의 업무가 온라인 연결로 이루어진다면 광택이 나는 회사 명함이 필요할까? 계약서와 회사 문서를 디지털 파일로 전송한다면 프린터가 필요할까? 이것은 모두 나중에, 사업이 잘 수행되고 난 후에 '가져도 좋을 것'의 예시이다.

3장에서 논의했던 회사인 크루는 한 페이지짜리 웹사이트에서 디자이너, 프로그래머와 기업을 수동으로 연결하는 단일한 형태로 시작했다. 시간이 지나고 수익이 증가함에 따라 회사는 사업 연결의 규모를 늘리는 데 도움이 되는 소프트웨어를 만들고 자동화를 이룰 수 있었다. 그러나 처음에 크루는 한 회사가 적절한 프리랜서와 매칭이 되도록 도와줌으로써 거의 즉각적으로 효과가 나타나는 서비스를 시작하고 검증할 수 있었다. 지금 당장 시작할 수 있는 아이디어를 줄이면 지금 당장 이용할 수 있는 것을 제공하는 데 집중할 수 있고 일종의 사업적 맥가이버MacGyver[8]처럼 충분한 자원이 집중된다. 만일 당신이 가진 게 전문지식과 껌, 종이 클립, 트윈볼뿐이라면 이것으로 누구를 도울 수 있을지를 생각해보라.

간단히 말해서, 작게 시작해야 한다. 가장 작은 단계의 아이디어와 이를 실현하는 방법부터 시작한다. 때로는 몇 년씩 더 큰 성공이 생기길 기다리는 대신에, 작은 성취를 먼저 추진해 나갈 수 있다. 그것은 실제로 훨씬 더 현명한 출발 방법이다. '성장은 성공과 같다.'라는 사고방식을 변화시키면, 훨씬 더 빨리 시작하고 더 많은 이익을 얻을 수 있게 된다.

만약 규모가 목표가 아니면 무엇이겠는가?

우리는 '크게 생각하기'와 성공의 상관관계를 재검토할 필요가 있다. 적어도 확장이 아닌 점에서, 성장에 관해 의문을 제기하는 것은 고정적이고 불변하는 것은 아니다. 별로 성장하고 싶지 않은 기업이라도 끊임없이 배우고 적응하고 다듬어야 한다. 생활비, 노동비, 장비비, 자재비, 여행비 등 모든 비용이 해마다 증가하고 있다. 1인 기업은 규모를 변화시키는 데 반대하는 것이 아니다. 단지 그들의 사업이 어느 분야로 확장해 나가야 하는지 그리고 언제 그렇게 하는 것이 가장 합리적인지를 결정할 필요가 있을 뿐이다. 규모로 인해 때로는 효율성을 창출할 수 있고 수량으로 수익을 증가시킬 수 있다. 그러나 사업적 자기 성찰이 없다면, 이윤을 결정하는 정확한 척도보다는 헛된 지표로 규모와 수량을 좇을 수 있을 것이다.

---

8 맥가이버는 1985년 9월부터 1992년 4월까지 방영한 미국 ABC의 TV 시리즈물의 주인공으로, 비밀 업무를 수행하는 피닉스 재단 소속 첩보원이며, 화학이나 물리학의 기본 지식을 이용한 기발한 방식으로 위기를 극복하는 설정의 인물이다.

목표로서의 성장과 가치 있는 제품의 판매를 통한 직접 이익의 결과로서의 성장 사이에는 실질적인 차이가 있다. 성장을 목표로 삼으면 근시안적으로 운영하게 되거나 고객 이탈의 어려움을 면치 못할 수 있다. 반면, 이익을 내기 위해 성장하기로 결정한 것이라면 고객에게 더 나은 제품과 경험, 지원 더 높은 성공으로 더 나은 것을 계속해서 만드는 방법에 집중할 수 있다. 이는 성장하는 것에 최우선 순위를 두고 모든 것을 올바르게 하고자 하는 단순한 기대에서 나오는 것이 아니라 올바르게 일하는 과정에서 비롯되는 성장이다.

증권거래소에 상장된 상장기업은 주식 가격이 계속 상승하여 투자 수익률이 긍정적으로 상승할 수 있도록 해야 한다는 주주의 압박을 받는다. 투자자가 있는 비상장기업도 마찬가지다. 그들은 투자자에게 우리 회사에 투자하는 것이 현명한 생각이라는 것을 보여주기 위해 수익을 내고 싶어 한다. 그러나 기업 대다수는 외부 투자자를 달래기 위해 성장을 추구할 필요가 없다. 1인 기업은 소유주에게 수입만 제공하면 얻을 수 있다.

펠디 길리조니Peldi Guilizzoni는 2008년에 발사믹Balsamiq이라는 와이어 프레이밍 회사를 설립했다. 이전에 그는 어도비의 선임 소프트웨어 엔지니어였다. 발사믹은 항상 개인 소유였고 수익성이 높았으며 소규모로 운영되었고 더 큰 것 대신에 더 나은 것에 집중했다. 가치 있고 사용하기 쉬운 훌륭한 소프트웨어를 제공하려는 목표는 더 많은 고객과 이익을 창출한다. 이 접근법은 더 많은 고객을 대규모로 확보하고, 때로는 고객 만족을 희생하여 더 큰 이익을 얻는 다른 소프트웨어 회사와 다르다. 매년 펠디는 개인적으로 100만 달러를 인출하여 나쁜 일이 생길 때를 대비하여 회사에 18개월분의 여유 자금을 남겨두고 나머지 금액은 직원 25명이 근무하는 팀에게 지급한다. 이 팀은 연간 단 2~3명에 의해 성장한다. 그는 훨씬 더 빨리 성장하라는 압력에 직면해 있으며 벤처캐피털 투자까지 제안 받았으나 계속 거절하고 있다. 그에게 그러한 투자는 소프트웨어를 개선하는 데 도움이 되기는커녕, 투자자의 ROIReturn on Investment, 투자수익률를 위해 성장하는 것에 불과할 뿐이다. 그는 사업상의 부채가 없는지 확인하는 것을 좋아하며 모든 기한은 발사믹 스스로 정한다. 펠디의 회사는 오로지 훌륭한 소프트웨어 제작에만 집중하기 때문에 성장한다.

펠디는 고객의 성공과 행복에 초점을 맞춤으로써 언젠가는 이윤이 커질 것이라는 희망으로 '크게 생각하기'나 이익 밖의 일을 하는 위험을 피한다. 리처드 브랜슨Richard Branson과 같은 비즈니스 거물조차도 작게 시작했고, 버진Virgin의 전체 브랜드도 《스튜던트Student》라는 단일 잡지에서 시작되었다. 구글은 스탠퍼드 대학Stanford University의 연구 프로젝트로 출발했다. 마크 저커버그Mark Zuckerberg가 페이스북을 시작했을 때 하버드 대학생만을 대상으로 했다.

발사믹의 펠디와 그의 팀은 더 큰 것이 아닌 더 나은 것에 초점을 맞추고, 소프트웨어 개발 기간을 단축해야 한다는 압박감을 없앴다. 이사회나 투자자와의 회의에 열을 올리는 대신에 고객과 이야기하는 데 시간을 투자한다. 더구나 펠디는 "나는 이탈리아인이다. 우리는 분기quarter가 아닌 세대generation 단위로 사물을 측정한다."

만약 규모가 목표가 아니라면 사업과 사업 아이디어를 본질에 맞게 분리하여 가장 큰 강점을 발견할 수 있다. 이는 의류와 아웃도어 장비 회사인 파타고니아Patagonia의 설립자인 이본 쉬나드Yvon Chouinard가 밝힌 견해이다. 비즈니스 미니멀리즘business minimalism, 즉 사업의 최소주의를 기능적 이상향으로 내세운 파타고니아는 자사 제품에 대한 철저한 보증정책을 만들게 되었는데, 이는 본질적으로 평생 환불과 교환 정책에 관한 것이다. 이 이상향은 쉬나드가 어떤 희생을 치르더라도 매출을 극대화하고 증가시키는 선택지를 버리고 '지구를 위한 1%1% for the Planet'라는 자선 사업을 시작하도록 이끌었다. 파타고니아는 사람들에게 자사의 제품인 '이 재킷을 사지 마세요.'라는 광고 캠페인을 벌이기도 하고, 그들이 이미 가진 옷을 수리하거나 재활용할 것을 권하기도 한다.

기존 조직 내에서 성장하기

많은 대기업에서는 경력이 성장함에 따라 핵심 기술을 가지고 일을 하는 것에서 벗어나 동일한 기술을 가진 다른 사람을 관리하는 위치로 승진하게 된다. 이 회사들은 피라미드 계층 구조로 운영되기 때문에, 승진은 점점 더 많은 사람에게 영향을 끼친다. 이는 다른 사람이 승진함에 따라 관리할 사람이 필요하므로 회사가 계속해서 더 많은 직원을 고용할 때에만 일어날 수 있다.

1인 기업의 사고방식으로 운영되는 조직에서는 그럴 필요가 없다. 하지만 성장하지 않는 회사 내에서 또는 극도로 느리게 성장하는 회사 내에서 어떻게 경력을 발전시킬 것인가? 이 경우 경력 개발은 영향력의 범위와 소유권의 수준을 높임으로써 이루어진다. 이 두 분야에서 성공하면 자신의 기술에 집중할 수 있다. 이것이 2장에서 소개한 버퍼Buffer에서 근무하는 이들이 피라미드 관료적 계층구조와 누구도 관리하지 않는 완전히 평평한 조직의 의미인 홀로크라시holocracy[9]의 흥미로운 융합으로 경력개발에 접근하는 방식이다.

기업에서 팀을 꾸리는 것처럼 기존 조직 내에서 1인 기업을 설립하는 데는 훨씬 더 적은 비용이 든다. 비록 그것이 오로지 나 혼자만의 길은 아니지만 더 큰 회사에서 일하면 대개는 보험, 행정 업무 또는 비용 지출에 대해 염려하지 않아도 되는 이점이 있다. 프리랜서나 기업가로서 더 많은 수익을 올릴 수 있지만, 사무실 임대료에서부터 장비, 보험금, 일반적으로 견디기 어려운 긴 판매 주기 등에 이르기까지 큰 회사에서 근무했다면 생각하지 않아도 될 여러 비용을 고려해야 한다. 이러한 이유로 많은 이들이 기존 조직 내에서 1인 기업으로 일하기를 선택한다. 조직 내 시스템이 이러한 접근법을 장려하는 방식으로 설정되어 있거나 이런 접근을 승인받을 수만 있다면 말이다. 앞으로 보게 되겠지만, 이것을 하는 데는 여러 가지 이점이 있다.

버퍼에는 72명의 직원이 있고 그 규모에 만족하며 이 팀을 과도하게 성장시키려는 단기 계획은 없다. 그들은 영향력의 범위scope of influence를 정의하는 것이 대상 영역에 필요한 기술적 기량의 정도를 결정하는 것이라 보았다. 예를 들어, 안드로이드Android 기기를 위해 프로그래밍할 수 있다는 목표를 갖고, 영향 범위는 안드로이드 기본 언어인 자바Java로 프로그래밍하는 것처럼 작게 시작할 수 있다. 그런 다음에는 잔물결과 같이, 얼마나 영향을 미치느냐에 따라 성장이 달라진다. 업무를 완수하기 위해 프로그래밍할 수 있다는 것은 비교적 작은 파급 효과를 창출할 수 있으며 팀 전체를 위해 안드로이드에 관한 올바른 결정을 내릴 수 있는 전문지식을 보유함으로써 더 많은 영향을 미칠 수 있는 경우에만 성장할 수 있다. 물론 코딩을 할 수 없다면 안

9 홀로크라시는 과학 기술과 경제 사회와 인문의 초융합으로 자기조직화하는 특징을 지닌 미래의 초생명사회를 의미한다.

드로이드 개발자로 고용되지 않을 것이다. 당신의 영향 범위는 가령 안드로이드 관련 행사장에서 발언권을 요청받는 등의 잠재적으로 산업 전반으로 확대될 수 있으며, 잔물결 같던 영향력은 거대한 파도로 변한다.

경력 성장의 두 번째 요소는 소유권ownership이다. 이는 버퍼가 각 직원에게 책임을 할당하는 방법과 관련이 있다. 회사에서 막 시작하는 신입 프로그래머는 프로젝트 소유권이 아니라 업무 수행과 학습, 다른 사람의 조언을 받는 책임과 함께 할 일만을 부여받는다. 그들의 경력이 계속됨에 따라 팀 내에서 특정 프로젝트를 소유할 수 있게 될 것이고 그러한 프로젝트와 관련된 결과물에 대한 책임을 질 수 있게 될 것이다. 마지막으로, 그들의 경력이 훨씬 더 발전함에 따라 회사 내의 모든 분야와 그 분야에서 제공되는 모든 자료에 대한 소유권을 갖게 될 것이다. 가령, CTO는 기술, 프로그래밍과 관련된 모든 것을 전사적으로 책임지고 있다.

케이티 워머슬리Katie Womersley는 버퍼의 엔지니어를 관리하면서, 이 '영향력의 범위'와 '소유권 경력' 프레임워크를 제안했다. 그녀는 버퍼가 말하는 '피플 매니저people manager'이다. 그녀는 공학 분야에서 사람에 관한 의사 결정을 담당하고 있다. 이 모델에서 케이티는 팀 전체에 대한 영향력의 범위와 소유권을 가지고 있어서 사람과 관련된 공학 분야의 의사 결정을 내린다. 그러나 이러한 조직 방식에서 공학팀 구성원은 자신의 영향력과 통제의 범위에 따라 구체적인 결정을 내릴 수 있다. 예를 들어, 안드로이드에 대해 가장 잘 알고 있는 팀원이 결정을 내린다. 이런 방식으로 여러 사람이 서로 다른 분야를 담당하고 있다. 따라서 두 명의 직원이 함께 일한다고 했을 때 한 명은 한 유형의 프로그래밍을 담당하고 다른 한 명은 종속적인 시나리오를 가질 수 있지만 인적 자원의 측면에서 그들의 역할은 뒤바뀔 수 있게 된다. 기본적으로, 가장 적합한 사람이 각각의 특정 프로젝트에 관한 결정을 내린다.

회사를 이런 식으로 조직하는 버퍼의 목표는 승진에 한계가 없다는 것을 보여준다. 즉, 직무 역량을 높이고 싶지 않은 직원은 그럴 필요가 없다. 안드로이드 프로그래밍을 좋아하는 직원은 안드로이드 관련 소유권과 의사 결정 능력을 점점 더 많이 습득할 수 있다. 다른 직원은 안드로이드 프로젝트를 관리하기 위해 성장할 수도 있고 피플 매니저로 성장하는 것을 선택할 수도 있다. 버퍼 직원은 정체된 사람과 주도적인 사람 사이에서 선택할 필요가 없다. 자신의 전문지식 영역으로 더 깊이 들어가거나 자신의 전문 영역에서 회사 밖으로 자신의 명성을 만들어 더 넓게 나아갈 수 있다.

이것이 바로 당신이 커다란 1인 기업 내에서 성장하거나 큰 조직이 1인 기업처럼 운영되는 방식이다.

생각해보기

- 기존 고객의 우선순위를 정하거나 갱신 고객으로 전환하는 방법은 무엇인가?

- 거의 또는 전혀 투자하지 않고 지금 바로 시작할 수 있는 가장 작은 단계의 사업 아이디어는 무엇인가?

- 실제로 원치 않는 일을 하지 않는 직원이나 사업으로 어떻게 성장할 수 있을까?

2부 정의

1인 기업

1 장

올바른 사고방식 결정하기

1인 기업이 단지 혼자만의 회사든 더 큰 조직의 일부든 상관없이 더 큰 자율성을 갖게 되면 당신에게 기대되는 일을 수행해야 할 더 큰 책임이 따른다. 일에 대해 어떻게 생각하는가는 어떻게 그 일을 수행할 것인가에 중요한 영향을 미친다.

1인 기업으로 성공하기 위해서는 진정한 근본 목적이 있어야 한다. 이것은 보이지는 않지만 사업을 움직이며 항상 존재하는 요소로 매우 중요한 이유이다. 이 목적은 웹사이트에 나타나는 꽤 근사한 사업 비전의 선언 그 이상이다. 이는 사업이 어떻게 움직이고 또 어떤 것을 표현하는지 알려주는 것이다. 그리고 때로는 사업에서 이윤을 능가하는 것이다. 점점 더 많은 고객이 가격이 비싸도 공유 가치와 관련한 소비를 하게 되면서 기업은 공급망의 모든 단계에서 어떻게 행동할지, 어떻게 그들의 잠재 고객에게 홍보하고 다가갈지, 심지어 어떻게 그들이 제품과 서비스를 지원할지에 맞춰 그들의 진정한 목적을 조정함으로써 이러한 소비에 응답하고 있다. 1인 기업은 경제적 가치와 공유 목적이 상호 배타적일 필요가 없다는 것을 알고 있다. 즉, 판매를 촉진하고 지속 가능성을 보장할 수 있다.

파타고니아 창업자인 이본 쉬나드는 사업 성공의 상당 부분은 '책임감 있는' 기업이라는 점에서 기인한다고 생각한다. 환경적 책임과 지속 가능성에 관한 공유가치는 직원 채용, 직업 훈련에서 시작하여 현장 탁아소 운영, 그리고 왜 '지구를 위한 1%'라는 자선 단체를 공동 설립했는지 등에 관한 사업 운영 지침을 제공한다. 이 접근법은 많은 의류 회사의 운영 방식에 역행할 수도 있지만, 파타고니아의 목적은 옷을 적게 생산하고 더 오래 지속시키며 사회적·환경적으로 가격을 상쇄하기 위함이다. 이러한 목적이 파타고니아 고객에게 반향을 일으키기 때문에 책임감 있는 의류에 대해 더 높은 가격을 책정할 수 있게 한다. 게다가 '지구를 위한 1%'에 속한 기업 중 상위 5개 회사는 2008년에서 2009년으로 이어지는 불황 동안 기록적인 매출을 달성했는데, 이때 대부분의 다른 회사는 손해를 보고 있었다. 누구든 경제 부흥기에는 그들의 가치에 부합하는 제품을 구매하는 반면, 침체기에는 지출을 줄여 그들이 존경하고 신뢰하는 회사와 거래를 한다. 따라서 어떤 상황이든 목적을 갖는 것이 이기는 방법이다.

세븐스 제너레이션Seventh Generation은 목적을 중심으로 만들어진 또 다른 사업이다. 그 목적이 회사명에 잘 나타나며 자신이 만든 모든 제품이 다음 7세대에 미칠 영향을 고려한다. 이 목적에 따라 공장 기반의 비독성 세척용품을 만들고 비콥B-corporation, B-corps이 되었다. 비콥은 사회적·환경적 성과, 책임성과 투명성의 엄격한 기준을 통해 인증되는 기업을 의미한다.[26] 이 목적은 다음과 같은 몇 가지 측면에서 세븐스 제너레이션에 유익하다. 그들은 젊은 근로자들을 채용하고 있는데, 이 중 누구도 졸업 후에 가사용품 회사에서 일하기를 원했던 이는 없을 것이다. 그들은 또한 대부분 사람이 관심을 두지 않는 시장에서 입소문을 통해 관심을 끌고 있다. 그들의 목적은 마케팅 노력

뿐만 아니라 그들의 행동을 통해서도 알 수 있다. 그들은 건조기용 섬유 유연제 판매가 둔화될 위험을 감수하고라도 직원과 고객 모두에게 옷을 빨랫줄 건조대에 말릴 것을 권장한다.[27] 세븐스 제너레이션의 목적은 고객이 제품에 대해 좋다고 느끼게 했을 뿐 아니라 약 2억 5천만 달러의 매출을 만들었다.[28] 2016년 유니레버Unilever는 세븐스 제너레이션을 인수했는데, 이 목적을 충실하게 이어갈 것이다.

목적은 작은 것에서 기념비적인 것까지 모든 사업적 의사 결정을 걸러내는 렌즈이다. 우리는 누구와 함께 일하고 무엇을 제공하고 시간과 에너지를 어디에 집중하며 심지어 고객을 어떻게 정의하는지에 대해 이야기하고 있다. 자신의 회사를 뒷받침하는 독특한 목적을 결정하는 것은 항상 빨리 할 수 있는 일도 아니고 쉬운 일도 아니다. 몇몇 숫자를 무시하고 답을 낼 수 있는 스프레드시트는 없다. 자신의 목적을 파악하는 것은 자신의 욕망과 봉사하고 싶은 대상 양쪽에 대한 실질적인 성찰이 필요하다. 결국, 사업을 하는 것은 서로에게 이익이 되는 방식으로 남에게 봉사하는 것으로 귀결된다. 고객은 돈과 감사와 열정을 공유하고 당신은 독특한 기술과 지식을 영업에 적용함으로써 고객들의 문제를 해결한다.

버진Virgin의 창업자 리처드 브랜슨Richard Branson은 목적에 대해 다음과 같이 훌륭히 요약했다. "사업 성공은 이제 오로지 돈을 벌거나 기업의 위상을 높이는 데 그치지 않는다. 갈수록 성공의 지표로 중요해지는 것 중 하나가 목적이다."[29]

만약 당신의 사업이 목적에 완전히 일치한다면, 힘든 순간에도 그것을 계속 이어갈 의욕이 더 생길 것이다. 직원이 출근할 때 그들의 가치관을 가정에 두지 않을 것이기 때문에 이직률은 줄어들 것이다. 그리고 당신의 고객은 더

욱 충실해질 것이다. 목적은 리트머스 시험지처럼 모든 사업 영역에서 현명하고 신속하며 더 자신감 있는 선택을 할 수 있게 한다.

목적을 생각하지 않고 사업을 구축하면 어떻게 될까? 고객 확보와 고수익에만 전념한다면 어떨까? 그러한 활동은 확실히 더 보람차 보일 수 있다. 그러나 우리가 일 때문에 바빠서 애초에 왜 이 일을 하는지 고려하지 못할수록, 우리는 그렇게 열심히 노력한 것을 즐기지 못하고 있음을 깨닫게 될 가능성이 크다. 흔히 그것을 깨달았을 때는 이미 너무 늦었다. 만약 당신이 1인 기업을 만든다면, 당신은 일이 잘 안 될 때 그것을 재건하고 변화시켜야 하는 사람이다. 간단한 확인만으로도 먼저 사업 목적을 명확히 하기가 훨씬 더 쉽다. 그것이 사업이 지향하는 방향과 일치하는지 또는 여전히 일치하는지 확실히 하기 위해서 말이다.

존 코터John Kotter와 제임스 헤스켓James Heskett은 『기업문화와 성과Corporate Culture and Performance』에서 목적에 기반을 둔 가치 중심적인 기업이 주가 측면에서 경쟁 기업보다 12배 정도 월등하다고 하였다. 저자는 목적이 없으면 경영진이 생산성을 높이기 위해 직원을 결집하는 데 어려움을 겪으며 고객은 회사와 연결하는 데 더 어려움을 겪는 것을 발견했다. 10년 동안의 연구 결과는 목적이 부분의 합보다 훨씬 더 큰 긍정적인 결과를 창출한다는 것을 보여 준다.[30]

포춘지 선정 500대 최고경영자든 프리랜서든, 목적은 성공을 이끌고 성공이 무엇인지 정의해 준다. 어떻게, 왜 그렇게 하는지만큼 무엇을 하는가가 그렇게 중요하지 않다. 목적은 자신의 가치관을 실행하는 것이다. 예를 들어, 씨브이에스CVS는 담배 판매를 중단했는데, 이는 이전에 약국 가맹점에서 수십억 달러의 수익을 올렸던 담배가 건강 증진에 도움이 되고자 하는 자사의 목적에 맞지 않았기 때문이었다.

목적을 정의하는 것은 사업계획이나 마케팅 전략보다는 개인의 가치관이나 윤리와 더 관련이 있다. 목적을 속일 수는 없다. 자신의 양심과 고객은 이를 그냥 내버려 두진 않을 것이다. 진실로 그러고 싶은가? 자신의 목적에 맞게 사업을 운영함으로써 훨씬 더 많은 즐거움과 만족을 얻을 것이다. 자신의 목적에 깊은 연관을 느끼지 못한다면 다른 누구도 그것을 느끼지 못할 것이다.

목적을 갖지 못하는 것은 1인 기업이 가진 경영 방식과 대치된다. 목적의 부재는 장기적인 지속 가능성보다 단기적인 이익에 집중하게 할 것이다. 목적이 없는 1인 기업은 분기별 수익 증가가 성공의 유일한 요소라고 가정함으로써 자기 고객층의 행복과 성공을 간과하는 위험을 무릅쓴다. 지난 장에서 논의했던 그 위험이다. '어떤 대가를 치르더라도 성장하고 확장하는 것'은 깨지기 쉽고 낡았으며 입증되지 않은 모델이다. 이는 성장과 규모의 위험에 관한 연구 결과마저 묵살한다.

파타고니아, 세븐스 제너레이션 그리고 많은 다른 조직들의 성공을 고려하면 목적이 단지 이익에 관심이 없는 사업을 위한 새롭고 가벼운 패러다임이 아니라는 것은 분명하다. 하버드 경영대학원 마이클 포터Michael Porter 교수와 사회적 영향을 미치는 기업 FSG의 공동 설립자인 마크 크레이머Mark Kramer가 수행한 연구를 보면, '공유 가치shared value'를 목표로 삼아 접근하는 방법을 취했을 때 기업 경제에 긍정적인 영향을 미친다고 하였다. 제품 생산과 판매 방법을 재고하고 직원들에게 휴식과 행복의 가치를 중시하고 과로를 억제함으로써, 즉 생산성이 무엇을 의미하는지 재정의함으로써 사업과 고객에 대한 가치를 조화시킬 수 있다.

잘 통합되고 공유된 목적을 통해 기업은 진정한 방향을 설정하여 쉽게 의사 결정을 내리고 팀 구성원의 유지율을 증가시키며 고객과의 긴밀한 연결성을 확대할 수 있다.

열정이 문제일 때

목적과 열정은 전혀 다르다.

목적은 회사나 사업주가 가지고 있는 핵심 가치에 기초하고 있으며 고객과 공유되는 반면, 열정은 즐기는 것에 바탕을 둔 변동적인 것이다. 모두가 '열정에 따라야 한다.'라는 피곤한 사업 조언은 항상 즐거운 일을 해야지만 돈을 받을 자격이 있다는 것을 의미한다.

로버트 발레란드Robert Vallerand가 2003년 퀘벡 대학University of Quebec의 대학생을 대상으로 실시한 연구에서 보면 이들은 공부할 때보다 스포츠, 예술, 음악 등에 더 열정적이었다.[31] 그러나 안타깝게도 스포츠, 음악, 예술 산업에 속한 직업은 3%뿐이다. 테니스를 열정적으로 좋아해서 열심히 노력한다 해도 세레나 윌리엄스Serena Williams[10]처럼 될 수 있는 건 아니다. "자신의 열정을 따르라."라는 것은 무책임한 사업 조언이다.[32]

인기 TV 쇼인 〈샤크 탱크Shark Tank〉의 부동산 투자자 겸 '샤크shark'[11]인 바바라 코코란Barbara Corcoran은 자신의 열정을 따르지 않았다고 말했다. 대신에 그녀는 열심히 일하면서 우연히 그 열정을 발견했다고 한다. 그녀의 열정은 열심히 노력한 결과로 나온 것이다. TV 쇼를 통해 상황 판단이 빠른 실

---

10 세레나 윌리엄스는 세계 여자 테니스의 전설로 일컬어지며, 한 시즌에 4대 그랜드슬램 중 호주오픈, 프랑스오픈, 윔블던에서 각각 우승을 차지한 바 있다. 그녀는 2019년 현재 최고령 선수로 세계 10위에 올라 있다.

11 미 ABC에서 방송하는 〈샤크 탱크〉는 투자자와 창업자를 연결하는 리얼리티 TV 쇼로, 회당 600만 명이 시청할 정도로 인기 있는 프로그램이다. 프로그램명은 다섯 명의 샤크(상어)가 있는 수조에 뛰어들어 살아남으라는 의미로, 네 명의 출연자는 샤크 앞에서 자신의 사업을 설명하고 회사의 지분을 팔기도 한다.

용주의자로 알려진 코코란은 열정보다는 문제 해결에 초점을 맞추는 것이 더 중요하다고 말한다. 문제 해결에 초점을 맞추는 그녀의 방식은 쇼에서 제시된 새로운 사업 벤처기업을 더 잘 평가할 수 있게 해준다.

문제를 해결하거나 변화를 만드는 것에 초점을 맞출 때, 열정이 뒤따를지도 모른다. 단지 어떤 것에 대해 열정적일 수도 있다는 꿈을 꾸는 대신에, 실제로 하는 일에 참여하기 때문이다. 『열정의 배신So Good They Can't Ignore You』의 베스트셀러 작가 칼 뉴포트Cal Newport는 열정이 숙달의 부작용이라고 주장한다. 뉴포트에게 있어 열정을 따르는 것은 근본적으로 결함을 가진 직업 전략이다. 성공한 사람 대부분이 어떻게 매력적인 직업을 갖게 되었는지 설명하지 못하고 현실이 자신의 직업에 대한 열정적인 꿈에 미치지 못할 때 만성적인 이직과 불안으로 이어질 수 있기 때문이다. 뉴포트는 회사와 고객에게 가치 있게 되기 위해 기술을 어떻게 사용하는지에 더 집중하고 더 나은 사람이 되는 데 중점을 두는 장인craftspeople이 될 필요가 있다고 믿는다. 장인의 사고방식은 당신이 세상에 내어놓을 수 있는 것에 집중하도록 하지만, 열정적인 사고방식은 대신 세상이 당신에게 제공할 수 있는 것에 초점을 맞춘다.

의미 있는 일이나 아이디어가 열정의 산물이라고 생각하는 사람은 너무 많다. 옥스포드 대학Oxford University의 윌리엄 맥어스킬William MacAskill의 연구는 업무 몰입engaging work이 열정을 발전시키는 데 도움이 된다는 것을 보여주었다.[33] 이런 종류의 일은 당신을 끌어들이고 주의를 끌며 작업에 몰두하여 시간의 흐름을 망각하게 하기도 한다. 업무 몰입은 명확히 정의된 과제, 능숙한 업무, 성과 피드백, 업무 자율성 등 4가지 핵심 요소로 구성된다.

그러나 수많은 책, 블로거 그리고 경영자들은 행복하고 의미 있는 삶의 핵심 요소는 자신의 열정을 따를 용기를 찾는 것이라고 계속해서 주장할 것이다. 다른 사람이 단순히 9시 출근, 6시 퇴근의 반복된 일상에서 열정적으로 뛰어들어 결국 번창하게 된 것처럼 보일 때 이 주장은 특히 매혹적이다.

그러나 주목할 점은 대부분의 성공한 사업가들이 더 열정이 넘치는 직장 생활로 도약하기 위해 자신이 얼마나 현명했는지에 관한 주제로 기조연설을 할 때 말하지 않는 두 가지 핵심 요소가 있다는 점이다. 첫째는 그들이 도약하기 전에도 이미 해왔던 일들에 능숙했다는 점이다. 고도로 숙련된 기술을 습득하여 새로운 어떤 일에 도약할 때 그들은 흔들리지 않고 충분히 잘 해내고 있었다. 말할 것도 없이 그들이 뛰어든 분야는 그들이 현재 사용하고 있는 기술로 충분히 만들 수 있다. '열정을 좇아서' 성공했다는 설명에서 빠진 두 번째 요소는 가장 높은 플랫폼의 정상에 오르기 전에 미리 작은 점프로 도약하는 법을 여러 번 실험할 수 있었다는 점이다. 이 연사들 대부분은 그저 무턱대고 뛰어다니지만은 않았다는 말을 빼놓기도 한다. 오히려 땅에 추락하지는 않을지, 즉 수요 주문이 충분한지 먼저 확실히 확인해보고 수없이 작은 도약과 착지 연습을 해왔다. 그리고 일단 물에 빠져도 익사하지 않도록 유효한 기술을 습득했다.

내 경력을 살펴보면 지난 20년 동안 내가 해왔던 일의 유형을 변경하는 데 성공했다고 말할 수 있는데, 그것은 바로 그 두 가지 핵심 요소가 존재했을 때였다.

나는 기획사에서 실력 있는 디자이너가 된 후에야 비로소 웹 디자인을 하는 나만의 사업을 시작했다. 내가 퇴직하면 이 회사 고객들이 나를 따라오고 싶어 할 때까지 직원으로서 기술을 연마했다. 그렇게 하지 않았더라면 내 일을 시작하지도 않았을 것이다. 내가 이직을 하면 어디든 고객들이 먼저 연락을 주고, 나와 거래를 하고 싶어 했기 때문에 어쩔 수 없이 그렇게 했을 뿐이다. 사실, 나는 웹 디자인에 대해 열정적이지도 않았고 심지어 내 사업을 시작하는 것에 대해서도 열의가 없었다. 첫날부터 거래하려는 거래처가 많지 않았으므로 창업에는 용기가 필요했다.

온라인 강좌를 판매하기 시작했을 때에도 똑같은 요소가 있었다. 디자이너로서 수년간 쌓아온 기술을 관련 과목의 강좌를 만드는 데 활용했다. 완전한 서비스 상품으로 옮기기 전에, 온라인 교육 서비스를 판매하여 충분한 돈을 벌 수 있으리라는 확신이 들 때까지 몇 년을 기다렸다.

반면, 1990년대에 처음 사업 컨설팅으로 업종을 전환할 때는 관련 기술이 축적되어 있지 않았지만 고객을 대하는 데 별 어려움이 없었다. 나는 어렸고 순진했으며 몇 개의 웹사이트 프로젝트에서 디자인을 도왔기 때문에 스스로 사업 전체가 어떻게 돌아가는지 잘 이해한다고 생각했다. 컨설팅은 웹사이트를 디자인하는 것보다 훨씬 더 흥미로워 보였기 때문에 단순하게 컨설팅 서비스를 홍보할 용기가 있었다. 진짜 큰 문제는 디자이너로서도 이제 막 여정을 시작했을 뿐이고 다른 사업 상담 등에 필요한 컨설팅 기술을 습득하는 데 소홀했다는 점이었다.

요컨대 그 당시 내 사업 기술은 전혀 수요가 없었고 많은 시간을 들여 홍보에 필요한 웹사이트의 업데이트를 하기 전에 누가 돈을 낼 것인지 검증해 본 적도 없었다. 고객과 함께 일하거나 내 회사를 운영하는 수년간의 경험을 쌓기 전까지는 사업 컨설팅을 잘하는 것은 불가능한 일이다.

수요가 있는지 검증해 보지 않고 열정적으로 하고자 했던 것으로 전환하려 할 때도 똑같은 일이 일어났다. 몇 년 전에 나는 하나도 아닌 두 개의 소프트웨어 회사를 창업했다. 그렇다. 나는 디자이너였다. 디자인은 내가 쌓아온 기술이고 수요를 창출해냈지만, 나는 재정적으로 성공할 수 있을지를 먼저 판단하지 않고 두 회사를 창업했던 것이다. 나는 누군가 기꺼이 돈을 낼 만한 제품인지 증명도 못한 채 파트너들과 몇 달 동안 일했다. 두 회사 모두 결국 보기 좋게 실패하고 말았다.

웹디자이너나 작가, 온라인 강좌 제작자가 되겠다는 것도 열정으로 시작한 것은 아니다. 그 일에 정면으로 뛰어들 용기도 없었다. 그것은 내가 관련 기술에 숙련된 후에 천천히 나타났다. 그 직업에 대한 열정은 있었지만 그 일을 한 번 하고 더 잘 해내는 데까지 많은 시간을 들였다. 그런 다음 일단 충분히 대가를 치를 가치가 있다고 스스로 증명할 수 있게 되면 완전히 몰입했다. 이와는 대조적으로 20대 초반에 컨설턴트가 되려고 했을 때와 두 개의 소프트웨어 회사를 설립하려고 했을 때는 그 노력에 필요한 기술이 여전히 미숙했던 탓에 실패한 것이다. 게다가 그런 기술은 분명한 수요도 없었고 단 한 명이라도 구매할 것임을 증명해 보일 수도 없었다.

물론 '용기'와 '열정'은 '기술'과 '생존력 실험'보다 더 낭만적으로 들린다. 용기와 열정은 스카이다이빙이나 우쿨렐레를 연주하는 취미를 가질 때 더 잘 어울릴 수 있다. 하지만 생계가 위태로울 때 용기를 내고 열정을 따라야 한다면 축적한 기술을 사용하는 데 역점을 두고 수익으로 검증해야 한다.

이것은 왠지 우울한 메시지처럼 보일지 모르지만 사실 그렇지 않다. 당신은 다행히도 스스로 무슨 열정을 가졌는지 알아내려 노력하거나 열정으로 가득 찬 시간으로 도약하는 데 시간을 낭비할 필요가 없기 때문이다. 열정과 용기는 통제하기 매우 어렵고 우리가 스스로에 대해 나쁜 감정을 느끼게 만들기 쉽다. 수요에 맞는 무언가를 정말로 잘하고 그러한 기술들이 어떻게 다른 것에 적용될 수 있는지를 발견하며 효과가 있는지 보기 위해 아이디어를 검증하기가 훨씬 더 쉬워졌다.

심리학자인 제프리 아넷Jeffrey Arnett이 대학생을 대상으로 한 또 다른 연구는 대학원생 대부분이 자신의 직업이 단순한 업무가 아니라 모험적인 일일 것으로 예상한다는 것을 보여주었다.[34] 문제는 피실험자들 대부분이 의미 있고 모험적인 일을 할 자격이 있다고 느꼈지만, 필요한 기술을 습득하기 위해 시간과 노력을 투자할 의무는 없다고 생각한다는 것이다. 자율성이 기술의 숙달과 문제 해결 능력에 대한 소유권을 통해 달성되는 것처럼, 열정도 그렇다. 열정은 숙달을 앞서는 것이 아니라 뒤따르는 것이다.

일부 직원, 팀원, 심지어 사업주 사이에서 열정이 나타난다는 것만으로 뭔가 자격이 있다고 느끼는 것은 받아들이기 어렵다. 세계적인 대기업에서 인사부서를 운영한 린다 하이네스Linda Haines는 상대적인 노력이나 장점, 기술과 관계없이 항상 승자라고 느끼며 자란 많은 사람이 단지 자신이 회사에 속해 있다는 것만으로도 승진과 진급에 대한 자격이 있다고 느낀다고 하였다.[35] 이렇게 자격이 있다고 느끼는 것의 단점은 팀 내에서 문제를 일으키고 고객과의 거래에서 피드백에 대한 저항, 재능과 성취에 대한 과대평가, 팀 충성심이나 목적에 대한 충성심 부족, 다른 사람, 심지어 고객의 실수라고 비난하는 경향을 보인다는 것이다. 자격을 갖춘 사업주와 직원은 도전적인 상황에 적응하는 데 어려움을 겪는데, 이것은 1인 기업의 특성인 회복력과는 정반대되는 것이다.

자격이 없어도 업무 몰입은 쓰레기 수거에서부터 커피를 제공하는 것, 억만장자를 지도하는 것, 그리고 큰 조직 내에서 1인 기업이 되는 것에 이르기까지 어떤 것이든 될 수 있다. 바로 그것이다. 누구도 열정을 추구하지 말라고 말해서는 안 되지만, 단순히 열정만으로 돈을 벌 자격이 있다고 느끼진 못한다. 스스로 할 수 있는 독립성, 일을 완료했을 때의 성취감, 세상을 더 나은 곳으로 만드는 데 공헌하는 열정이 뒤따르게 될 것이다. 열정은 성공을 창출하는 촉매제가 아니라 성공 후에 더 자주 발전하는 것이다. 행동하고 일을 하는 것은 첫째 단계로서, 추진력을 만들어낸다. 이 추진력은 결과가 아닌 일의 과정에서 일어난다.

요점은 이것이다. 자신이 원하는 어떤 열정도 추구할 수 있지만 그것으로 돈을 벌 자격이 있다고 느껴서는 안 된다. 일에 대한 열정은 우선 가치 있는 기술을 개발하고 자기 일을 능숙하게 습득하는 데서 온다. 이는 자신이 진실하고 숨겨져 있는 열정을 찾지 못한 것에 대해 스스로 더 이상 자책할 필요가 없다는 걸 뜻하기 때문에 좋은 일이다. 당신은 자책하는 대신에 간단하게 일을 시작할 수 있다.

진정한 기회비용

우리의 사고방식을 1인 기업의 마음가짐으로 만드는 마지막 부분은 기회와 의무의 맹공과 무게를 다루는 법을 배우는 것이다. 수익과 직원의 성장이 상황을 더 좋게 만들지, 아니면 단순히 더 크게 만들지에 대해 의문을 가져야 하는 것처럼 일정이 빡빡한 바쁜 생활이 더 나은 삶이라는 생각에 대해서도 의문을 제기해야 한다.

기회는 단지 매혹적인 가면을 쓴 의무일 뿐이다. 기회를 붙잡는 데는 긍정적인 결과가 있을 수 있지만 그들은 시간, 관심 또는 자원의 측면에서 항상 비용이 발생한다. 아무리 노력해도 하루의 시간을 늘릴 수는 없다. 그리고 어떻게든 더 많은 시간을 살 수 없으므로 그 시간을 더 잘 사용할 방법을 찾을 필요가 있다.

흥미롭게도 1950년대까지 '우선순위'를 의미하는 영어 단어 'priority'는 거의 단수형으로 늘 사용됐으나 나중에는 다중작업multitasking이 좋은 아이디어라는 잘못된 믿음에서 복수형의 'priorities'가 주로 사용되었다. 비록 이런 식으로 일하는 것이 생산성에 큰 영향을 미칠 수 있고 피해를 줄 수 있는데도 우리는 사업을 성공시키기 위해 지금 당장 수많은 것을 우선순위에 올려두며 다중 작업이 필요하다는 잘못된 가정을 하고 있다. 1인 기업이 가진 핵심 특성은 일이 발생하고 성취되는 속도인 만큼 생산성이 요구된다는 점이다. 마이크로소프트 연구팀의 연구에 따르면, 한 번에 두 가지 이상의 우선순위에 집중하려고 하면 밤을 꼬박 새우는 것과 같은 인지 상태와 같아져 생산성이 최대 40%까지 저하된다고 한다.[36] 휴렛팩커드Hewlett-Packard가 실시한 조사에서는 이메일, 전화, 메시지로 인해 방해를 받은 직원의 IQ가 10점 이상 감소했는데, 이는 마리화나 흡연의 두 배에 해당하는 영향력이다.[37]

『탈퇴Unsubscribe』라는 베스트셀러의 작가인 조셀린 글라이Jocelyn Glei는 중요한 일을 더 많이 하기 위해 산만함을 피하는 것에 집중한다. 그녀는 현재 자신을 위해 일하고 있다. 이전에는 99U의 창립 편집자 겸 이사였기 때문에, 그녀는 자율적인 팀을 이끄는 것과 자신을 이끄는 것 모두를 경험했다. 생산성의 측면에서 그녀는 동기부여와 추진력이 주된 차이점이 있다고 믿는다. 높은 기능을 갖춘 팀에서 일하게 되면 자연스럽게 자신의 프로젝트를 성취하기 위해 다른 구성원들과 경쟁하게 되고 자신의 역할에 집중함으로써 상황을 진전시키려 한다. 팀이나 직원이 없는 1인 기업은 일을 성사시키기 위해서는 자신만의 추진력과 동기를 만들어내야 한다. 일정을 정하고 의무를 관리하며 산만함을 피하는 것은 자신에게 달려 있다.

1인 기업은 한 가지 일을 오랫동안 방해받지 않고 할 수 있도록 '단일 작업single-tasking'에 능숙해질 필요가 있다. 이 역량은 올바른 일에 집중하고 더 빨리 수행하며 스트레스를 덜어주는 데 도움을 준다. 캘리포니아 대학University of California의 정보학과 교수 글로리아 마크Gloria Mark는 매번 방해를 받을 때마다 그 일로 완전히 복귀하는 데 평균 23분 15초가 걸린다는 것을 발견했다.[38] 이는 산만함이 적으면 작업 속도가 빨라진다는 것을 의미한다.

최근 많은 대기업들이 더 평탄한 계층 구조, 열린 업무 공간, 모든 팀 구성원을 위한 다중 프로젝트, 심지어 슬랙Slack과 같은 비동기asynchronous 메신저에 이르기까지 스타트업 정신을 채택함으로써 운영 방식을 공정하게 바꾸어 가고 있다. 이러한 직장에서 직원은 더 이상 자기 일에서 수행해야 할 단 하나의 특별한 업무가 있다고 느끼지 않고, 많은 책임과 시간을 스스로 관리해야 한다. 비록 이러한 특징이 더 큰 조직 내에서 1인 기업이 되는 것의 일부일지라도 이 자율성을 발전시키는 것이 무엇을 의미하는지 그리고 그렇게 하는 것이 최선인지에 대한 가장 좋은 방법을 파악할 필요가 있다.

더 큰 팀 내에서 자신을 관리하려면 다른 사람에게 자신의 업무량을 잘 설명하는 데 능숙해야 한다. 여러 명의 팀원이 있을 수 있으며 심지어 여러 명의 관리자가 근무 중에 자리를 두고 경쟁할 수도 있다. 자신을 위해 일할 때도 복수의 클라이언트나 고객에게 동시에 주의를 기울일 필요가 있다. 이런 요구를 제대로 처리하지 못하면 과로하게 되고 스트레스가 증가하며 일 처리도 못 하게 된다. 그것들을 잘 다루려면 끊임없는 경계와 능력이 필요하다. 이 능력은 새로운 프로젝트, 화상 회의, 보고서 같은 것들로 고객에게 집중할 시간을 빼앗긴 결과를 다른 사람에게 전달하는 능력이다.

글라이는 여기에 완벽한 해답이 없더라도 자신의 일정과 작업량을 지키기 위해 끊임없이 대처해야 한다고 믿는다. 가령 누군가 무슨 업무를 해야 하는지 알려주는 경우처럼 자신의 일정을 완전히 통제할 수 없다면 현재 자신의 일정을 채우고 있는 것과 다른 요구를 수용하기 위해 어떤 업무나 책임을 대체해야 하는지에 대해 설명할 수 있어야 한다. 또한, 매일의 바쁜 업무를 설명해야 하는데, 이는 당신이 생각하는 것보다 더 많은 시간을 할애해야 할 수도 있다. 수백 통의 이메일과 수천 통의 슬랙 메신저의 메시지, 보고해야 할 다섯 명의 관리자 때문에 핵심 업무를 수행할 시간이 거의 없을 수 있다. 그래서 할 수 있는 일과 할 수 없는 일을 요구하는 사람에게 분명히 말하는 것이 핵심이 된다. 매일 하는 회의는 이미 꽉 찬 일정과 어울리지 않는다. 하루에 8시간을 채팅으로 보내면 집중적이고 심도 있는 일을 할 시간이 없다.

우리 대부분은 매일의 업무 유지에 얼마나 많은 시간이 걸리는지조차 알지 못하기 때문에, 글라이는 일 년에 한두 번씩 생산성 감사를 수행할 것을 제안한다. 즉, 일주일에 한두 번 어떤 일을 하고 있는지, 얼마나 오랫동안 그리고 어디에 산만함을 크게 주는 것이 놓여 있는지를 기록한다. 이 기록을 바탕으로 시간을 좀 더 적절하게 재지정할 수 있고, 심지어 소셜 미디어를 멀리하거나 매일 하는 회의를 포기하거나 채팅을 8시간이 아니라 1시간만 하는 것 등 '행동 중지stop doing' 목록을 만들 수도 있다.

베이스캠프의 공동창업자이자 베스트셀러 『리워크ReWork』의 저자 제이슨 프리드Jason Fried는 팀의 시간과 관심을 보호하는 것이 관리자의 임무라고 말한다. 많은 기업 근로자들이 결국 주당 60~70시간씩 근무하고 있는데, 이는 법정 근로시간 40시간의 대부분을 업무 방해로 인해 빼앗기기 때문이다. 프리드는 모든 직원이 하루 8시간 내내 쉬지 않고 일을 하는 것이 일반적이어야 한다고 믿는다. 기업이나 경영자는 그 시간에 무언가를 거의 요구하지 말아야 하며, 회사 소프트웨어 서버가 다운되는 등 중대한 비상사태가 아닌 한 즉각적인 대응을 기대하지 않아야 한다.

프리드는 회의와 방해를 절대적으로 최소화하면 직원들이 일을 더 즐기고 그것에 대해 좀 더 사려 깊게 생각할 수 있으며 회사에 중요한 문제를 해결하는 데 더 많은 시간을 보낼 수 있다는 것을 알게 되었다. 이로 인해 직원 이탈이 감소하고 거의 매년 필요치 않은 신입사원 교육이 줄어들며 매년 이윤을 높여 사업 수익률도 향상된다.

베이스캠프는 또한 모든 직원 간의 일정 공유를 허용하지 않는다. 일정 공유는 아무 일정이 없는 사람은 시간이 많다고 오해하게 만들어 부정적으로 남용될 수 있다. 사실, 비어 있는 시간은 어쩌면 일에 집중하기 위해 달력의 빈칸으로 남겨져 있는 것일 수 있다.

1인 기업가는 하루 동안 충분히 성취하지 못한 것에 대해 정신적으로 자책하기 쉽다. 그러나 핵심 업무를 하는 것과 사업 관리를 하는 것 사이에서 온종일 매일 방해 없이 앉아서 일하는 것이 얼마나 흔치 않은 일인지 생각해 본 적이 있는가? 자신의 일정 중 얼마만큼 유지보수나 의사소통에 쓰고 있는지 깨닫지 못하고 있을 수 있다.

이를 극복하기 위해 나는 매년 면접, 전화, 회의 등을 몇 달씩 쉬면서 신제품을 만들거나 중단 없이 책을 쓴다. 다른 사람과의 연락과 활용 가능성을 차단했기 때문에 깊고 집중적인 일에 매진하는 것은 효율적이다. 또한, 유사한 업무를 일괄 처리하면 더 짧은 시간에 더 많은 일을 할 수 있다. 예를 들어, 나는 월요일과 금요일에는 회의, 전화, 인터뷰 또는 소셜 미디어 등 다른 사람과의 의사소통을 하지 않으므로 집중해서 글을 쓸 수 있다. 목요일 대부분은 전화하는 데 할애한다. 이런 식으로 목요일에 내가 하는 일의 전부가 회의와 인터뷰뿐이라도 기분이 나쁘지 않다. 그날의 내 유일한 초점이기 때문이다. 또 주말에는 1시간 이상 일하는 일이 거의 없어 재충전하고 업무 외 생활을 즐길 수 있다.

바쁘다는 이미지를 만드는 것은 스타트업과 기업 문화에 널리 퍼져 있는 것일 수도 있지만, 우리가 더 바쁠수록 1인 기업으로서 해결해야 할 문제를 생각하고 창의적으로 풀어나갈 여력은 줄어들게 된다. 하버드의 경제학자 센딜 멀라이너선Sendhil Mullainathan과 프린스턴의 심리학자 엘다 샤퍼Eldar Shafir는 『결핍의 경제학Scarcity』에서 시간에 묶여 생각할 수 없을 만큼 바쁘고 의무를 다하려 고군분투할 때 나쁜 결정을 내린다고 결론지었다.[39] 일주일에 몇 시간만 계획되지 않은 시간을 갖더라도 사업이 실제로 어떻게 운영되는지에 대한 더 큰 그림의 집중이나 전략을 개발할 수 있다.

산업혁명이 일어나기 전에는 깨어 있는 모든 시간을 일로 소모했다. 모두가 잠을 자거나 밥을 먹거나 일하고 있었다. 헨리 포드Henry Ford는 1914년에 자신의 자동차 공장에서 8시간 교대제를 시행했다. 그는 하루를 일, 수면, 가족으로 삼등분하자고 주장한 초기의 옹호자로, 한없는 관대함에서 그런 게 아니라 공장 노동자가 밖으로 나가서 더 많은 소비재를 살 수 있는 자유 시간이 필요하다는 것을 깨달았기 때문이다. 많은 회사가 그 뒤를 따랐고, 우리에게는 결국 주 40시간을 일해야 한다는 전통적인 생각이 자리 잡았다. 하지만 재미있는 건 어떤 일이든 마음대로 할당하는 만큼 시간이 걸린다는 것이다. 그래서 매일 8시간씩 일을 하면 우리의 일은 8시간이 걸릴 것이고, 만약 그것보다 시간이 적게 소요된다면 보통 우리는 '여분의extra' 시간 대부분을 바쁜 일로 채운다. 그러나 시간을 어떻게 보내는지에 대한 질문을 재구성해 보면 각각의 일이 실제로 얼마나 오래 걸리는지 알 수 있다. 어쩌면 자기 일을 끝내는 데 하루에 4시간이면 충분할 수도 있다.

자신의 일정에 대한 소유권을 갖고 얼마든지 오랫동안 일을 할 수 있도록 허용하는 1인 기업은 자기 사업을 계속하기 위해 해야 할 엄청난 양의 일에 시달릴 수 있다. 스탠퍼드 대학의 연구원 존 펜카벨John Pencavel은 신체적 관점에서 생산성을 정의할 때 일주일에 55시간이 지나면 집중력이 급격히 감소하는 것을 확인했다.[40] 오랜 시간이 걸리는 업무를 자신의 일정에 더 추가하는 것은 생산적이지 않을 것이다. 항상 바쁘고 항상 일하는 것에 대한 사회적 명예는 과거의 자랑할 만한 권리에 대한 보상이 없다. 그것은 또한 1인 기업의 마음가짐 속에 설 자리가 없다. 자랑해야 할 것은 어떻게 하면 일을 더 빠르고 생산적으로 끝낼 수 있는지를 찾아내는 것이다.

기업의 성장에 의문을 제기해야 하는 것처럼, 바쁜 일정도 따져봐야 한다. 우리가 정말 응해야 할 기회는 과연 몇이나 될까? 앞서나가기 위해 일거리를 쌓아두는 것은 종종 우리의 건강과 관계, 심지어 우리의 생산성마저 앗아갈 수 있다. 우리는 특정한 일정에 대해 '충분한' 것이 무엇인지 결정하고 흔들림 없이 이를 고수하고 방어할 필요가 있을 것이다.

생각해보기

- 사업의 진정한 목적을 단지 마케팅 자료뿐 아니라, 당신의 행동으로 보여줄 수 있는가?

- 수요가 있는 숙련된 기술은 무엇이고 그 기술을 활용할 수 있는 분야는 어디인가?

- 무언가로 도약하기 위해 먼저 작은 방법으로 검증할 수 있는 곳은 어디인가?

- 단일 작업에 집중할 수 있도록 하루 혹은 일정을 어떻게 조정할 수 있는가?

2 장

개성의 중요성

고등학교 때 나는 모두가 괴롭히던 아이였다. 날마다 놀림을 당하거나 누군가가 나를 싸움터로 끌어들이곤 했다. 나는 항상 내가 누군지 드러내는 가장 약한 부분이 이 개성이라고 여기고 최대한 숨기려고 했다.

여러 해가 지난 후에 1만 명 이상의 고객에게 내 상품의 구매 이유를 묻는 설문지를 보낸 적이 있었는데, 그때 고객이 다른 회사가 아닌 내 회사에서 물건을 산 가장 첫 번째 이유가 내 개성임을 알게 됐다. 그들은 내가 파는 물건을 사고 싶어한 만큼, 그걸 꼭 나한테서 사고 싶어했다. 비슷한 물건을 다른 경쟁사에서 제공하거나 더 낮은 가격에 팔고 있다고 해도 말이다.

뭐가 달라졌을까? 내 성격은 달라지지 않았다. 고등학교 때처럼 여전히 어색하고 잘 흥분하는 괴짜다. 달라진 점은 내가 누구인가를 공유하는 방법과 전략적으로 내 차이점을 활용하는 방법이 점차 좋아졌다는 것뿐이다. 일단 내가 누구인지를 마케팅하고 영업하는 방법을 습득하게 되자 더 많은 사람이 반응하기 시작했다. 물론 모두가 그런 건 아니지만 충분히 많은 사람이 내 일에 관심을 가졌고 고객이 되었다. 그들은 내가 어색한 괴짜라는 것을 좋아했다. 그들 중 대다수가 어색하고 흥분하기 쉬운 괴짜였고 그들은 내 성격과 비슷하기에 나를 신뢰했다.

전통적인 사업이 '전문성'으로 가장해서 억압하도록 가르친 진정한 자기 자신의 개성Personality은 1인 기업일 때 경쟁에서 가장 큰 우위를 차지할 수 있게 한다. 더 좋은 것은 기술과 전문 지식은 복제될 수 있지만, 누군가의 개성과 스타일을 복제하는 건 거의 불가능하다는 것이다. 특히 틈새시장에서 가장 규모가 크거나 저렴하지도 않은 1인 기업에게는 자신의 별난 점을 활용하여 무언가를 지지하는 것이 고객을 모으는 확실한 방법이자 이유가 될 것이다.

1인 기업은 규모와 관계없이 개성을 요구받는다. 인간적 특성은 자신의 브랜드가 말하고 행동하는 방식이다. 예를 들어, 할리 데이비슨Harley-Davidson은 반항심을 내포하는 브랜드이지만 스냅챗Snapchat은 젊음과 싱싱함이라는 특성과 연관되어 있다. '젊음과 싱싱함'이라고 하면, 아마 난 그렇지 않다는 걸 의미한다. 만약 내 사업의 성격에 대해 생각하지 않는다면 고객은 마음대로 하나를 정해버릴 것이다. 사람은 다른 사람과 관계를 맺고, 잠재 고객은 브랜드를 보면서 이 브랜드와 관계를 맺기를 원하기 때문이다.

1인 기업으로서 브랜드는 도달하고자 하는 대상을 고려하면서 자신의 고유한 측면을 대표해야 한다. 마리 폴레오 인터내셔널Marie Forleo International의 창립자인 마리 폴레오Marie Forleo는 자신의 개성과 중심을 갖춘 8개의 사업, 교육 회사를 운영하고 있다. 처음에 그녀는 비디오와 글쓰기에서 변덕스러운 자신감에 대해 걱정했다. 이는 당시의 비즈니스 세계에서 규범적으로 보이지도 않았고, 오프라와 같이 그녀가 연결하기를 열망했던 다른 리더들의 세계에서도 찾아볼 수 없었기 때문이다. 하지만 흥미롭게도 청중은 특별한 그녀의 기발한 자아에 강하게 매료되었고 그녀의 플랫폼을 193개국의 25만 명 이상이 구독하게 되자 그녀는 오프라 쇼에 출연했을 뿐만 아니라 오프라가 지명한 차세대 리더가 되었다.

당신은 자신의 브랜드가 무엇을 돋보이게 하길 원하는가? 강인함? 세련됨? 흥분? 성실? 고급스러움? 능력?

랜드 피시킨Rand Fishkin은 새로 설립된 회사는 내외부적으로 설립자의 개성을 상속받는 경향이 있다고 말한다. 그래서 개성은 오히려 회사의 문화를 창조하고 영향을 미친다.

영국의 소규모 제조업체인 엑스칼리버 스크류볼트Excalibur Screwbolts의 설립자인 찰리 빅포드Charlie Bickford는 자신의 사업을 작게 유지하면 직원과 고객 모두에게 품질과 개인 서비스에 대한 그의 헌신을 더 쉽게 보여줄 수 있다는 것을 발견했다. 찰리는 74세의 고령인데도 여전히 직접 고객 전화를 받는다. 회사를 작게 유지함으로써 그는 무결성을 유지하고 자신만의 독특한 개성을 브랜드 앞에 둔다. 한편, 그의 막강한 경쟁자는 시장 점유율을 얻기 위해 경쟁하고 있다. 엑스칼리버는 자신의 볼트 고정 기술을 업계 전체가 모방한 후에도 개인적 연락 방식과 훌륭한 서비스에 바탕을 둔 브랜드 개성brand personality을 구축하는 데 주력함으로써 이를 견뎌 왔다. 이러한 주요 요인은 찰리가 작은 규모로도 사업 운영을 잘할 수 있도록 해주었고, 애틀랜타의 올림픽 경기장에서 스위스의 고타드Gottard 터널에 이르기까지 인상적인 프로젝트를 진행할 힘이 되었다.

브랜드 개성은 양면 관계를 형성할 필요가 있다. 하나는 자신의 사업이 타인으로부터 어떻게 이익을 얻을지이고, 다른 하나는 타인이 자신의 사업으로부터 어떻게 이익을 얻을지이다. 그리고 자신의 브랜드 개성을 '행동하는 부분'과 혼동하지 말아야 한다. 대신, 그 아이디어는 의도한 대상에게 매력을 느끼게 하는 것과 관련한 내 본연의 모습을 보여주는 것이다. 예를 들어, 찰리는 항상 진정한 품질의 제품을 만드는 데 주력해 왔기 때문에 그의 회사는 그의 개성적인 측면을 잘 보여준다.

관심 경제

뉴욕의 홍보 전문가인 스티브 루벨Steve Rubel은 관심이 누구나 기업에 줄 수 있는 가장 중요한 화폐이며, 수익이나 소유 이상의 가치가 있는 것이라고 말한다. 세상의 거의 모든 지식을 호주머니 안의 컴퓨터를 통해 즉시 이용할 수 있는 요즘 같은 정보화 시대에 배우고 읽고 듣고 볼 수 있는 것의 광대함은 쉽게 관심을 끌지 못한다. 모든 기업은 온라인과 오프라인 모두에서 이러한 관심을 받고 싶어 한다.

새로운 '화폐로서의 관심attention-as-currency'은 판매자가 모든 규칙을 만들었던 산업 혁명 이후 세상이 어떻게 변했는지에서 기인한다. 이제 소비자는 원하는 것, 원하는 방식 그리고 원하는 시기를 정한다. 만약 한 판매자가 만족스럽지 못하면 소비자는 인터넷에 접속해서 단순히 불만을 게시하고 때때로 판매자보다 더 큰 영향력을 가진다. 예를 들어, 블로거 앰버 카네스Amber Karnes가 트위터를 통해, 어반 아웃피터스Urban Outfitters가 독립 시각 예술가의 디자인을 도용했다고 하자 그녀의 트윗은 총 130만 명의 팔로워를 가진 다른 계정에 의해 빠르게 리트윗된 다음 《허핑턴 포스트Huffington Post》에 기사화 되었다. 이후 어번 아웃피터스는 단 몇 시간 만에 1만 7천 명의 팔로워를 잃게 되었다.[41] 이는 의심할 여지 없이 지속적으로 브랜드에 부정적 영향을 미치게 될 것이다. 3부 1장에서 보겠지만 신뢰가 깨지면 즉시 관심을 잃게 될 수 있다.

83개국의 다양한 연령과 사회경제적 지위를 가진 5,000명의 참가자를 조사한 다니엘 길버트Daniel Gilbert와 매튜 킬링스워스Matthew Killingsworth의 연구에 따르면, 우리 자신의 마음이 항상 현재의 일에 집중할 수 있는 것은 아니며 46.9%는 산만한 시간을 보낼 수 있다고 한다.[42] 만약 자기가 하는 일에 모든 관심을 기울이기가 어렵다면, 어떻게 기업은 한 사람을 고객으로 바꿀 수 있을 만큼 충분히 긴 관심을 끌 수 있을까? 혹은 어떻게 그 사람이 우리의 사업을 알아채게라도 할 수 있을까?

다른 말로, 작은 것이 더 나을 수 있다는 생각으로 운영하는 1인 기업은 이윤을 창출하고 번창하기 위해 어떻게 관심을 끌 수 있을까?

베스트셀러 비즈니스 작가인 샐리 호그셰드Sally Hogshead는 매혹fascination을 키우는 것이 답이라 하였다. 매혹은 강렬한 매력이며 사람이나 사업에 대한 집중이다. 이 주제에 대해 14개국 언어로 출판된 그녀의 연구에는 10년 넘게 125,000명 이상이 참여하고 있다. 샐리가 살펴본 건 기업과 사람이 다른 사람에 관한 관심을 어떻게 활용할 수 있는지 하는 것이다. 세상이 우리를 어떻게 보는지 측정함으로써 어떻게 이상적인 고객에게 우리가 매혹적으로 보일 수 있는지를 결정할 수 있었다.

샐리는 지루함을 잊게 하는 것이 열쇠라고 주장한다. 즉, 자기 사업에 대한 강한 감정적 반응 그리고 브랜드 개성을 어떻게 끌어내는가를 익혀야 한다. 그 이유는 정보에 대한 흥미는 잊기 쉽지만 강한 감정은 잊기 훨씬 어렵기 때문이다. 자기 사업이 나의 타고난 성격이나 기발한 면을 가질 수 있도록 해야 한다. 제품이나 서비스에 대한 강한 매력은 정서적 연결고리를 형성하며 정서적 연결은 관심을 끌어낸다.

연구의 결과로 샐리는 28문항의 성격 테스트를 작성했다. 이는 자기가 스스로를 어떻게 보는지를 설명하는 대신에 세상이 나를 어떻게 보는지를 설명하는 것이다. 학구적인 호기심에 치른 시험 결과에서 나는 '선동가 Provocateur'로 나타났다. 이것은 내 브랜드 개성을 보여주는 방식과 정확히 맞는 것 같다. 나는 권위와 현상 유지를 싫어하고 새로운 역행적 사업 아이디어를 시도하는 것을 즐긴다. 이런 성격은 내 글쓰기와 상품 판매 페이지, 심지어 팟캐스트 인터뷰에도 스며든다. 그래서 나는 아이디어로 다른 사람을 자극함으로써 청중이 나에게 매력을 느끼게 한다.

샐리는 마리 폴레오와 진행한 인터뷰에서 대기업이 그들의 시장에서 바닐라 아이스크림이 되는 경향에 대해 말했다. 그들은 보편적으로 받아들일 만하지만 단조로운 개성을 보여주고 있다. 1인 기업으로서, 바닐라가 되는 것은 당신이나 당신의 일을 돋보이게 하는 것을 허락하지 않을 것이다. 1인 기업은 시장에서 가장 인기 있는 피스타치오 아이스크림이다. 좋든 나쁘든 간에 사람은 피스타치오를 절대적으로 선호하거나 그 맛과 이상한 초록색을 견디지 못하기도 한다. 충성 팬을 위해 피스타치오 아이스크림은 눈에 띄고 관심을 끌며 프리미엄을 부과한다. 엑스칼리버 스크류볼트가 자사 제품을 사용하고 마리가 자신의 성격을 이용해서 많은 의자 춤과 재미있는 이야기로 비디오 속 관객들을 사로잡는 것처럼 말이다. 이들은 모두 개성을 외면하지 않고 잘 활용하여 관심을 받는 좋은 예시들이다.

매혹은 당신을 흥미롭고 독특하며 기발하게 하며 차별화하고 소통할 때 나타나는 반응이다. 세상이 당신의 사업을 어떻게 보는지를 이해하기 시작할 때, 자신을 만드는 특성을 통해 그 이해를 증폭시킬 수 있다. 자신의 개성적 측면을 전략적으로 소유하고 활용할 때, 복잡한 시장에서 그것들을 경쟁우위로 사용할 수 있다. 사람들이 4달러짜리 바닐라를 선택하는 대신에 피스타치오 아이스크림 장인에게 기꺼이 25달러를 내는 것처럼 말이다.

소비자에게 사업에 관심을 기울여 달라고 요청만 해서는 안 된다. 대신에 자신의 사업을 차별화하기 위해 관심을 끌 만한 독특하고 특이한 것을 시작해야 한다.

중립은 비싸다

넘지 못하도록 한계선을 긋는다는 것은 두려운 일일 수 있다. 자신의 사업과 생계를 유지해야 할 때는 특히 그렇다. 그렇게 하는 것은 특정 사람 또는 그룹 전체를 소외시킬 수도 있다. 그러나 자신의 사람, 집단 그리고 청중인 사람들을 위한 신호등이 되므로 입장을 분명히 밝히는 것은 중요하다. 당신이 깃발처럼 자신의 관점을 들어 올리면 사람들은 당신을 어디서 찾아야 하는지 알게 된다. 그것은 합류점이 된다. 자신의 관점을 보여줌으로써 당신이 제품이나 서비스를 단순히 판매하는 것만은 아니라는 것을 잠재 고객과 현재 고객에게 알려준다. 그것은 특별한 이유가 있다.

최고의 마케팅은 단순히 제품이나 서비스를 판매하는 것이 아니라 고객에게 입장을 밝히는 것이다. 이 입장은 당신이 어떠한 대가를 치르더라도 고객들이 원하는 만큼 충분한 마케팅을 하리라는 것을 믿게끔 보여주는 것이다. 왜냐하면 그들은 당신이 하려는 일에 간단하게 동의했기 때문이다. 제품이 작동하지 않을 경우 제품을 변경하거나 조정할 수 있지만 변경이나 조정의 합류점은 수행한 일의 가치와 의미에 부합한다. 이 대담한 선언은 무시하기 어려우며 자신의 일이 일 이상의 것이고 그것을 먼저 수행해야 하는 심각한 이유가 있음을 분명히 보여준다.

시디베이비CDBaby의 전 최고경영자인 데릭 시버스Derek Sivers는 모든 사람을 만족시킬 수 없으므로 당당하게 사람들을 배제해야 한다고 말한다. 그렇게 하면 누군가 자신을 향해 전하는 특별한 메시지를 듣고 다른 이가 아닌 그 사람들이 우리의 메시지에 귀 기울이며 관심을 보일 것이다. 그것은 지루한 바닐라에서 재미를 찾는 것에서 벗어나 피스타치오 아이스크림 애호가를 위한 메시지를 만드는 것과 같다.

1장에 나온 톰 피시번은 양극화에 힘이 있다고 말한다. 모두에게 호소하려고 노력하면 우리의 메시지가 혼란스러워지므로 어느 누구에게도 제대로 호소하기 어려울 것이다. 무관심을 조성하거나 혼잡한 시장에서 지루한 또 다른 작은 회사가 되는 것은 1인 기업으로서 도움이 되지 않을 것이다.

양극화를 위한 '전형적 사례poster child'는 영국에서 전파된 고전적인 효모 식품인 마마이트Marmite이다. 마마이트가 지난 20년 동안 성공적으로 전달해 온 메시지는 '당신이 미치게 좋아하든, 미치게 싫어하든You either love it or hate it'이다.

잘 알려진 마케팅 전문가이자 벤처 투자가인 가이 가와사키Guy Kawasaki도 양극화를 두려워해서는 안 된다고 생각한다. 대기업은 모든 인구통계학적 통계, 사회경제적 배경, 지리적 위치에 적용할 수 있는 제품의 '성배Holy Grail'를 찾지만, 이렇듯 '모든 것에 적합one size fits all'한 접근 방식은 거의 효과가 없고 보통 바닐라 아이스크림 같은 평범함으로 이어지는 경우가 많다. 대신에 가와사키는 구체적으로 식별된 사람들의 그룹은 매우 행복하게 만들고 그 외 사람들은 배제하는 제품을 만들어야 한다고 믿는다.[43] 최악의 시나리오는 누구에게도 열정적인 반응을 불러일으키지 않는 것이다. 이는 긍정적이든 부정적이든 누구도 제품에 대해 전혀 신경쓰지 않는 것이다.

우리가 만들어 제공하는 것들이 무한한 관심을 받으리라 생각하는 것은 빠른 몰락으로 이어질 수 있다. 이는 고객과 직원을 무한정 빠르게 확장해 가는 스타트업들에게 공통적으로 나타나는 몰락이다. 너무 빨리 많이 생긴 청중은 종종 파멸의 주문이 되기도 한다.

독특하고 차별화되며 특이하다는 것은 잠재 고객을 양극화시키는 영향을 줄 수 있다. 하지만 그것이 항상 나쁜 것만은 아니다.

햄튼 크릭Hampton Creek의 제품인 저스트 마요Just Mayo는 '그저' 마요네즈임에도 불구하고 매우 다분히 편파적이다. 그것은 소송, SEC 조사, 로비 활동 그리고 심지어 최고경영자의 죽음에 대한 위협으로부터 언론의 관심을 받아왔으며, 열성 고객과 투자자 모두에게 인기를 얻고 있다.

저스트 마요는 달걀이 들어가지 않은 마요네즈다. 달걀이 함유되지 않았다는 것은 헬만스 마요네즈를 만든 거대 식품회사인 유니레버가 햄튼 크릭을 고소한 이유가 되었다. 유니레버는 식품 의약 안전청Food and Drug Administration의 법적 정의에 따라, '필수' 성분인 달걀을 마요네즈에 함유하지 않았다는 이유로 허위 광고를 주장했다. 조미료에 대한 법적 성분을 규정하는 정부 기관이 있다는 사실 또한 당혹스럽다. 유니레버는 훨씬 작고 민첩한 이 스타트업에게 상당한 시장 점유율을 빼앗기고 있었기 때문에 소송을 제기한 것이다. 또한, 저스트 마요를 운반하는 주요 소매상들에게 확인되지 않은 사기성 편지를 보냈는데 이 제품에는 살모넬라Salmonella와 리스테리아listeria가 들어 있다고 주장하여, 대형할인마켓 타깃Target은 저스트 마요 제품을 진열대에서 치우기까지 했다. FDA는 상황을 정리하면서 그 주장은 사실무근이라고 발표했으나, 이 논란은 소송과 편지로만 끝나지 않았다. 미국 계란 협회American Egg Board와 미국 농무부the U.S. Department of Agriculture는 저스트 마요와 그 최고경영자인 조슈아 테트릭Joshua Tetrick을 폄훼하기 위해 기자를 고용하는 등 음모를 꾸몄다.[44] 이 운동은 현재 공개된 이메일 교환에서 나타난 진술인 "그에게 타격을 주기 위해 모금을 하면 어떨까?"라는 발언에서 절정에 달했다.[45]

햄튼 크릭은 달걀 없는 마요네즈로 양극화함으로써 마요네즈 산업 전체를 혼란에 빠뜨렸다. 이어지는 논란과 법정 투쟁은 그 브랜드를 청중에게 더 바람직한 것으로 인식시켰을 뿐이다. 결국 유니레버는 소송을 취하했을 뿐만 아니라 뻔뻔스럽게도 몇 년 후 채식자용으로 자체 인증한 달걀이 들어 있지 않은 '마요'를 출시했다.

양극화된 1인 기업이 되기 위해서는 세 가지 전략을 살펴볼 수 있다. 첫 번째는 회유placation이다. 당신의 제품을 좋아하지 않는 사람, 소위 헤이터haters의 마음을 바꾸려고 노력하는 것이다. 제너럴 밀스General Mills는 비만과 글루텐 민감성에 대한 우려가 증가함에 따라 2008년에 저탄수화물과 글루텐 없는 케이크 혼합물을 만들었다. 그들의 혼합물에 쓴소리를 내며 싫어했던 고객의 수가 3년 만에 현저하게 감소했다. 두 번째 전략은 재촉하는 것prodding이다. 의도적으로 싫어하는 이들을 적대시함으로써 중립적인 고객을 당신의 양극화 입장에 동의하게 만든다면 이 고객을 흔들어서 지지자로 만들 수 있다. 세 번째 전략은 증폭amplification이다. 즉, 특성을 골라내고 그것에 크게 기대는 것이다. 이미 미치게 좋아하든 미치게 싫어하든 상관없는 입장에 따라 양극화된 마마이트는 그 독특한 풍미의 엑스트라 버전인 마마이트 XO Marmite XO를 출시했다. 이 회사는 소셜 미디어를 통해 선발된 최고의 고객 30명을 시식회에 초대하고 행사를 위한 페이스북 그룹을 구성했다. 그 행사를 통해, 5만 번 이상의 회사 웹사이트 방문과 30만 번 이상의 페이스북

페이지뷰를 달성했다. 마마이트 XO는 매장에 진열되기 무섭게 매진되었다.

캐나다에서 크게 성공한 항공사인 웨스트젯WestJet은 유나이티드 항공의 초과 예약overbooking 문제를 직접 해결하기 위해 노력했다. 이는 유나이티드 항공사의 승객 한 명이 비행기에서 끌려나가는 영상이 논란이 되면서 부각되었다. 웨스트젯의 최신 마케팅 캠페인은 '우리는 초과예약 하지 않는다.'라는 의미의 해시태그 #OwnersCare로 완성되었다. 웨스트젯은 엄밀히 따지면 승객 모두가 항공사의 주인이라고 자랑한다. 우리의 추억 속 이야기는 응원하거나 대항하기 위한 누군가를 청중에게 제시하고, 적대자에 대항하여 싸우는 주인공에 의해 전개된다. 결국 다스 베이더Darth Vader가 없는 〈스타워즈〉는 존재할 수 없다. 사업에도 같은 일이 일어난다. 우리의 두뇌는 좋은 이야기와 서사시적인 투쟁을 기억하도록 연결되어 있어서 설득력 있는 이야기를 하지 않는 회사는 지루하고 잊히기 쉬운 바닐라 아이스크림으로 바뀔 수 있다. 소규모 기업이나 빠르게 성장하는 것을 목표로 하지 않는 기업이 양극화를 활용하면 막대한 광고 지출이나 유료 사용자 확보 없이 잠재 고객에게 도달하는 방법을 얻을 수 있다. 애플이 거대한 IBM을 상대로 맞서던 작은 회사였을 때, 기술 업계의 독창적인 존재가 되기 전을 생각해보라. 조지 오웰George Orwel의 고전 책, 『1984』를 오마주hommage[12]한 애플의 현재 유명한 TV 광고에서 영웅은 관습에 순응하지 않고 '빅 브라더Big Brother'에 대항하여 싸운다. 이 광고는 당시 다른 모든 광고와는 너무 달랐고 또 화제를 불러일으켜서 모든 케이블 뉴스에서 처음 방영된 후 다시 뉴스 스토리로 채택되어 무료 재방송했다. 애플은 광고가 처음 나간 직후 350만 달러어치의 새 매

---

12 오마주는 영화에서 존경의 표시로 다른 작품의 주요 장면이나 대사를 인용하는 걸 이르는 용어이다. 프랑스어로 존경, 경의를 뜻한다.

킨토시를 팔았다.

사업 운영 중에 사업과 심지어 사회적 문제에 대해 취하는 내 입장에 대해 몇몇 사람은 불쾌해한다. 매주 보내는 뉴스레터 이메일에 대해 나는 표준적인 인터넷 독설에서부터 "나는 당신이 단순히 '빈칸 채우기fill in the blank'를 하고 있다고 믿기 때문에 아무것도 사고 싶지 않다."라는 댓글에 이르기까지 비판적인 답변을 몇 개씩 받는다. 실제로 이것은 나에게 좋은 일이다. 그렇게 화를 내거나 쉽게 불평하는 고객을 나도 원하지 않기 때문이다. 만약 그런 부류의 사람이 내 상품 중 하나를 구매한다면 나는 그에게 기술이나 고객 지원을 해야만 할 것이다. 내가 추천하는 것에 참여하지 않거나 내게서 아무것도 구매하지 않는 것은 서로에게 윈-윈win-win이다. 이러한 식의 이메일 회신을 받으면 나는 항상 이메일을 쓴 사람이 유료 고객인지를 확인한다. 결과는 항상 '아니오'이다. 요컨대, 그러한 청중이 스스로 물러나 주는 것에 기쁘게 생각한다. 그렇게 하면 나는 지불 고객과 잠재 고객에 대해 알아가는데 더 많은 시간과 에너지를 집중할 수 있다.

요즘 소비자는 자신의 가치에 맞춰 구매하고 선택하는 일이 잦다. 1인 기업은 무한 경쟁에 초점을 맞추거나 더 많은 것이 더 낫다고 가정하지 않음으로써 더 작고 구체적인 사람들의 가치와 일치하는 상품을 만드는 데 집중할 수 있다. 그들의 필요와 관점에 직접 마케팅하면 그 그룹 밖의 다른 사람이 당신이나 당신이 하는 일을 지지하지 않는 것도 중요하지 않게 된다. 당신은 애초에 그들을 고객으로 만들려 하지 않을 것이다. 대신에 그들이 세상을 어떻게 보는지에 대한 이해와 동정을 보여주면서 자신의 틈새시장에 더 가까이 나아갈 수 있다.

사람은 충분한 시간과 노력만 들이면 모든 기술과 전문 지식을 모방할 수 있다. 모방할 수 없는 것은 당신의 진정한 모습, 즉 당신의 스타일, 당신의 개성, 행동주의 감각 그리고 복잡한 문제에 대한 창의적인 해결책을 찾는 독특한 방법이다. 그러니 자기 일에 기대야 한다. 상품처럼 자신의 생각하는 방식을 판매해 보자. 양극화는 고객을 이분법적으로 '예' 또는 '아니오'의 빠른 선택을 하게끔 도와주기 때문에 판매주기를 단축할 수 있다. 궁극적으로 '혹시나maybes' 하는 마음으로는 돈을 벌기 어렵다는 점을 기억하라.

1인 기업을 만들고 유지하기 위해서 회사의 인지도를 긍정적인 방식으로 구분하는 방법을 빨리 배울수록 정확한 내 고객을 더 빨리 찾을 수 있고 자신의 사업을 지속할 수 있을 것이다. 내가 누구인지 더 잘 알고 나서 내 사업이 고객의 관심을 유지하고 지속하도록 하기 위해 내 개성이 내재한 독특한 측면을 전략적으로 강조할 필요가 있다.

생각해보기

- 자신만의 독특하고 차별화된 개성을 상품과 회사 이미지에 투영하는 방법은 무엇인가?

- 시장에서 관심을 끌기 위해 사업이나 상품을 특이하게 만들거나 차별화에 기댈 수 있는 지점은 어디인가?

3 장

하나뿐인 유일한 고객으로 대우하기

식사하러 가면 직원이 내 이름과 주로 주문한 메뉴를 기억해주는 레스토랑이 몇 군데 있다. 그들은 메뉴판을 가져다줄 필요도 없다. 주인은 내가 다른 음료나 디저트를 요청하지 않더라도 그저 정보를 주기 위해 어느 틈엔가 나와서 잡담을 한다. 때때로 새로운 메뉴 아이템이 추가되면 피드백을 받기 위해 무료 음식을 가져온다. 내 주문이 틀리거나 드물게 주문이 잘못된 경우 더 많은 음식을 제공하거나 청구서에서 뭔가를 제외시켜 준다. 그 주문이 제대로 이루어지지 않았다는 것 말고는 다른 말은 하지 않는다.

그와 같은 서비스로 나는 이러한 곳에서 아주 규칙적으로 식사를 한다. 친구들이 마을에 있으면 그곳이 우리가 주로 가는 곳이다. 물론 음식도 좋지만 이 레스토랑에서 나를 가장 중요한 고객으로 대우해주고 좋은 대접을 하고 있다는 사실이 나를 규칙적이고 장기적인 단골로 만드는 비결이다.

이는 직원이나 사업주가 도움이 되기 위해 분발할 때 받게 되는 훌륭한 느낌이다. 개인적인 접점이나 어떤 문제를 고치기 위해 전력을 다하려는 것에는 꽤 기억에 남는 무언가가 있다.

이 장은 돈을 지불하는 고객들을 위해 막연하게 좋은 사업을 해야 한다는 내용이 아니다. 그것은 너무나 당연한 일이기 때문이다. 마치 하나뿐인 유일한 고객인 것처럼 잘 대우하면 수익 가치를 높인다는 압도적인 증거가 있다.

간단히 말해서, 고객의 성공을 돕고 놀라운 서비스를 제공하는 것은 사업에도 도움이 된다. 최근 해리스 인터랙티브 설문조사Harris Interactive survey에 따르면, 미국인 10명 중 9명이 훌륭한 고객 서비스를 제공하는 회사에 더 많은 돈을 지불할 의향이 있는 것으로 나타났다.[46] 같은 조사에서 79%의 사람들이 고객 서비스 경험이 좋지 않아서 거래를 취소하거나 의도한 것을 구매하지 않았던 것으로 나타났다. 백악관 소비자 사무국White House Office of Consumer Affairs이 실시한 조사에 따르면 충성 고객은 평균적으로 첫 구매의 10배에 해당하는 가치가 있다고 한다.[47] 부정적인 경험에는 숨겨진 비용도 있다. 25년 동안 고객 행복을 연구해 온 루비 뉴웰 레그너Ruby Newell-Legner는 오직 4%의 고객만이 실제로 사업에 불만을 토로했고, 불만족한 91%의 고객은 절대 다시 돌아오지 않는다는 것을 발견했다.[48] 나쁜 고객 서비스는 온라인 리뷰와 소셜 미디어를 통해 좋은 고객 서비스에 대한 칭찬보다 더 많은 것을 이야기하게 만드는 경향이 있다. 인터넷에서는 고객에게 도움이 되지 않거나 잘못한 기업을 가만히 두지 않는다.

이러한 통계를 고려하면 일부 성장 중심의 기업이 현상 유지나 고객 행복보다 신규 고객 확보에 더 신경을 쓴다는 것은 곤혹스러운 일이다. 4장에서 케이트 오닐Kate O'Neill이 매거진닷컴을 통해 알게 된 것처럼, 신규 고객을 확보하는 것은 갱신 고객을 만드는 것보다 훨씬 더 큰 비용을 지불한다. 백악관의 통계를 단순히 인용하면, 약 6~7% 정도 더 많이 지불한다. 갱신하는 것이 측정하는 데 훨씬 더 중요한 척도인 경우가 많지만 고객의 충성도가 높아지지 않는 한 갱신은 발생하지 않는다.

사용자 수를 좇는 식의 성장과 인수에 대한 일부 기업의 집착은 아마도 계속 증가할 것으로 보인다. 그러나 이러한 집착은 홈페이지나 투자자의 프레젠테이션 슬라이드에서 두드러지게 나타나는 허구의 척도 같은 것이다. 하지만 급속한 사용자 확보 비용은 엄청나게 많이 들어서 보통 전체 이익을 감소시킨다. 비용 절감으로 수익을 늘리는 이익 중심의 회사가 되면 비용을 들여 사용자를 확보하는 대신에 기존 고객을 유지하고 기쁘게 하며 그들에게 도움을 주는 데 집중할 수 있다. 장기적으로 이 접근방식은 비용이 훨씬 적게 들고 회사에 더 많은 도움이 된다.

1인 기업은 고객 서비스에 관한 하나의 거대한 자산을 가지고 있는데, 그것은 확장되지 않는 방식으로 제공될 수 있다. 레스토랑 주인은 자신의 집 앞에 있는 단 한 곳에서 직원들과 함께 일하기 때문에 내 이름과 저녁 메뉴 주문을 기억할 수 있다. 여전히 작은 사무실에서 전화를 받는 엑스칼리버 스크류볼트의 CEO 찰리 빅포드나 기술 지원 요청에 응답하는 베이스캠프의 설립자처럼 말이다. 회사가 더 작을 때 관계는 규칙적이고 충성스러운 고객과 함께 만들어질 수 있고 그러한 개인적인 관계는 고객을 충성스럽고 행복하게 해줄 수 있다.

1인 기업으로서 우리는 서비스업에 종사하고 있다. 고객 개개인의 말을 경청하고 우리의 서비스 수준에 만족하는지 확인하고 나서 고객이 자신의 삶 안에서 확실히 성공하기 위해 완전한 소유권을 갖는 것이 우리에게 중요하다. 고객 서비스는 사람이 왜 돈을 쓰고 싶은 곳을 선택하는지에 대한 엄청난 차별화 요소다. 고객 서비스를 잘하면 그들은 차례로 회사를 위한 브랜드 전도사가 되어 준다. 즉, 기본적으로 고용할 필요가 없는 무급의 영업 인력을 확보하는 셈이다.

독립 음악가들이 아이튠즈 플랫폼platforms for iTunes에서 음원을 판매할 수 있게 해주는 서비스인 시디베이비CDBaby는 오전 7시부터 오후 10시까지 모든 고객 지원 전화를 실제 응대 직원이 벨이 2번 울리기 전에 즉각 받도록 하는 정책을 갖고 있다. 음성 메일이나 분산 시스템도 없으며, 대표부터 매장 안에 있는 사람까지 누구나 전화를 받을 수 있다. 모두 고객을 돕기 위한 교육을 받는다. 시디베이비는 고객을 친구처럼 대하는 것에 집중하고 있으며, 친구들의 개인 전화를 '당신의 전화는 우리에게 중요합니다. 부디 계속 기다려 주세요.'라는 식의 자동응답 시스템에 연결하지 않는다. 마찬가지로 베이스캠프의 직원들은 주야간 시간과 관계없이 15분 이내에 모든 지원 요청에 응답하려고 노력한다.

훌륭한 고객 서비스는 단순히 예의범절을 지키는 것이 아니다. 그 자리에서 신속하게 처리하고 문의에 응답하며 고객을 존중하는 것이 보상받을 일이 되어선 안 된다. 1인 기업이 번창하고 두각을 나타내는 방법은 개인적인 접점을 통해 상호호혜성을 구축하고 고객을 매우 중요한 존재로 대우함으로써 그들의 기대를 뛰어넘는 것이다.

두 번째 물결

지난 몇 년간 고객 서비스는 약간의 르네상스를 거쳐왔다. 과거에는 고객 지원과 서비스를 비용으로 간주하였으며, 사업에서는 이윤을 늘리기 위해 비용을 최대한 많이 줄이는 것이 타당하다고 받아들여졌다. 이러한 오래된 사고방식에서 자동화는 가령 "8을 누르세요. 그 다음은 4, 그리고 6, 그리고 234를 누르고 상담원과 연결하려면 우물 정井을 눌러주세요." 등과 같은 복잡한 전화 응대 시스템과 고객 메시지 게시판과 온라인 지식 기반의 자동화된 서비스 등에 크게 의존했다. 이런 접근 방식의 문제점은 그것이 아무리 기업이 비용을 절감할 수 있다 하더라도 실제 회사와 고객 사이의 문제에 관해서는 불필요한 장벽을 만들어 고객 스스로 문제를 해결하도록 강요하고 때로는 큰 좌절감을 느끼게 한다는 것이었다.

오늘날 일부 조직에서 실천하고 있는 고객 서비스의 두 번째 물결은 감정과 편의성에 중점을 둔다. 그것은 모든 1인 기업이 제공하는 고객 서비스여야 한다. 맥킨지McKinsey의 한 연구는 구매 경험을 가진 고객 70%는 자신이 어떤 대우를 받고 있다고 느끼는지에 더 의존하고 있으며, 제품의 유형은 중요하지 않다는 것을 보여주었다.[49] 고객은 이미 첫 구매가 어떻게 진행되었는지 혹은 지원 요청이 어떻게 처리되었는지에 대한 느낌을 이미 갖고 있으므로 예외적으로 잘 처리된다는 느낌은 두 번째 구매나 구독 갱신의 맥락에서만 증가할 수 있다.

고객 서비스에 대한 이러한 두 번째 물결은 각 고객에게 긍정적인 감정 경험을 제공함으로써 더 많은 만족과 더 높은 이익을 창출할 것이라고 장담한다. 만약 당신의 고객을 하나의 유일한 고객처럼 대한다면 그들은 계속 거래를 유지할 뿐만 아니라 자신의 네트워크에도 그렇게 하도록 추천함으로써 브랜드에 대한 사랑으로 보답할 것이다. 고객 서비스를 비용이나 돈 드는 일처럼 취급하는 것이 아니라 지원 전담 직원을 통해 고객 영업 인력을 구축하고 있는 것이기 때문에 근본적으로 고객 유지와 확보에 대한 투자로 볼 수 있다.

고객 행복이 고객 서비스의 목표라면, 지원 센터는 추천의 주요 원천이 될 수 있다. 소개는 새로운 고객을 확보하는 강력한 방법이다. 스몰비즈트렌드SmallBizTrends의 연구는 새로운 사업의 83%가 입소문 추천word-of-mouth referrals에서 비롯된다는 것을 발견했다.[50] 고객이 자신의 사업에 대해 지인에게 이야기하게 하는 가장 좋은 방법은 기업이 그들을 위해 무엇을 하고 있고 필요할 땐 어떻게 도움을 제공하며 만족을 주는지 확인시켜 주는 것이다.

고객 서비스의 표준적인 기대치를 충족시키는 것만으로는 추천을 받지 못한다. 사람들은 회사가 나에게 할 수 있을 만큼만 도움을 주고 그 이상은 하지 않았다는 것은 다른 사람에게 추천할 만하다고 여기지 않는다. 만약 고객이 회사에 대해 호의적으로 이야기하기를 원한다면 그보다 훨씬 더 많은 것을 해야만 한다. 한 가지 좋은 예는 기업 수준의 클라우드 호스팅 제공자인 랙스페이스RackSpace의 고객 서비스 요청에 관한 기술계의 유명한 이야기다. 콜센터 담당자는 지원을 요청하는 전화 통화 중에 수화기 너머 누군가 배고프다고 주문할 만한 뭔가를 찾는 소리를 들었다. 그녀는 조용히 고객과의 통화를 잠시 보류시키고 고객 파일에 있는 집 주소로 피자 배달을 주문한 다음 다시 고객의 문제를 도왔다. 20여 분 뒤, 여전히 고객과 통화 중이던 그녀는 수화기 뒤에서 노크하는 소리를 듣고 "그건 당신의 피자입니다."라고 전하며, 그에게 문을 열어주라고 말했다. 이 예상치 못한 기분 좋은 경험은 그 고객만 행복하고 풍요롭게 만든 것이 아니라 온라인에서 수천 번 공유되며 회자되는 이야기가 되었다. 이것은 상호호혜성을 쌓는 일종의 고객 서비스다. 고객은 예상치 못한 것을 얻고 나면 충성도를 유지할 뿐 아니라 다른 이들에게 추천함으로써 당신의 사업을 도와야겠다고 생각한다.[51]

추천은 대리인을 통해 신뢰를 쌓기 때문에 효과가 있다. 신뢰하는 누군가가 당신에게 특정 회사나 제품을 신뢰한다고 말하기 때문에 추천은 믿을 만하다. 그리고 당신이 말하는 사람을 신뢰하기 때문에 그 신뢰감은 회사나 제품에서도 즉각적이고 순식간에 효과가 나타난다.

유명 프리랜서 작가인 조엘 클렛케Joel Klettke는 잠재 고객에 대한 좋은 가망성 중 80~90%는 입소문에서 비롯되었다고 말한다. 그가 다른 누군가의 추천을 받았을 때 그러한 추천이 프로젝트와 비용에 대한 건전한 기대와 함께, 또한 그가 유급 기술자가 아닌 전문가라는 전제와 함께 나온다는 것을 발견했다. 조엘은 이미 추천을 통해 일하기로 했기 때문에 영업활동에 시간이나 자원을 쓸 필요가 없다. 그는 단지 프로젝트가 잘 맞는지 판단하기만 하면 된다.

내 서비스 기반 사업에서의 모든 추천도 입소문에서 나왔다. 초기에 나는 마케팅과 아웃바운드 영업 활동에 시간과 돈을 쓰는 대신에 모든 고객이 나를 고용하기로 한 점에 절대적으로 만족할 수 있도록 가용 자원을 투자하기로 했다. 만족스러운 고객은 내게 묻지도 않고 디자인 작업에 날 고용했다는 사실을 다른 이들이 이미 알고 있다고 말하며 나를 위해 아무 대가 없이 영업활동을 해주었다. 내가 서비스에서 상품으로 이전하기 전까지 10년 이상 이 입소문 추천은 몇 달 동안 대기 고객 목록을 만들어주었다.

심지어 온라인 프로젝트에서 협업을 할 수 있는 SaaSSoftware as a Service인 트렐로Trello와 같은 제품 사업체들도 대부분 입소문을 통해 그들의 범위와 고객 수를 증가시켰다. 트렐로는 소셜 미디어나 블로그와 같이 많은 이들이 볼 수 있는 곳에서 제품에 대해 자주 이야기하기 때문에 천만 명 이상의 사용자를 대상으로 유료 광고 없이 100% 유기적인 성장을 해왔다. 트렐로는 심지어 어떤 순간을 공유할 수 있게 도와주는 '타코 아웃Taco Out'이라는 재미있는 게임도 개발했다. 이 게임은 그들의 제품과 느슨하게 연관이 되어 있다. 이 제품의 핵심이 무료 버전이라는 점 때문에 트렐로는 이를 알게 된 사람을 별도의 노력 없이 고객으로 전환할 수 있다. 소프트웨어의 사용 편의성과 유용성과 함께 트렐로의 고객들로 이루어진 대규모 무보수 영업팀은 이 소프트웨어에 관해 아는 것을 모든 이들에게 전달한다.

경청과 이해 : 조금은 먼 길을 간다

포레스터 리서치Forrester Research의 케이트 레게트Kate Leggett는 고객을 행복하게 유지하고 성공을 돕는 것은 고객 이탈을 낮추고 반복적인 사업 가능성을 증가시키며 심지어 새로운 사업을 창출하는 데 도움을 준다는 것을 발견했다. 다시 말 해, 고객이 성공하면 당신 역시 성공한다. 사실, 고객은 당신의 사업이 수익성이 있든 없든 상관하지 않는다. 하지만 만약 당신이 고객의 수익성 개선에 도움을 준다면 결코 당신을 떠나지 않을 것이다.

고객을 개별적으로 돕는 것은 그들에게 제공하는 것이 무엇이든 판매하는 것만큼 많은 공감과 관심이 필요하다. 당신은 고객과 그 요구를 효과적으로 지원할 수 있도록 이해할 수 있어야 한다.

런던에 본사를 둔 컨설턴트 레이디 지크Lady Geek는 공개 가능한 정보와 독점적 데이터를 결합해 고객과 직원 모두에게 얼마나 공감하는지를 기준으로 글로벌 기업 순위를 매기는 '공감 지수empathy index'를 개발했다.[52] 이 지수는 《하버드 비즈니스 리뷰Harvard Business Review》에 게재된 바 있다. 이 지수에서 가장 수익성이 높은 5개 기업은 공감 점수 순위 상위에 올라 있다. 예를 들어, 공감 점수 98.82점으로 3위에 올라 있는 링크드인LinkedIn은 트위터와 같은 강력한 경쟁 플랫폼이 있을지라도 사용자들이 있는 곳으로 나아가는 것을 두려워하지 않는다. 트위터는 86.47점으로 순위는 24위이다. 이 접근 방식은 링크드인이 고객의 요구, 관심사와 선택을 자체 사업목표보다 우선하며, 이를 통해 링크드인의 수익을 증가시킴으로써 성과를 거둔다는 것을 보여준다.

고객의 필요, 요구, 동기, 욕구를 더 많이 이해할수록 그들과 더 많은 것을 느낄 수 있고 그들을 더 잘 대우할 수 있다. 이런 종류의 고객 서비스는 단순히 '당신은 우리에게 중요하다.'라고 하는 식의 사탕발림 같은 기업의 말 그 이상이다. 경청으로부터 시작해 이해로 나아가는 전략을 수립하고 구체적인 조치를 하는 것이 진정한 고객 서비스다.

공감empathy은 나약하고 비영리적이며 히피족과 같은 삶의 방식의 사업을 위한 것이라는 일반적인 오해가 있지만, 사실 그것은 실질적인 이익을 끌어내기 위한 가장 유용한 수단이다. 이것은 몇 가지 간단한 사실로 귀결되는데, 당신의 고객을 더 많이 이해할수록 그들에게 실질적인 가치를 제공하는 맞춤화된 제품을 더 많이 만들고 배치할 수 있다. 또한, 지원 요청을 통해 더 많이 도울 수 있고 고객은 당신보다 구매자buyers를 더 잘 이해하기 때문에 더 많은 것을 배울 수 있다. 결국 그들이 구매자다.

고객을 공감으로 대하는 첫 번째 단계는 고객의 요구를 경청하는 것이다. 이러한 지식으로 우리는 혁신이나 신제품 아이디어를 추진할 수 있다. MIT의 에릭 본 히펠Eric von Hippel은 기업 내 수익성 있는 혁신이 60% 이상의 고객사에서 비롯되었다는 것을 보여주는 실질적인 연구 자료를 만들었다. 3M의 의료 외과 마케팅 사업부Medical-Surgical Markets Division는 이 연구를 계기로 '주도적 사용자lead users'의 정보를 바탕으로 몇 가지 신제품을 만들어 1990년대 부실한 혁신 실적을 개선하려 노력하였다. 결과는 5년 만에 상당히 극적으로 변했다. 내부 주도적 혁신으로 인한 평균 수익이 1,800만 달러인 데 비해 사용자 주도적 혁신user-lead innovations으로 인한 평균 수익은

14,600만 달러에 달한 것이다.[53]

고객을 이해하려면 지원 요청을 예외적으로 처리하는 것만 아니라 들어오는 질문과 요청의 유형에 대한 더 큰 그림을 그릴 필요가 있다. 1인 기업에서도 각 요청의 일반적인 주제를 인식하고 나중에 패턴과 단서를 데이터에서 식별할 수 있도록 관리하는 것이 중요하다. 모든 의견과 제안을 중심에 두고 체계화하면 패턴을 파악하는 데 도움이 된다. 예를 들어, 지원 요청이 주로 특정 주제에 관한 것이라면 사용자에게 해당 주제에 대해 더 잘 가르칠 수 있을 것이다. 그리고 특정 주제에 대한 몇 가지 요청이 반복적으로 제기된다면 아마도 그 주제는 다음 사용자 주도적 혁신 계획의 기초가 될 수 있을 것이다.

베스트바이Best Buy는 고객의 말을 경청만 하는 것만이 아니라 실제로 고객의 의견을 이해하고 활용하는 데 시간을 들이는 훌륭한 사례이다. 이 회사는 웹사이트에 올라온 고객 리뷰를 협력업체와 공유하여 고객이 원하는 것을 바탕으로 제품을 개선하도록 독려하고 있다. 베스트바이는 또한 피드백을 제공하는 많은 고객에게 매장 구매 인센티브와 할인 혜택을 보상으로 제공한다.

대기업에서 공감은 때때로 관료주의적인 절차가 고객을 돕는 데 방해가 되는 것을 거부하는 형태로 나타나기도 한다. 몇 년 전, 한 노인이 휴일에 내린 폭설로 펜실베이니아Pennsylvania 시골집에 갇혀 발이 묶인 적이 있었다. 다른 지역에 사는 그의 딸이 이 사실을 알았을 때 그녀는 그 지역에 있는 식료품점에 전화를 걸어 아버지에게 식료품을 배달해 줄 사람이 있는지 알아보기 시작했다. 폭풍우를 견뎌낼 만큼 충분한 음식을 보관하고 있지 않았기 때문이다. 몇 군데의 상점에 전화를 걸었지만 그중 어느 곳도 가정 배달 서비스를 제공하지 않았다. 그녀는 트레이더 조Trader Joe's의 매장에 전화를 걸었다. 직원은 배달 서비스는 트레이더 조의 정책이 아니며 일반적으로 제공하는 서비스도 아니라고 말했으나 현재의 극한 상황을 고려하여 기꺼이 그녀의 아버지에게 식료품을 배달할 것이라고 전했다. 그녀가 물품 목록을 알려주자 그 직원은 심지어 아버지의 저염 식단에 맞는 추가 품목까지 제안해 주었다. 주문 대금을 결제할 때가 되자 그 직원은 주문과 배달은 무료이니 걱정하지 말고 행복한 휴가를 보내라고 말했다. 30분 후, 주문품은 그녀의 아버지 집에 도착했고 어떤 비용도 들지 않았다. 사업에 있어 공감이란 때로는 인간을 돌보는 것을 의미할 수 있다.

피자 배달 이야기에서처럼 이 사례도 우리를 감동시킨다. 어떤 회사들은 '통상적인 일business as usual'과 이익 추구보다 고객을 행복하게 하고 인간적으로 돌보는 것에 더 관심을 둔다는 것을 상기시켜 주기 때문이다. 회사 대부분이 고객이 최우선이라고 말하지만 그 아이디어를 실행에 옮기는 것은 드문 일이다. 기대를 훨씬 넘어서서 이런 특별한 서비스는 고객을 충성스럽고 열성적인 팬으로 만든다. 이런 것들이 공유되는 이야기가 널리 퍼지면 퍼질수록 사업에 도움이 될 수밖에 없다.

고객 행복은 새로운 마케팅이다. 만약 고객이 당신이 그들을 돌보고 있다고 느낀다면 곁에 머물러 있을 것이고 다른 이에게 기꺼이 전달할 것이다. 이는 1인 기업이 시장에서 거대 기업과 경쟁할 수 있는 확실한 방법이다. 더 큰 회사와 물량, 저가, 물류와 같은 측면에서 경쟁하는 것은 훨씬 더 어렵다. 그러나 더 작은 기업으로서 더 많이 신경쓰고, 고객을 숫자가 아닌 인간으로 대우하는 등의 개인적인 접점에서 경쟁하기는 훨씬 더 쉬워졌다. 그것은 어느 1인 기업이든 갖고 있는 큰 장점이다.

성공적인 고객이 성공적인 사업을 이끈다

재정적인 성공, 곧 이익은 장수를 보장하므로 사업주 대부분은 자연스럽게 사업을 더 성공시킬 수 있을지 고민하면서 많은 시간을 보낸다. 그러나 기업주나 심지어 팀 리더도 종종 고려하지 않는 것은 고객의 성공이다. 결국 성공적인 고객은 당신의 사업을 계속 지원할 수 있는 재정적인 수단을 갖고 있으며, 이는 결국 회사의 이익을 증가시킨다. 그래서 고객의 성공은 사업의 성공으로 이어진다.

기업이 고객을 비인격적인 거래나 주문으로 간주하면 최소한의 금액으로 얼마나 많은 돈을 벌 수 있는지에 초점을 맞추는 그런 관계로 변질하기 쉽다. 그러나 고객의 성공이 상호 이익이 될 수 있고 장기적인 관계를 유지할 수 있다고 믿는 회사는 성공한다.

세일즈포스 파닷SalesForce Pardot의 고객성공부서 책임자인 애덤 와이드Adam Waid는 고객의 성취를 돕는 기회를 탐색한다. 실제로 고객 성공을 위해 교육, 구현 지원, 모범 사례 권장, 지속적인 지원을 헌신적으로 지원하는 이 회사의 최대 부서이다. 이러한 노력으로 인해, 《포브스》가 선정한 가장 혁신적인 회사 1위로 세일즈포스 파닷이 선정되었으며,[54] 이 고객성공부서의 도움으로 평균 34%의 매출이익 증가를 보았다.[55]

유저아이큐UserIQ의 고객 성공 담당 이사인 신디 칼슨Cindy Carson은 가장 성공적인 고객은 빠르게 적응할 수 있는 과정인 맞춤형 온보딩 프로세스를 통해 올바른 기반에서 출발하는 고객이라고 생각한다. 그녀의 팀은 각 고객의 사용자 사례를 검토하여 유저아이큐가 가장 큰 혜택을 줄 수 있는지 완전히 이해할 수 있도록 소프트웨어를 다시 검토했다. 그런 다음 각 고객의 이익에 도움이 되는 구체적인 사항을 강조하는 세분화된 교육을 제공한다.

성장은 실현된 이익에 기반한 고객 우선주의 접근법에서 유기적으로 발생한다. 전적으로 고객의 성공에 초점을 맞추고 있다 해도 그 산출물은 영업조직의 고객층 내에서 느리고 꾸준한 진화에 따른 성장이기 때문이다.

디자이너를 위한 부티크 의류 회사인 우그몽크Ugmonk를 운영하는 제프 셸던Jeff Sheldon은 자신이 만들고 판매하는 제품과 고객이 받는 지원 양쪽의 품질에 집착한다. 셔츠가 잘 맞지 않거나 주문에 문제가 생기면 즉시 새 셔츠를 배송하고 심지어 잘못된 주문품을 반송하도록 요구하지도 않는다. 우그몽크가 고객을 먼저 위하므로 고객들은 우그몽크 의류를 착용한 사진과 함께 회사 링크를 자신의 SNS에 일상적으로 올리는 방식으로 우그몽크를 위한다. 셸던은 우그몽크와 제품의 품질에 대한 집착에 관해 이야기하는 업계 영향력이 큰 인플루언서들influencers과 잡지들로부터 무료 홍보를 많이 받는다.

고객의 성공에 초점을 맞추는 것은 사업의 모든 측면을 포괄하는 1인 기업의 사고방식이며 사업 방식이다. 이는 제품이 만들어지기도 전에 시작되며 모든 것이 정확하게 이루어지고 최상의 품질을 갖도록 계획한다. 이러한 사업 방식에는 고객의 기술을 향상시키고 성공을 촉진하기 위한 고객 교육customer education이 포함된다. 이는 2부 5장에서 자세히 설명하기로 한다.

어떤 회사들은 특히 고객의 성공과 관련하여 일부 고객들은 너무 작아서 중요하지 않다고 본다. 그러나 이런 근시안적인 관점을 취한다면 고객의 상황이나 규모는 결코 변하지 않을 것이라고 잘못 추정할 수도 있다. 결국 더 커지기보다 더 나아지기 위해 집중하는 당신의 1인 기업도 어쩌면 당신이 고객인 다른 회사들로부터 '너무 작아서 문제가 되지 않는다.'라는 식의 대우를 받게 될지도 모른다. 이런 종류의 사고방식을 채택하면 고객의 장기적인 전략적 중요성과 충성심을 놓치게 된다. 하나의 서비스에 매달 10달러씩 지불하며 10년 동안 유지하는 고객은 한 달에 100달러를 내지만 불과 몇 달 만에 서비스를 취소하는 이들보다 훨씬 더 가치가 있다. 소규모 기업은 소셜 미디어와 대규모 메일링 리스트에 쉽게 많은 팔로잉followings을 축적할 수 있어서 이 두 방법을 통해 성장 없이 회사를 확장할 수 있으며 더 큰 영향력을 행사할 수 있다.

마지막으로, 고객에게 가장 도움이 되기 위해서는 가끔씩 그들이 제시하는 문제 이상을 보아야 한다. 고객이 도움을 요청하는 근본적인 이유는 종종 명확하지 않을 때가 있다. 어떤 때는 특정한 해답을 찾으면서도 자신이 하는 일이 바로 그 해답이라는 것을 인지하지 못한 채 특정한 기능을 요구할 때도 있다. 예를 들어, 내가 웹 디자인을 할 때 고객은 종종 내가 말하고자 하는 것처럼 단순히 멋져 보이는 사이트를 디자인하길 원했다. 시간이 지나면서 고객 대부분이 나를 고용하고자 했던 주된 이유가 그게 아니었다는 걸 깨달았다. 그들이 진정 원하는 것은 멋져 보이는 동시에 더 많은 수익을 창출할 수 있는 사이트였다. 판매 계획을 변경하여 잠재 고객이 더 많은 이익을 얻을 수 있는 좋은 디자인에 관해 설명하자, 영업 상담으로 얻은 프로젝트의 수는 두 배 이상 증가했다.

고객이 진정으로 필요로 하고 원하는 것이 무엇인지 경청하는 것이 1인 기업의 핵심이다.

일이 잘못될 때 또는 일이 잘못되는 중일 때

이는 '만약if'의 문제가 아니라 '언제when'의 문제이다. 모든 사업은 너무나 많은 변수를 가지고 있고 고객과 상호작용을 해야 할 많은 지점을 가지고 있으며 일반적으로 몇몇 공급자나 파트너에게 너무 의존하여 가끔 실수가 발생할 수 있다. 어떤 대가를 치르더라도 실수를 피하려고 하거나 실수가 없는 척하는 것은 실행 가능한 전략이 아니다. 더 현실적인 것은 그것들이 발생할 때를 위한 계획을 세우는 것이다.

3장에서 논의된 투명성transparency이 내부적으로 리더와 직원 모두에게 중요한 것처럼 고객과 외적으로 투명해지는 것도 똑같이 중요하다. 그렇다고 해서 모든 것을 공유하는 것은 아니지만 고객 관계에 영향을 미칠 수 있으므로 회사와 관련한 최고점과 최저점을 공개하는 것을 의미한다. 만약 당신의 사업이 고객을 설득력 있게 대해왔다면 일이 잘못되었을 때 더 잘 이해할 수 있을 것이다. 단, 즉시 문제를 해결하거나 해결하려 노력하는 경우에만 그렇다.

다른 사람이 자신의 잘못을 탓하기 전에 자신의 잘못, 심지어 다른 사람이 저지른 잘못까지도 당신은 스스로 책임져야 한다. 첫 번째 단계는 기업 홍보용 로봇이 아닌 실질적이고 공감하는 사람처럼 정중히 사과하는 것이다. 고객은 완벽한 것을 기대하지 않는다. 단지 문제가 공정하고 공감적이며 신속하게 처리되기를 바랄 뿐이다.

몇 년 전, 내가 고객의 대금을 회수하기 위해 사용하던 협력업체의 소프트웨어에서 수십 명의 고객에게 이중으로 청구하는 오류가 발생했다. 고객은 결국 300달러짜리 상품을 600달러에 구매한 셈이 되었고, 누구도 그것이 유쾌할 리 없었다. 이는 나에게 최악의 시나리오처럼 느껴졌다. 내 고객은 상품에 대해 내기로 동의한 것보다 더 많은 돈을 냈다.

엄밀히 말하면 소프트웨어 업체의 기술적 오류였지만 버그가 있는 것은 내 회사가 사용하는 소프트웨어였기 때문에 나는 모든 책임을 졌다. 내 회사의 이름으로 판매된 상품이었기 때문이다. 나는 아직 이중으로 청구된 것을 모르는 이까지 손해를 입은 모든 사람에게 즉시 이메일을 보냈다. 그리고 내가 실수한 걸 수습하기 위해 조치를 하고 가능한 한 빨리 그들에게 돈을 돌려주겠다고 했다. 질문이나 문의가 있을 경우를 대비해서 이메일에 내 연락처를 남겨두었다. 피해를 본 수십 명의 고객 중 단 두 명만이 이중으로 인출된 300달러와 상품 원금 300달러를 합해 전액 환불을 요구했다.

비록 단단히 화가 난 몇 명의 고객들도 있었지만 그렇다고 그들을 비난할 수 없었으며 대부분은 소프트웨어에 오류가 생길 수 있다는 것을 이해하고 인정해줬다. 그리고 내 수익에 타격을 받았음에도 비용을 들여 협력업체를 교체한 것이 내가 이 일을 바로잡기 위해 노력하고 있다는 것이 고객의 신뢰를 확보하는 데 도움이 되었다. 내가 이 경험을 통해 배운 교훈은 상황을 역전시키고자 한다면 내가 대우받고자 하는 방식으로 고객을 대우하는 것이 중요하다는 점이었다. 나는 타조가 모래 구멍에 머리만 넣어 숨는 것처럼 문제를 외면ostriching하여 고객이 이중 출금의 일시적 문제를 눈치채지 못하기를 바라거나, 비용 절감을 위해 오류가 많은 그 협력업체의 소프트웨어를 계속 사용할 수는 없었다. 내 상품에 만족하는 충성 고객을 유지하려는 장기 전략은 단기 현금 손실을 감수할 만한 것이다.

일부 회사는 직원의 잘못을 인정함에 따른 법적 결과를 두려워해서 어떤 식으로든 사과하지 않는다. 유감스럽게도 이러한 접근은 고객을 더 화나게 할 수 있는데 특히 고객이 원하는 것이 실수를 인정하는 것일 경우 더욱 그렇다. 이 책은 확실한 법적 자문을 제공하지 않지만, 2015년 뉴욕 타임스 보고서The New York Times Report에 나타나듯이 의료 과실에 대해 투명하게 밝히고 환자에게 사과하는 의사들이 잘못을 부정하고 실수를 변명하는 의사들보다 의료 사고로 소송당하는 경우가 훨씬 적다는 것에 주목할 필요가 있다.[56] 일리노이 대학University of Illinois이 전적인 사과와 함께 이러한 투명성 관행practice of transparency을 채택한 지 2년이 지난 지금, 의료 과실이 절반으로 감소했다.[57] 노팅엄 대학Nottingham University의 독립연구에서는 보통 대부분은 사과하는 데 아무런 비용이 들지 않는다는 것을 발견했다.[58] 즉, 명백한 실수에 대해 사과하고 이를 개선하기 위해 노력하는 회사는 금전적 보상을 제공하는 회사보다 더 나은 성과를 거두고 있다.

잘못에 대한 인정은 강력하다. 그것은 공감, 문제를 소유하려는 의지 그리고 그것을 고치려는 열망을 보여준다. 그리고 여기에 인용된 모든 연구에서 발견되었듯이 효과적으로 사과하는 것은 소송이나 환불보다 훨씬 더 적은 비용이 들 수 있다. 그러나 진심을 다하지 않는 사과는 효과가 없다. 보통 사람은 솔직하지 못한 기업의 '사과sorry'를 감지할 수 있다. 답변하기 전에 상황을 이해할 수 있는 시간을 갖고 불만 사항을 완전히 경청해야 한다. 사과는 보통 고객의 잘못된 감정을 검증하고 일어난 일을 투명하게 처리하며 문제를 해결한 다음, 다시는 이런 일이 재발하지 않도록 명확하게 설명하는 것을 포함한다.

1인 기업들은 불만 사항을 더 잘 수행할 기회로 바꾸고, 주변에 있는 고객과 더 긴밀한 관계를 형성하려고 노력해야 할 필요가 있다. 불만을 경청하지 않고 이해하지도 않는 회사는 위험을 무릅쓰는 셈이다. 예를 들어, 2011년 넷플릭스Netflix는 고객의 요청을 무시하고 DVD와 스트리밍 사업을 분리해 사실상 가격을 40% 인상했다. 엄청난 비용 절감 효과에도 고객의 말을 듣지 않은 결과로, 넷플릭스 주식은 이전 가격의 절반으로 추락했고 회사는 80만 명의 고객을 잃었다. 이후 24/7 월스트리트24/7 WallSt.의 조사에서 넷플릭스는 미국에서 가장 싫어하는 10대 기업 중 하나로 선정되기도 했다.[59]

물론 요즘 소비자의 대부분은 기업의 실수나 잘못에 대해 불평하기 위해 소셜 미디어를 사용한다. 리엘 레이보비츠Liel Leibovitz 뉴욕대 커뮤니케이션학과 교수가 실시한 연구 결과, 88%의 소비자는 소셜 미디어의 지원 요청에 응답하지 않는 회사에서 구매할 확률이 낮은 것으로 나타났다.[60] 구매한 제품에 대한 우려를 표시하기 위해 소셜 미디어에 접속한 고객의 45%는 회사가 아무런 반응을 보이지 않으면 화가 날 것이라고 응답했고, 27%는 그 회사와 거래를 완전히 중단하겠다고 답했다. 우리는 페이스북과 트위터에서 시간을 보내고 있는 우리의 고객들에게 주의를 기울여야 한다.

말은 계약이다

시카고 경영대학원University of Chicago Business School의 행동과학 교수인 니콜라스 에플리Nicholas Epley는 고객과 좋은 사업 관계를 유지하는 데는 초인적인 노력이 필요하지 않다고 말한다. 필요한 것은 단지 당신이 하겠다고 말한 것을 실천하는 것뿐이다. 그러면 고객은 당신에게 감사할 것이다.

니콜라스는 사람이 두 가지 일반적인 차원에 기초하여 서로를 평가하는 경향이 있다고 말한다. 하나는 '대인관계에서 얼마나 따뜻해 보이는가' 그리고 다른 하나는 '얼마나 유능한가'이다. 그의 연구는 다른 사람에게 긍정적으로 평가받는 방법은 약속한 바를 잘 지키는 것임을 시사한다. 따뜻함과 이해력, 역량으로 대우를 받은 고객은 충성도가 높아지기 때문에 이 조언은 고객 서비스를 제공하는 기업에 특히 중요하다.

1인 기업으로서 당신의 말은 고객과의 사회적 계약이기 때문에 당신의 고객과 잠재 고객에게 약속하는 것을 매우 신중하게 해야 한다. 본의 아니게 제품의 효능을 과대 포장하거나 허위 정보를 게시하는 것은 아무런 도움이 되지 않는다. 거의 모든 정보가 온라인에서 제공되는 요즘, 당신의 사업이 무엇을 하고 어떻게 하는지에 대해 명확히 할 필요가 있다. 데이터는 안전한가? 해외 공장은 안전하며 공정한 임금을 지급하고 있는가? 당신의 차량은 보험협회의 고속도로 안전검사에서 좋은 점수를 받았는가? 당신이 보유한 사회적 책임 상장지수 펀드socially responsible ETF는 환경 문제에 반대하는 로비를 하고 있지는 않은가?

시카고 대학University of Chicago의 루이지 징갈레스Luigi Zingales가 진행한 몇몇 연구는 약속을 지키는 문화를 가진 기업이 약속을 거스르거나 행동에 맞지 않는 말만 하는 기업보다 훨씬 더 수익성이 높다는 것을 보여주었다.[61] 기업의 행동으로 뒷받침되지 못하면 선언된 가치는 완전히 부적절한 것이 되어 버린다.

기업이 약속을 지키기 위해서는 무엇이 필요한가? 그리고 왜 그렇게 많은 기업이 약속을 지키지 못하는가? 메리엄 쿠차키Maryam Kouchaki 외 연구자들이 설명한 바와 같이 '약속의 표류commitment drift'는 회사의 이해관계자에게 가장 중요한 약속을 이행하지 못하는 체계적인 붕괴로 정의된다.[62] 연구자들은 약속의 표류가 기업이 인지하는 단기 이익과 관련된 몇 가지 요인에서 비롯되고 결국 명시된 약속을 훼손할 수 있다고 믿는다. 기업은 약속을 지키기 위해 리더십부터 고객 서비스 목록repertory에 이르기까지 몇 가지 전략을 실행할 필요가 있다.

첫 번째 전략은 고객에게 적지만 더 나은 약속을 하는 것이다. '덜 약속하고 더 주는 것underpromise and overdeliver'을 해야 한다고 믿는 기업은 때때로 기대에 못 미치는 성과를 거둘 때가 있다. 다음 전략은 약속을 추적하여 놓치지 않는 것이다. 예를 들어, 지원 시스템 소프트웨어를 통해서나 리더십에 따른 약속 등을 추적하지 않는 회사는 원래의 약속이 무엇이었는지 쉽게 잊을 수 있다. 마지막 전략은 약속 이행을 위한 실질적인 프로세스를 갖추는 것이다. 미래의 어느 때까지는 관련이 없다고 가정하는 것은 약속을 어기는 결과를 초래할 뿐이다. 이 세 가지 전략에 집중함으로써 기업은 고객과의 약속을 더 잘 지키는 방법을 배울 수 있다.

최상의 접근법은 고객 또는 직원과의 모든 합의를 법적 구속력이 있는 계약으로 취급하는 것이다. 사회적 차원에서 이루어진 것이기 때문이다. 만약 어떤 특정한 시간에 누군가에게 무언가를 제공하기로 약속했다면 제시간에 그것을 완성하도록 해야 한다. 견적이든, 배달이든 고객 서비스 응답 여부는 중요하지 않다. 배달이 확실하지 않으면 배달이 어렵다고 말하거나 배달 시간을 더 길게 협상해서 반드시 배달할 수 있도록 해야 한다.

한 번 약속을 어기는 건 단지 한 사람이나 하나의 사업을 망가뜨리는 것이 아니다. 자신의 방식으로 사업을 진행하지 못하여 그 사람이나 사업의 모든 접점에서 함께 일할 기회를 잃는 것이다. 더 나쁜 일은 그들의 지인에게 당신은 약속을 지키지 않는 사람이라고 말하게 된다는 것이다. 깨진 약속은 끝없이 팽창하는 우주와 같이 밖으로 뻗어 나가게 된다. 이는 하나의 잠재적 고객이나 접점과의 관계를 망칠 뿐만 아니라, 그들이 알고 있는 다른 모든 이들과 함께 일할 기회를 망친다.

다음에 또다시 일상적인 사업상 문제가 발생한다면, 이 모든 것을 명심해야 한다. 당신이 1인 기업으로 성공하고자 한다면 실수나 잘못을 자기 것으로 인정하고 바로잡는 것이 필수적이다.

생각해보기

- 기존 고객이 행복과 인정받았다는 것을 모두 느끼도록 하기 위해 할 수 있는 일은 무엇인가?

- 고객 서비스를 통해 기대 이상의 성과를 얻을 수 있는 지점은 어디인가?

- 입소문과 추천의 기회를 만드는 방법은 무엇인가?

- 실수를 자기 것으로 인정하고 개선하는 방법은 무엇인가?

- 고객의 성공을 반드시 보장하기 위해 할 수 있는 일은 무엇인가?

4 장

확장 가능한 시스템

1인 기업이 가진 요점이 성장과 도전 규모에 의문을 제기하는 것이라면, 때로는 전체적인 목적에 부합할 때 실제로 성장이 필요할 수도 있다. 그러나 이익, 고객이나 도달 범위의 성장이 필요할 때 1인 기업은 더 많은 직원이나 자원 없이 단순하고 반복 가능한 시스템을 통해 확장을 촉진할 수 있다.

니드/원트Need/Want의 공동 설립자인 마셜 하스Marshall Haas는 기업이 창출하는 수익에 비례하여 규모를 조정해야 할 필요가 있다고 생각했다. 따라서 1억 달러 규모의 사업은 최소한 수백 명의 직원과 여러 계층의 관료적 관리 체계를 갖춰야 한다. 그러나 실제로 직원 수가 10명 미만인 그의 회사는 매우 천천히 성장할 수 있음을 발견했으며, 여전히 현재 수익은 거의 1,000만 달러에 달한다.

대부분의 사람은 오로지 기술 스타트업이나 소프트웨어 기업만이 제품을 온라인으로 제공하기 때문에 직원과 비용을 추가하는 것보다 훨씬 더 빨리 이익 규모를 키울 수 있다고 가정한다. 그러나 침구에서부터 노트북, 아이폰 케이스까지 모든 물리적인 제품을 판매하는 니드/원트는 작은 팀만으로 큰 사업을 일궈냈다.

니드/원트는 확장 가능한 시스템과 채널을 사용하여 수익을 증대한다. 그들은 미리 패키지된 소프트웨어인 쇼피파이Shopify를 사용하여 하루 한 건에서 백만 건 이상의 주문에 이르기까지 모두 처리할 수 있는 온라인 상점을 운영한다. 그들은 대형 매장big-box stores이 아니기 때문에 외부 전속 영업 팀이 필요하지 않다. 그들은 무역박람회에 참가하지 않으며 모든 마케팅 노력은 소셜 미디어, 유료 광고, 뉴스레터 같은 온라인 채널에 전적으로 집중하는 세 명의 팀에서 시작한다. 고객에게 도달하기 위한 많은 관리자원은 필요 없다.

니드/원트는 밀접한 관계를 맺고 있는 제조 공장에 외주를 준다. 그 공장은 하루에 몇 개에서 수만 개의 주문에 이르기까지 모든 것을 처리할 수 있다. 그 회사는 또한 신뢰할 만한 협력업체에 운송과 물류관리를 아웃소싱한다. 즉, 니드/원트는 확장 가능한 시스템을 활용하는 1인 기업을 보여주는 완벽한 사례이다. 소비자 대 소비자 직판 모델은 일을 간결하게 유지하고 회사가 새로운 소비자들을 찾고 판매하는 최선의 방법을 실제로 검증할 수 있게 한다.

이 회사는 설립자인 마셜 하스와 존 휘틀리Jon Wheatley가 기술 회사에서 일하면서 얻은 지식을 실제 제품에 적용하는 데 관심을 두면서 시작되었다. 그들이 힘을 합치기 전만 해도 마셜은 소프트웨어와 같은 실제로 만질 수 없는 제품을 팔면서 돈을 벌고 있었고, 존은 만질 수 있는 것들을 만들었지만 결국 성공을 거두거나 이익을 얻지 못했던 벤처캐피털 기반 회사여서 돈을 벌지는 못했다.

이들은 회사를 기술 스타트업처럼 취급하지만 소프트웨어를 판매하는 대신에 온라인 채널의 기술, 자동화, 확장성에 크게 의존하여 제품을 판매한다. 연간 수익이 1,000만 달러에 육박하는 이 팀은 소규모로 남아 있다. 마셜과 존은 사업을 운영하고 마케팅을 담당하고 있으며 운영 책임자와 두 명의 파트타이머, CFO, 개발자로 구성되어 있다. 그들은 더 많은 도움이 필요할 때 프리랜서와 계약직 직원을 고용하고 사내에서 수행하는 것이 가장 저렴해질 때까지 외주를 준다. 즉, 너무 힘들거나 시간이 오래 걸릴 때 혹은 투자 수익으로 인해 급여가 충분히 감당될 때에만 고용한다. 니드/원트 모델은 대부분의 스타트업 또는 벤처캐피털 지원 기업이 채택하는 모델인 잠재 이익에 기초한 성장이 아니라 실현된 이익을 기반으로 하는 성장모델이다. 그들은 샌프란시스코나 뉴욕과 같은 전형적인 스타트업 허브보다는 사무실 임대 비용이 훨씬 저렴한 세인트루이스에서 운영된다.

니드/원트는 확장 가능성이 무한한 시스템인 소셜 미디어와 뉴스레터에 대한 의존도가 높아 일대다一對多 관계를 형성하기 때문에 더 많은 사람에게 연락하기 위해 많은 직원을 필요로 하지 않는다. 그들은 간단히 광고나 이메일 캠페인에서 항상 A/B 테스트와 같은 도구를 사용하여 메시징과 포지셔닝을 효과적으로 증대시킬 수 있기를 바란다. A/B 테스트는 마케팅이나 웹 분석에서 사용하는 종합 대조 실험으로, 두 개의 변형을 제시하여 어떤 변형이 상대적으로 효용성이 높은지 확인한 다음 최종 변형을 선택하는 방법이다.

2장에서 소개한 작가 겸 사진가인 제임스 클레어James Clear는 디지털 제품을 만들고 홍보하는 사업에서 확장 가능한 시스템을 개발했다. 그는 40만 명이 넘는 가입자를 확보하고 있으며, 매주 1,000명씩 신규 가입자가 증가하는 메일링 리스트를 통해 고객에게 제품을 판매할 수 있다. 그는 단 한 명의 보조자와 함께 1인 기업으로 남아 그의 구독자와 상품 구매 고객을 위한 유료 서비스를 제공하는 데 집중하며 이에 도움이 되는 두 가지의 간단한 규칙을 따른다.

제임스의 첫 번째 규칙은 제품 관리는 필요 없어야 한다는 것이다. 그가 판매하는 디지털 강좌는 현재 진행 중인 실시간 웨비나webinars나 교육 세션이 없다. 고객은 콘텐츠를 구매한 후 미리 녹화된 동영상을 원하는 시간에 시청하면 될 뿐이다. 두 번째 규칙은 제안하는 모든 것에 대해 단 1회의 수수료만 받는 것이다. 그는 어떤 보유 고객도 없으며 진행 중인 컨설팅도 없다. 기조연설을 하기 위해 비행기로 이동하여 강연을 진행하고 질의응답을 한 후 다음 날 아침에 떠난다. 이 두 가지 규칙은 사업을 작게 유지하고 간접비와 경비를 줄이며 무엇보다도 그가 하고 싶은 연구, 저술, 공유 등을 할 수 있는 자유로운 시간을 갖게 해준다. 실질적인 대규모 확장 없이 확장 가능한 상품을 만들고 서비스를 제공함으로써 자신이 원하는 삶을 위해 수익성 높은 사업을 최적화했다.

물론 대부분의 사람과 기업은 제임스가 하는 것처럼 거꾸로 일하지는 않는다. 사람은 사업모델을 갖고 기대에 찬 출발을 하고 나서 이내 즐겁지 않은 일이 많아지면 불행해지는 경향이 있다. 제임스는 '내가 만들 수 있는 제품은 무엇일까?' 또는 '내가 어떤 서비스를 제공할 수 있을까?' 하고 생각하는 대신에, '내가 원하는 삶은 무엇인가?' 그리고 '내 하루를 어떻게 보내고 싶은가?'를 먼저 생각해야 한다고 믿는다. 그런 다음, 자신의 상품을 고객에게 전달할 확장 가능한 시스템을 구축할 수 있는 비즈니스 모델로 역행할 수 있다.

창출, 연결, 협업 및 지원을 통해 1인 기업 지원 시스템을 구축하는 방법을 살펴봄으로써 이 모든 것을 더 자세히 설명하겠다.

확장 가능한 시스템의 창출

기업들이 제품 아이디어, 마케팅, 판매를 물리적 생산과 분리한다는 것은 새로운 일이 아니다. 잘못하면 이 관행은 낮은 윤리적 기준과 불공정한 임금에서부터 제조의 부작용으로 엄청난 폐기물에 이르기까지 다양한 문제를 야기할 수 있다.

브랜딩을 생산과 분리하기 시작하면서 대기업은 생산에서 최소한의 공통분모를 달성함으로써 큰 부를 창출할 수 있다고 믿었으며, 이 믿음은 최근 세계화의 역동적 힘에 의해 추진력을 받고 있다. 그러나 작가 겸 운동가인 나오미 클레인Naomi Klein에 따르면 세계화는 열악한 여건과 낮은 임금, 부당한 대우 등 근로자에게 부정적인 영향을 끼쳤다.[63] 클레인은 1인 기업이 가진 사고방식과 매우 유사한 새로운 움직임이 있다고 하였다. 이 움직임은 사람보다 이익을 극대화하는 데 초점을 맞추고 있다는 의심스러운 윤리성을 가진 글로벌 브랜드로부터 탈피하고 있으며, 또한 사업을 더 느리게, 더 작게 혹은 온디맨드on-demand 전략을 통해 모든 의미에서 더 '공정'하게 만드는 것이다.

예를 들어, 아서&헨리Arthur&Henry같이 유행을 선도하는 회사는 '느린 패션slow fashion'을 옹호하고 고객이 옷을 더 오래 그리고 단계적으로 착용하도록 권장한다. 처음 새 옷을 샀을 때는 사무실에서 입고 주말에는 격식 없이 착용하며 소매가 닳았다면 걷어 올려 입은 다음 얼룩과 작은 구멍이 생기면 정원 일을 할 때 활용하는 것이다. 낡아서 해진 옷은 마지막에 차고의 걸레로 사용하면 이상적이다. 의류를 재사용함으로써 모든 유용성을 뽑아낼 때 우리는 농부, 제분업자, 재단사, 공장 직원의 수고를 최대한 활용하는 셈이 된다. 아서&헨리의 성공 척도는 꾸준한 수익 창출, 자선 단체 기금 마련, 환경

파괴 최소화 그리고 모든 근로자의 혜택 극대화와 같은 모든 형태의 지속 가능성이다.

브랜드와 공장을 유익하게 분리하여 윤리적이고 수익성 있으며 확장 가능한 시스템을 만들어 낸 또 다른 사례는 엘리 딘Ellie Dinh과 콴 딘Quang Dinh이 설립한 걸프렌드 콜렉티브Girlfriend Collective이다. 이들은 주로 대만에서 사용된 재활용 플라스틱 물병을 사용하여 브래지어와 레깅스를 제작하고 판매한다. 걸프렌드 콜렉티브는 느린 패션을 옹호하고 많은 제품이 형편없이 만들어져 출시되는 것을 반대한다. 비록 제품 주문 대기 시간이 때때로 길어질 수 있지만 오히려 고객은 기꺼이 기다리는 것을 선호한다. 이 회사는 직원에게 최저 임금보다 125% 높은 급여를 지급하고 6개월마다 무료 급식, 운동 휴식 유도, 건강보험, 무료 건강검진 서비스를 제공한다. 이 회사의 환경 관행environmental practices은 재활용과 폐수 관리에 관한 정부 기준을 훨씬 뛰어넘는다.

많은 해외 공장에서 많은 수의 브랜드 회사 제품이 생산되기 때문에 매우 바쁘게 지내고 비용을 낮게 유지할 수 있다. 한 파트너 회사가 적은 양의 주문을 하면, 공장은 더 큰 주문을 넣는 다른 회사의 제품을 생산하도록 전환할 수 있다. 하나의 브랜드에 얽매이지 않고 해외 공장은 어느 협력업체와도 협업할 수 있다. 이러한 관행은 때때로 생산 속도를 둔화시키지만 생산량이 결코 수요를 초과하지 않으며 지속 가능성이 높고 거의 완벽한 주문형 시스템almost-on demand system을 창출하기도 한다.

확장 가능한 시스템의 연결

고객과의 일대일 접점을 줄이는 대신 일대다 관계에 집중하기만 해도 사업을 확장하지 않은 채 고객과의 연결을 확장할 수 있다. 우리가 2부 3장에서 보았듯이 개인적인 접점은 필수적이며 고객과 직접 의사소통할 때는 항상 배우고 공감하고 적용하고 수정해야 하지만 대부분의 연결은 일괄적으로 이루어질 수 있다.

완벽한 사례는 이메일 마케팅이다. 5만 명에게 이메일을 보내는 것은 한 사람에게 동일한 이메일을 보내는 것과 같은 노력이 필요하다. 이것이 바로 기업 대부분이 뉴스레터와 이메일 자동화에 크게 의존하는 이유이다. 이것은 관계, 신뢰, 심지어 수익을 창출하기 위한 강력한 도구이다. 데이터마케팅협회Data & Marketing Association에 따르면, 투자자본수익률ROI이 3,800%에 이르는 이메일 마케팅은 규모 없는 확장이 가능한 유효한 모델이다.[64]

연결을 위한 시스템은 단순히 전원을 켜서 이익이 증가하는 것을 지켜보는 것만으로는 작동하지 않는다. 이는 진짜 돈 나무를 심을 수 있다고 믿는 것과 같다. 이러한 시스템이 최적의 기능으로 작동하는지 확인하기 위해 처음부터 반복적으로 작업이 필요하다. 그리고 2부 2장에서 논의한 바와 같이 이러한 시스템이 효과적이려면 자동화된 고객 의사소통 방식을 취하더라도 여전히 개성이 요구된다. 확장 가능한 연결의 핵심은 기존 고객과 잠재 고객이 도움도 안 되고 좌절감마저 주는 컴퓨터 자동응답기의 무한 반복에 좌우되지 않으며 필요한 정보를 얻는 것처럼 느끼게 하는 것이다.

이메일과 같은 연결 채널에서 개인화와 세분화를 사용하는 것은 중요하다. 누구나 적절한 사람에게, 적절한 이메일을, 적절한 시간에 보내고 싶어 한다.

그렇지 않으면 이미 제품을 구매한 고객에게 다시 판매 권유 메시지를 보내는 것 같은 불쾌한 일이 발생할지 모른다. 메일침프MailChimp와 같은 도구는 상품을 아직 구매하지 않은 사람에게만 제품 홍보를 포함한 이메일을 보내거나 특정한 지리적 위치에 사는 사람에게만 판매 사실을 알리거나 관련 제품을 이미 소유한 사람에게만 상향/교차 판매할 수 있게 도와준다. 또한, 캠페인 모니터Campaign Monitor의 연구는 개인화된 제목이 있는 이메일의 개봉 확률이 26% 더 높다는 것을 보여준다.[65] 엡실론 이메일 연구소Epsilon Email Institute는 세분화된 자동화 이메일이 '통상적인 일BAU'처럼, 무작위로 발송하는 경우보다 이메일 개봉률이 70.5% 더 높고 클릭율은 152%나 더 높다는 것을 발견했다.[66]

연결 채널의 효과와 전환율을 높이기 위해서는 신중한 테스트를 할 필요가 있다. 다행히도 이메일 마케팅 소프트웨어와 같은 시스템은 A/B 테스트A/B test[13]를 허용한다. 또한, 웹사이트의 마케팅 메시지를 사용하여 유사한 A/B 테스트로 참여와 상거래를 증가시킬 수 있다.

내 사업에서 이메일 마케팅은 매년 수익의 93% 이상을 차지한다. 이를 통해 업데이트와 기사 형태의 교육 정보, 심지어 제품 홍보 등을 원하는 수천 명의 사람과 연결할 수 있고 3만 명에게 즉시 배달되는 단일한 이메일을 쓸 수 있다. 개인과 일일이 소통하지 않고도 매일 1만 명의 유료 고객에게 내 제품의 사용법을 가르칠 수도 있다.

자동화된 뉴스레터는 또한 고객 교육과 규모에 맞는 유지력을 향상하는 데 사용된다. 구매 직후 사용자에게 발송된 자동화된 이메일은 구매한 제품

---

13 A/B 테스트는 디지털 마케팅에서 두 가지 이상의 사안 중 최적 안을 선정하기 위해 시험하는 방법으로, 쉽고 직관적이라는 장점과 사용자가 어떤 쪽을 왜 선호하는지 등의 심층조사를 하지 못한다는 단점이 있다.

을 가장 잘 사용하는 방법이나 일반적인 고객 질문에 답변하는 방법을 보여줌으로써 고객 지원 요청을 크게 줄일 수 있다. 또한, 일정 시간이 지난 후 자동 업데이트와 메모, 심지어 간단한 고객 체크인을 통해 고객이 제품을 계속 사용할 수 있는 가능성을 증가시킨다. 그뿐만 아니라 이메일 내의 소셜 미디어 공유 버튼을 통해 다른 사람에게 자신의 구매에 대해 자랑할 가능성을 증가시킬 수 있다.

컨설턴트나 프리랜서처럼 고객 서비스에 초점을 맞추는 1인 기업도 자동화 소프트웨어를 사용하면 신규 고객을 유치하거나 프로젝트를 완료한 후 후속 조처를 하는 등 상호작용 동안의 일대일 접촉량을 줄일 수 있다.

내 '창의 계급Creative Class' 과정의 디자이너이자 수강생인 제이미 레이 후겐도른Jamie Leigh Hoogendoorn은 물건은 사지 않고 보기만 하는 '타이어 키커tire-kicker'에게 이메일을 보내는 시간을 크게 줄였다. 그녀의 서비스와 가격에 대한 정보를 제공하는 자동화된 이메일로 빠르게 적응할 수 있도록 과정을 자동화하고 사람이 자신의 일정에 따라 스스로 날짜와 시간을 선택하는 일정 예약 시스템을 구축함으로써 프로젝트로 만드는 데 8~16시간 정도 걸리던 것을 단 1시간 이내로 줄였다. 잠재 고객은 이메일 답장을 기다릴 것도 없이 곧바로 서비스 정보를 얻기 때문에 그녀의 제안 성공률은 매우 증가했다. 그리고 제이미의 따뜻하고 세련된 개성은 그녀가 사용하는 모든 자동화를 통해 여전히 빛을 발한다.

SaaS는 점점 더 널리 보급되고 있으며 1인 기업을 운영하는 데 있어 사소한 일에는 더 적은 시간을 할애하고 핵심 업무에 더 많은 시간을 쓸 수 있게 하는 도구들도 늘어나고 있다. 그와 동시에 이 모든 것은 시간, 직원, 비용을 늘릴 필요 없이 우리가 규모나 이익을 확대하는 데 도움을 준다.

확장 가능한 시스템의 협력

자신을 위해 일하는 것이 반드시 혼자서 일하는 것을 의미하는 것은 아니다. 비록 1인 기업에 당신 혼자뿐일지라도 계약자, 파트너, 고객 등 다른 사람과 협력해야 할 때가 있다. 1인 기업이 작은 팀이거나 조직 내에 있는 경우, 훨씬 더 많은 계층의 협업이 필요하다. 그러나 협업은 양날의 칼이다. 기술을 통해 우리는 실시간으로 쉽게 서로 연결할 수 있지만 그에 대한 대가로 집중적이고 심오한 일을 포기해야 할 수도 있다.

과거에는 내부적 의사소통은 대면 회의 또는 예정된 전화 회의를 통해 이루어졌지만 원격 근로자들의 근무처가 자유로워지고 시간이 유연해지면서 이러한 의사소통은 효율성이 점차 낮아지고 있다. 슬랙Slack, 인트라넷, 저가이거나 무료인 VOIP 전화 등 점점 보편화된 기업 메시징 도구를 통해 전 세계에 있는 그룹은 단지 함께 일하는 것뿐 아니라 진정한 의미의 협력이 가능해졌다.

그러나 이러한 협업 도구를 사용하면 특히 직원은 항상 '사용 가능한available' 상태를 유지하고 일정을 공유하며 온종일 그룹 메시지를 확인해야 한다. 이럴 경우 회사는 자신도 모르게 직원들의 시간을 항상 방해하는 것일 수도 있다. 실시간 메시징은 정해진 의제 없이 매일매일 열리는 회의라 할 수 있다.

유저 온보딩User Onboarding의 창립자인 사무엘 훌릭Samuel Hulick은 슬랙과 같은 도구는 '비동기적asynchronish'이라고 생각한다. 즉, 때로는 무한정 답변을 기다려야 하는 '실시간real-time'도 아니고 즉답을 기대하지 않는 '비동기asynchronous'도 아니다. 메시징 도구의 사용은 협업의 진정한 발전으로 보일 수 있지만 천천히 떨어지는 커피 메이커의 커피처럼 하루의 절반을 대화하도록 만든다.

실시간 협업은 팀 전체가 함께 브레인스토밍brainstorm 하거나 문제를 해결해야 할 때 매우 유용할 수 있지만 대부분의 시간을 사용하도록 요구한다면 완전히 혼란스러워질 수도 있다. 이것이 베이스캠프와 버프 같은 회사가 직원에게 온종일 협업의 산만함에서 벗어나라고 지시하는 이유다. 아주 긴급한 상황이 발생하지 않는 한, 이러한 회사 내에서 즉시 활용 가능한 인력은 거의 없을 것이다. 일반적으로 이 기업에서의 응답은 몇 분 안이 아니라 며칠이 걸릴 것으로 예상한다.

전화나 태블릿처럼 업무 외에서 사용하는 것까지도 포함하여 모든 디지털 기기에 대한 알림으로 협업이 확장될 수 있도록 함으로써 집중적이고 효율적인 작업에 필요한 범위 이상으로 확장할 수 있게 되었다.

확장된 협업은 여러 팀 구성원의 의견 없이는 프로젝트를 진행할 수 없을 때 유용하다. 이에 적합한 사례로 알려진 것이 '해커톤hackathon'이다. 해커톤이란 컴퓨터 범죄가 아닌 탐색 프로그램인 '핵hack'과 '마라톤'이라는 단어의 합성어이다. 해커톤에서는 개발자, 디자이너, 프로젝트 매니저로 여러 개의 작은 팀이 구성되며, 각 그룹은 속도와 집중력을 가지고 협력하여 몇 시간 혹은 며칠에 걸쳐 대규모 프로젝트를 완료한다. 그들의 작업은 특정한 관심을 두고 있다. 예를 들어, 회사가 판매하는 소프트웨어의 새로운 기능을 고안하거나, 뉴욕시처럼 지방 정부가 민간 부문과의 관계를 구축하는 데 사용할 수 있도록 새로운 웹사이트를 설계하는 것 등이다. 해커톤이 끝나면 각 팀은 결과를 다른 팀과 공유하기 위해 일련의 산출물을 제시한다.

페이스북의 '좋아요like' 버튼과 같이, 엄청나게 성공적인 혁신은 이러한 해커톤에서 나왔다. 해커톤은 연중무휴 '항상 사용 가능'한 것이 아니라 집중적인 협업이기 때문에 가능하다. 모두가 공통의 목표와 목적을 위해 협력하고 있어서 흥미롭고 활기차며 매우 생산적이다. 그리고 일단 해커톤이 끝나면 모든 이들은 본연의 일로 복귀한다.

이 장의 다른 부분에서는 사업의 특정 측면을 확장하는 것에 대해 조언하고 있지만, 협업은 1인 기업이 규모를 줄여가야 하는 하나의 영역이기도 하다. 이는 항상 준비되어 있고 항상 사용 가능하며 큰 성과를 내기 위해 천천히 움직여야 하는 메시징 환경에서부터 함께 일할 시간을 명확히 정의하는 방식에 이르기까지 모든 영역을 포함한다. 그렇지 않으면 매일 매 시간 협업의 과정에서 방해 받는 위험을 감수해야 한다.

생각해보기

- 자동화와 기술을 활용하여, 사업을 최대한 확장할 수 있는 지점은 어디인가?

- 대규모 확장이 필요한 작업을 아웃소싱을 할 수 있는 방법은 무엇인가?

- 일대다 소통 채널에 개인화와 세분화를 추가하는 방법은 무엇인가?

5장
알고 있는 모든 것을 가르치기

브라이언 클라크Brian Clarke는 1990년대 중반 유명한 법률회사에서 훌륭한 직업인 변호사로 일을 시작했다. 하지만 문제는 그가 작가를 꿈꾸고 있었다는 것이다. 그냥 작가도 아닌, 자기의 글이 어떻게 출판되는지를 완전히 통제하는 작가 말이다. 그리고 인터넷이라는 새로운 매체를 사용하고자 했다.

그래서 그는 변호사를 그만두고 웹사이트를 통해 광고와 제휴 제안을 판매하면서 수익을 창출하고자 대중문화에 관한 글을 쓰기 시작했다. 유감스럽게도 청구서를 감당할 만큼 충분한 돈을 벌지는 못했다. 그러자 브라이언은 마케팅 전문가인 세스 고딘Seth Godin의 일을 주로 도와주며 마케팅에 대해 배우기 시작했다. 세스 고딘은 다른 사람들의 제품 광고 대신 자신의 메일링 고객 리스트를 만들어 자기 제품을 판매하는 것에 대해 글을 쓰는 사람이었다.

브라이언은 다음 단계로 나아갔다. 그는 여전히 법학 학위를 가지고 있었고 자금은 부족했으므로 법률 실무 경험과 저술 활동의 애정을 결합한 특별한 웹사이트를 개설했다. 로스쿨에서 그는 젊은 변호사가 기존의 법무법인에 취직하는 것은 당연하다고 배웠다. 우수 고객을 보유한 법무법인에 고위 변호사가 더 많았기 때문이다. 대신에 자신의 의뢰인을 찾고 싶다고 결심한 브라이언은 변호사로부터 법적인 문제에 대해 배우고자 이들을 가르치기로 했다. 매주 그들과 자유롭게 정보를 공유하는 것은 매우 효과적이었다. 사람들은 변호사라는 그의 직업이 아닌 교육적 내용을 집필하고 있는 전문성을 보고 그가 필요한 정보를 공유할 만한 사람이라고 믿게 되어 의뢰를 했다. 브라이언은 법적 문제 해결을 원하는 많은 의뢰자의 목록을 신속히 작성했다.

하지만 브라이언은 여전히 법률 실무를 원하지 않았다. 현재 경영하고 있는 사업을 위한 중간 단계로, 지불 여력이 높고 인터넷에 대한 지식이 그다지 필요하지 않은 산업인 부동산업에 집중하기로 했다. 그는 인터넷 콘텐츠 마케팅과 정보 공유에 대해 배운 것을 바탕으로, 실물자산에 집중된 부동산 중개회사 두 개를 설립했다. 1년도 안 되어 첫 직장인 법률회사의 파트너인 경우보다 더 많은 돈을 벌었다.

문제는 이러한 큰 성공을 거두는 동안 그가 완전히 지쳐버렸다는 것이었다. 그는 마케팅과 온라인 교육에는 우수했지만 성장 중인 회사에서는 형편없는 관리자였다. 두 중개 회사는 엄청난 강도의 업무를 요구했는데 그는 운영과정에 관련한 내용을 한 번도 문서로 만들지 않은 채, 일의 대부분을 스스로 처리하고 있었다. 그 후 2005년에는 치명적인 스노보드 사고가 나서 몇 달 동안 일을 쉴 수밖에 없었다. 브라이언은 이 기회에 입원하는 동안 두 중개회사를 모두 매각하고자 했지만 새 소유주 중 누구도 무엇이 사업 운영과 관련이 있는지 몰랐기 때문에 결국에는 두 회사 모두 파산하고 말았다. 브라이언이 이전에 미처 준비하지 못한 문서 부족은 확실히 악재였다.

브라이언은 우선 카피블로거CopyBlogger를 부업으로 시작했다. 사고 이전에 풀타임으로 할 만큼 충분한 돈을 저축해 두지 않았기 때문에, 오직 청구서 대금처리를 위해 많은 컨설팅 업무를 병행하고 있었다. 그러나 인터넷에서는 어떻게 콘텐츠, 공유, 교육 등을 합법적인 마케팅 형태로 사업에 결합할 수 있는지에 대해 많은 사람이 조금씩 인식하기 시작했다. 그래서 콘텐츠 마케팅의 방법을 가르치는 사업인 카피블로거는 점차 번창했다.

이전의 온라인 부동산 사업에서 브라이언은 자신만의 경쟁우위가 경쟁상대를 능가하는 역량이라는 것을 알았고, 카피블로거에서 한 것처럼 콘텐츠 마케팅에 대해 알고 있던 모든 지식을 빠르게 성장하는 구독자들과 공유했다. 브라이언은 증가하는 메일링 리스트와 콘텐츠를 공유함으로써 구독자를 만드는 것이 건실한 사업 모델이라고 믿게 되었다. 그것은 성장하는 잠재 고객이 원하는 것을 정확히 찾아내어 그들을 위해 그것을 구축하는 것이다. 그는 진정 자신에게서 듣고자 하는 사람에게 판매하는 것이 온라인에서 알지도 못하는 낯선 이들을 추가하는 것보다 훨씬 더 효과적이라는 것을 세스 고딘으로부터 배웠다. 브라이언이 계속 그들과 정보를 공유해온 덕이었다. 카피블로거가 매년 출시하는 모든 제품이 점점 더 성공을 거둠에 따라 이러한 생각은 명확하다는 것이 입증되었다. 각 제품은 브라이언이 공유한 콘텐츠를 소비하는 잠재 고객과 상호작용하며 경청한 직접적인 정보를 기반으로 했다. 이 '콘텐츠를 통한 배움education through content'은 판매로 나아가는 데 필요한 신뢰를 구축했다.

물론 판매의 전형적인 모델은 교묘한 설득이다. 중고차 판매원의 유명한 강압적 영업방식처럼 잠재 고객이 수용하고 구매할 때까지 압박하는 것이다. 그러나 자동차 중개인에서 부동산 중개업자, B2B 판매업자 등 훌륭한 영업사원은 누군가가 필요로 하는 것을 정직하게 평가한 다음 그들에게 판매하는 것의 가치를 전달해야만 매출이 증가한다는 것을 알고 있다. 만약 제품이 그들의 요구에 맞지 않는다면 그것도 알려야 한다. 콘텐츠와 정보를 공유하는 것은 잠재 고객이 필요한 것을 원하는 이유를 파악하는 데 도움이 되므로 영업 프로세스를 시작하는 효과적인 방법이다. 그리고 문제를 해결하고자 할 때 이 제품이 어떤 도움을 줄 수 있는지 알 수 있도록 잘 설명한다.

지금은 레인메이커 디지털RainMaker Digital로 이름이 바뀐 카피블로거는 '모든 것을 공유share everything'하고자 하는 사고방식을 활용했다. 현재 20만 명 이상의 고객이 콘텐츠 관리 소프트웨어, 온라인 과정 및 워드프레스WordPress 템플릿 테마를 구입하고 있고, 연간 1,200만 달러 이상의 매출을 올리고 있다. 회사의 성공은 더 높은 이익이나 더 많은 매출을 달성하겠다는 약속이 아니라, 전적으로 고객이 알아야 할 것에 집중하고 그들에게 전달하는 데서 비롯한다. 확실히 그 회사는 올바른 우선순위에 대한 보상을 받는다.

1인 기업으로서 두각을 나타내고 고객을 만들기 위해서는 경쟁을 억누르는 것이 아니라 이를 외부로 알리고 공유해야 한다. 이 접근방식은 몇 가지 긍정적인 결과를 만든다.

첫째, 당신을 강사로 대해주는 고객과의 관계를 형성하면 주제와 연관된 분야의 전문가로 인식하도록 만든다. 만약 고객에게 매주 수준 높은 뉴스레터를 통해 합법적인 문제에 대해 교육하고 있다면 그들은 당신의 통찰력을 신뢰하기 시작할 것이고 법률적인 문제를 해결할 일이 생기면 브라이언처럼 제일 먼저 떠올릴 사람이 될 것이다.

둘째, 문제 해결 방법을 알려주는 것은 곧 제품의 장점을 잠재 고객에게 보여줄 기회가 된다. 예를 들어, 플러그인 전기 자동차를 판매하는 경우 사람에게 휘발유 차량에 드는 유지비에 비해 얼마나 더 절약할 수 있는지, 전기 자동차가 휘발유 차량보다 얼마나 더 안전한지, 자동차가 환경에 미치는 영향

등을 감소시킬 수 있는지 등을 설명하는 것으로 구매 이유를 분명하게 짚어 줄 수 있다, 단지 필요한 정보를 진실하고 설득력 있으며 교육적인 방법으로 알려주고 그러한 구매가 얼마나 적합한지를 스스로 판단하도록 하는 것이다.

가르침이 효과가 있는 세 번째 이유는 새로운 고객에게 당신의 제품이나 서비스를 어떻게 가장 잘 사용하는지에 대해 교육하고 최대한 잘 활용할 방법이나 가장 성공적인 사용법 등을 보여줌으로써 장기 고객을 만들어 다른 이에게 긍정적인 경험을 공유할 수 있도록 확신시키기 때문이다.

1인 기업에서 교육하는 일이 효과가 있는 마지막 이유는 실행되지 않은 아이디어, 사업 전략 또는 특허 등록이 가능한 기술과 같은 특정한 독점 정보를 제외하고 아이디어나 프로세스 대부분이 비밀에 부칠 필요가 없기 때문이다. 거의 모든 영역에서 투명성을 발휘하면서 회사를 운영하는 것은 오로지 고객과의 신뢰를 쌓는 데 도움이 된다.

아이디어만으로는 가치가 없다

많은 사람이 "나는 이미 아마존, 자포스, 구글이 존재하기도 훨씬 전에 그런 생각을 했기 때문에 내가 부자가 되어야 한다."라고 주장하는 것을 들어본 적이 있는가? 하지만 아이디어는 유효한 화폐가 아니다. 실행만이 사업에서 유일하게 유효한 통화다.

분명히 하자면 이것은 상당한 논란이 되는 지적처럼 느껴지지만 실행 범위 밖에 있는 아이디어는 가치가 없다. 예를 들어, 성장에 의문을 가져야 한다는 아이디어는 몇 년 동안 온라인이나 뉴스레터나 팟캐스트에서 많은 사람과 함께 공유해 온 것이다. 그러나 저작권이 있는 책에서 이 아이디어를 공유하는 것은 다르다. 저작권의 목적은 아이디어를 보호하는 데 있는 것이 아니다. 오히려 이 주제에 대해 더 많은 사람이 글을 쓴다면 좋을 것이며, 이는 권장되어야 할 일이다. 저작권의 목적은 이 책의 구체적인 개념과 흐름을 형성하는 수개월의 연구와 저작 활동, 즉 실행을 보호하는 것이다. 지적재산을 보호하는 것도 중요하지만 일반적인 아이디어를 보호하는 건 아니다. 가진 것이 아이디어뿐이라면 아직 그 일을 완성하지 않았기 때문이다.

아이디어를 멀리 그리고 넓게 공유하는 것은 판매하는 것에 대한 추종뿐만 아니라 제품이 상징하는 핵심 가치와 생각을 중심으로 의미를 구축하는 데 도움이 된다. 성장에 이의를 제기하는 아이디어를 담은 더 많은 책, 연구, 생각은 궁극적으로 이 책과 다른 이들 모두에게 도움이 된다.

종합격투기 단체인 UFC에 대한 아이디어는 1993년에 시작되었지만, 그것을 실현하고자 한 사람들은 규정과 정부의 반대로 거의 파산할 뻔했다. 다시 말 해, 아이디어는 있었으나 실행되지 않아 실익이 없었다. 두 명의 카지노 거물이 참여하여 정부 기준에 부합하는 규정 변경을 시행한 후에야 UFC는 10억 달러 규모의 사업으로 변모했다. 그 아이디어는 UFC 사업이 번창하도록 하기에는 그 자체로는 충분하지 않았다. 적절한 실행과 이에 관여하는 적절한 관리 인원이 필요했다.

거대하고 수익성이 높은 많은 세계적 기업의 핵심은 예외적으로 잘 수행된 오랜 아이디어이다. 페이스북은 더 잘 만들어진 마이스페이스MySpace일 뿐이고, 둘 다 본질적으로 디지털 만남의 장소다. 택시는 사람을 A 지점에서 B 지점으로 이동시킨다. 우버Uber나 리프트Lyft는 이동 서비스를 더 편리하게 만드는 방법을 찾아냈다. 이 중 어떤 것도 수십억 달러의 아이디어가 아니다. 차라리 수십억 달러짜리 아이디어가 실행된 것으로 보는 게 맞다. 그러므로

1인 기업은 실행 과정을 돌보고 있고 아이디어가 독점적이지 않은 한 아이디어를 공유하는 것에 대해 걱정할 필요가 없다.

또한, 완전히 새로운 아이디어는 거의 없다. 아이디어의 대부분은 기존 회사, 계획, 생각 또는 해결책들을 단지 반복하는 것이다. 아이디어를 공유하는 대신 이를 보호하는 데 더 많은 시간과 에너지를 집중시키는 것에는 다른 이들의 비판적 피드백을 통해 아이디어를 더 진척시키지 못하게 하는 위험이 따를 수 있다. 잠재 고객과 사업적 아이디어를 공유하는 것조차도 많은 시간이나 자원을 투자하기 전에 초기에 고려할 수 있는 이점이 있듯이 훨씬 더 나은 실행으로 아이디어를 구체화하고 배치하는 데 도움이 될 수 있다.

공유의 단점은 아무것도 아니다

제시카 아벨Jessica Abel은 온라인과 펜실베이니아 미술 학원에서 삽화가로 활동하는 만화 예술가이자 작가이며 교사이다.

알고 있는 모든 것을 가르치는 것은 그녀가 어떤 사람이고 누구인지를 잘 알게 해준다. 1990년대 그녀의 첫 웹사이트는 다른 사람이 자신만의 만화책을 만드는 것과 관련이 있었다. 그 이후로 그녀는 계속해서 다른 사람을 가르쳤다. 현재 그녀는 창의적인 아이디어를 발굴하는 데 집중하면서 자신의 모든 전문지식을 공유한다. 그 공유는 제시카가 그 분야의 전문성을 가진 사람이라는 확신을 심어줌으로써 사업적으로 구독자들과 신뢰를 쌓는 데 도움을 주었다.

교사로서 그녀는 처음 어떤 과정을 가르치게 되면 다소 엉망진창dog's breakfast이 될 수 있다는 것을 안다. 그녀는 분명 먼저 재료 작업을 하고 학생들에게 개념을 설명할 것이다. 하지만 이 첫 번째 수업에서 질문과 오해가 생기면 자신의 다음 수업계획서에 적용하거나 깊이 생각해야 할 것에 대해 매우 분명한 아이디어를 갖게 된다. 그래서 그녀는 교직을 수행하면서 자신이 가르치고 있는 내용을 더욱 강하게 확신하는 데 필수적인 피드백을 받는다. 다시 말해, 이 과정은 그녀에게도 매우 유익하다. 그녀는 첫 수업 후의 피드백 과정 없이는 훌륭한 수업을 제공할 수 없다.

소비자가 지식과 기술, 정보에 입각한 구매자가 될 수 있는 능력을 키워 주는 고객 교육customer education은 판매 주기의 가장 중요한 부분 중 하나이다. 내가 판매하고 있는 것에 너무 집중하여 다른 이들도 그런 전문가라고 가정한다거나 자신이 아는 만큼 고객도 알고 있을 것이라고 단정 짓는 경우가 많지만 보통은 그렇지 않다. 고객은 자신이 모른다는 걸 인지하지 못하거나 자신이나 자신의 사업에 정보가 얼마나 유용하거나 유익한지 충분히 알지 못한다.

과거의 기업은 고객 교육에서 분명하거나 직접적인 경제적 이익을 보지 못했기 때문에 고객 교육에 투자하려는 열의가 없었다. 당신이 알고 있는 모든 것을 고객에게 전달하거나 거래의 속임수에 대해 공유할 경우에 고객은 구매하지 않는 쪽으로 그 지식을 사용할지 모른다. 더 나쁜 경우는 이 지식으로 무장하여 경쟁사로 빠져나가는 것이다. 그러나 이러한 두려움은 그저 미신 같은 것일 뿐이다. MIT 슬론 경영대학원MIT Sloan School of Business의 안드레아스 아이징게리히Andreas Eisingerich와 사이먼 벨Simon Bell이 수행한 연구에 따르면 실제로는 그 반대의 경향이 나타난다.

아이징게리히와 벨이 어떤 투자 회사의 1,200명의 고객을 대상으로 설문조사를 한 결과, 고객들은 투자 회사가 제공하는 금융 상품의 장단점에 대해 더 많은 교육을 받을수록 그 회사를 더 신뢰하고 회사에 대한 높은 충성도를

보이며 시간을 들여 교육해주는 고객 서비스에 더 감사하게 된다는 것을 알게 되었다.[67]

실제로 많은 기업이 신속하고 때때로 충동적인 결정을 하도록 마케팅 책략이나 불성실한 광고를 사용하고 있다. 하지만 요즘은 제품에 대한 솔직하고 정확한 정보를 요구하는 소비자가 많아져 자신의 속도에 맞춰 구매 결정을 내릴 수 있게 됐다. 이러한 중요한 지식을 제공함으로써 회사는 고객이 결정하기도 전에 사전 지식을 얻는 데 도움을 주기 때문에 고객과 강력한 연결고리를 형성할 것이다.

이것이 어떻게 작동하는지 사례를 살펴보자. 니드/원트와 유사하게 전적인 직접 판매와 인터넷 마케팅에 주력하고 있는 신제품 매트리스 업체인 캐스퍼Casper는 수면 교육을 통해 간접적으로 제품을 판매한다. 과거에 매트리스를 구매하고자 하는 이들은 매트리스 매장에 직접 가서 몇 개의 제품에 누워보고 가장 편안함을 느끼는 매트리스를 선택하곤 했다. 캐스퍼의 판매는 온라인을 통해 이루어지기 때문에 회사는 기존의 구매 모델과는 다른 방식, 곧 좀 더 교육 중심적인 접근법을 취하기로 결정했다. 캐스퍼는 매트리스를 공공연히 판매하지 않는다. 그저 광고나 구매 링크도 없는 《반 윙클즈Van Winkles》와 《필로우 톡Pillow Talk》이라는 출판물 두 종류를 통해 충실한 야간 수면이 왜 중요한지를 고객에게 교육한다. 오히려 수면 과학에 대해 캐스퍼가 배운 모든 것을 전달하는데, 이것은 이 브랜드에 대한 소비자 신뢰도를 높인다. 캐스퍼는 일정 기간 사용해보고 만족스럽지 않을 경우 100% 환불을 보장해 주는 제도와 결합하여 소매나 대형할인 영업을 하지 않고도 시장 점유율을 확보하고 있다.

1인 기업은 고객 교육이라는 이 새로운 추세를 따르는 것이 현명할 것이다.

제품이나 서비스에 대한 중요한 정보를 공유하는 것은 새 고객에게 이를 어떻게 사용하는지와 최대한 활용할 수 있는지에 대한 주요 통찰력을 제공한다. 심지어 그들이 생각하지 못했던 사용법을 보여줄 수도 있다. 이런 종류의 공유가 부족하면 불만이나 불신으로 이어질 수 있다. 심지어 제대로 된 사용 방법을 몰라서 다른 대체품을 구매할 수도 있다.

따라서 제품에 대한 정보를 공유하면 고객이나 공유한 모든 정보에 기초하여 강요 없이 그들 스스로 최상의 선택을 했다는 것을 알 수 있게 도울 수 있다.

분명, 이 모든 것의 주요 원인은 민주적인 교육을 가능하게 하는 인터넷 환경이다. 기업은 이 사실에 주의를 기울여야 한다. 고객 교육은 새로운 형태의 마케팅이다. 교육은 사람이 실용적인 목적에 따라 일상적으로 구매하는 제품과 삶에 진정한 목적을 높이기 위해 구매하는 제품 사이에 실질적인 차이를 만든다. 1인 기업으로서 사람에게 당신의 제품에 대해 가르치는 것은 당신을 차별화할 수 있고 또 실제로 그렇게 된다. 예를 들어, 메일링 리스트 소프트웨어를 판매한다면, 고객에게 이메일 마케팅의 중요성에 대해 반드시 알려야 한다. 여러분이 스포츠 브래지어를 판매한다면 고객에게 건강 단련이나 과학적 달리기 방법에 대해 교육해야 한다. 여행용 가방을 판다면 여행의 유용한 팁travel hacks을 꼭 가르쳐주어야 한다.

가르침은 권위를 만든다

만약 당신이 1인 기업이라면 뒤로 숨길 것이 없으므로 자신이 속한 분야의 전문성의 권위를 강조하는 것이 무엇보다 중요하다. 오로지 자기 자신뿐이다.

판매와 마케팅에 관한 한 소비자는 더 큰 회사와 함께 거래하고 싶은 유혹을 받기 쉬운데, 이는 단순히 더 많은 인력과 이를 지탱할 기반이 있다는 이유만으로 '더 안전하다safer.'라고 판단하기 때문이다. 권위는 이러한 본능에 대한 대응책이다. 당신이 판매하는 것에 대하여 권위자라고 느끼게 함으로써, 고객의 어떠한 염려도 불식시킬 수 있기 때문이다. 그들은 당신이 답을 가지고 있을 뿐만 아니라 올바를 것이라는 믿음을 가질 것이고 경쟁이 아무리 치열해도 자신만의 방식으로 그들에게 도움을 줄 것이라 믿을 것이다.

이를 다르게 말하자면, 교육을 통해 일관된 역량을 증명했기 때문에 자신의 의견을 존중하고 가치 있게 평가하는 환경을 만드는 것이다.

이러한 종류의 권위를 구축하면 동료와 고객 모두 회사의 규모와 관계없이 당신의 전문성에 의존하기 때문에 어떤 산업에서든 두각을 나타낼 수 있다. 입소문이 나고 구글에서 호의적인 링크가 생성되고 연설자로 초대받는 등이 일어날 수 있다. 당신의 전문성이 가치 있어서 가능한 일들이다. 그러면 어떻게 권위를 만들 수 있는가? 이는 어떻게 작동할까?

자신이 속한 산업의 선두주자를 떠올려보면 그 사람은 어떤 권위의 이미지를 갖고 있다는 것을 알 수 있다. 그래픽 디자인 분야의 데비 밀먼Debbie Millman이나 전기 자동차 분야의 일론 머스크Elon Musk처럼 우리는 이 사람들에게서 답을 찾고 그들에게서 배우며 우리가 그들이 가르치고 있는 구독자들 중 일부라면 아마도 그들에게서 기꺼이 무언가를 구매하게 될 것이다.

오늘날 사업에서는 사람들에게 내가 권위자라고 말하는 것만으로는 충분하지 않다. 알고 있는 것을 공유하고 다른 사람을 가르치는 방식으로 실제적인 전문성을 증명해야 한다. 자기 자신만 의지할 게 아니라 구독자와 고객들을 가르침으로써 권위를 쌓아 그들이 진정으로 배우고 이해하고 성공하도록 해야 한다. 그런 일을 꾸준히 해나가면 올바른 종류의 권위를 세우고 확립하게 된다.

전문지식을 가르치는 것은 다른 이들에게 어떤 방법을 제시해준다는 사실만으로도 당신을 권위자로 만들어준다. 사람들은 자신에게 무언가를 판매하려 한다는 생각이 들면 방어하려고 할 수 있다. 그러나 종종 고객들이 뭔가 유용한 것을 배우고 있다고 느끼면 더 자주 참여하거나 개방적으로 변할 것이다. 가르칠수록 구독자들은 당신을 전문가로 볼 것이다. 그런 다음, 상품을 구매할 때가 되면 더 많은 전문지식을 위해 돈을 지불할 의향이 있다는 것을 알게 될 것이다. 2009년 에모리 대학Emory University의 신경과학자 그렉 번즈Greg Berns의 연구는 우리가 전문가의 조언을 구할 때 뇌의 의사 결정 중추가 느려지거나 중단된다는 것을 발견했다.[68] 고객들은 전문가를 전형적인 최고경영자나 유명인보다 훨씬 더 신뢰할 만한 대변인으로 평가한다.

베이스캠프는 전환이나 고객 성장에 대한 내부 목표나 할당량이 없다. 이들의 유일한 임무는 책을 쓰고 컨퍼런스에서 연설하며 심지어 시카고 지사에서 워크숍을 개최하여 다른 모든 이들을 능가하고 앞서가는 것이다. '베이스캠프가 일하는 방식The Basecamp Way to Work'이라고 불리는 이 행사는 내부 소통에서부터 경영 조직에 이르기까지 베이스캠프가 성공한 회사가 되기 위해 수행한 모든 것을 공유한다. 그 어떤 것도 보류하거나 채택을 미루지 않는다. 이 1,000달러짜리 워크숍 티켓은 일반적으로 몇 분 안에 매진된다. 그들이 알고 있는 것을 가르치고 회사를 성공적으로 운영하는 방법을 다른 사람에게 보여줌으로써 그들은 성장에 크게 의존하지 않는 기술 회사의 전문가들이다.

어느 산업에 있건 간에 이런 종류의 전문가가 눈에 띄는 이유는 그들이 알고 있는 것을 가르치기 때문이다. 그들은 제 생각을 자유롭게 공유하고 나눈다. 그들은 누군가 제품, 서비스 또는 책을 위해 자신들의 혁신을 훔쳐갈 것인지에 대해 걱정하지 않는다. 단지 자신만의 독특한 스타일과 독창적인 개성으로 다른 누구보다 빠르고 더 잘 아이디어를 실행하고 공유하기 위해 일할 뿐이다. 그리고 이러한 접근은 사업적 성공으로 이어진다.

가르치는 것은 1인 기업에서 다른 어떤 것과 같은 신뢰와 전문성을 쌓는다. 누군가가 당신이 가르치고 있는 것을 받아들일 때, 당신이 공유하고 있는 정보를 본질적으로 신뢰한다. 메일 목록, 말하기 이벤트, 웹사이트 등을 통해 잠재 고객에게 유용하고 관련성이 있으며 시의적절한 지식을 지속해서 구독자들에게 제공할 수 있다면 더 많은 정보를 얻기 위해 당신에게 기대기 시작할 것이다. 가르치는 것은 많은 시간, 자원, 심지어 돈도 필요로 하지 않는다. 그것은 당신이 알고 있는 것을 경청하려는 이들과 공유하는 것만큼 간단할 수 있다.

요컨대, 당신이 알고 있는 모든 것을 가르치고 최고의 아이디어를 주는 것을 두려워하지 마라.

생각해보기

- 고객 또는 구독자와 공유하거나 가르칠 수 있는 주제는 어떤 것이 있는가?

- 아이디어를 보호하는 것보다 실행하는 데 더 집중할 방법은 무엇인가?

- 마케팅 채널로써, 고객 교육에 어떤 투자를 할 수 있는가?

- 당신이나 당신의 회사가 틈새시장의 권위자로 자리 잡을 수 있는 공유 대상은 누구인가?

3부 유지

1인 기업

1장

신뢰와 규모를 적절히 사용하기

글렌 어반Glen Urban은 20년 동안 온라인에서 소비자와 기업에 적용되는 신뢰를 연구해왔다. 인터넷의 부상으로 디지털 구매가 가능해지고 그에 대한 리뷰를 남기게 되면서 소비자는 엄청난 권력을 가지게 되었다.

어반의 연구는 신뢰가 어떤 상품의 구매를 고려하거나 시도하거나 실제로 하려는 사람의 성향과 매우 높은 관련이 있다는 것을 일관되게 밝혀냈다. 이 발견은 인터넷보다 앞선 것이고 특히 일대일 관계가 잘 구축된 가족경영 상점에서 자주 나타난다. 이러한 상점은 좋은 제품을 공정한 가격에 제공하겠다는 약속을 지킬 것이라는 신뢰를 받고 있으므로 구매는 개인적인 관계를 기반으로 여러 세대에 걸친 상거래를 형성해왔다. 인터넷은 이 관계를 증폭시키고 소셜 미디어, 소프트웨어, 뉴스레터와 같은 도구의 사용을 통해 그 관계를 확장해 왔다. 신뢰, 투명성과 의사소통은 여전히 절대적으로 필요하지만 고객과의 관계는 사업을 확장하지 않고도 확장할 수 있다.

어반은 아마존Amazon과 이베이eBay에서 소비자가 구매하고 싶은 제품에 대해 더 많이 알고 싶을 때 검증된 구매 후기를 통해 신뢰를 구축한다는 사실을 발견했다. 이 구매 후기 시스템은 때때로 '도박gamed'이 될 수 있어서, 기업은 좋은 구매 후기로 채우기 위해 사람을 고용할 수 있지만 아마존과 이베이는 그런 일이 일어나지 않도록 끊임없이 노력하고 있다.

항공사와 휴대전화 사업자와 같은 일부 산업에서는 신뢰가 존재하지 않거나 일상적으로 깨진다. 가장 낮은 가격으로 낮추라는 비용 압박과 소비자 선호로 인해 이들 업계는 고객을 대하는 방법이 훼손되는데도 비용을 뼛속까지 줄여나갈 수밖에 없었고 이로 인해 소비자 신뢰가 크게 떨어지게 되었다.

심지어 인터넷에 의해 자산 관리 서비스도 변했다. 온라인상에서 의견과 정보가 공유되면서 펀드 실적보다 수수료율을 우선시하는 강압적 판매 모델이 웰스심플WealthSimple과 같은 새로운 로보어드바이저robo-adviser 서비스 때문에 도전받고 있다. 전통적인 은행은 영업 사원에게 커미션으로 수수료의 50%를 주지만, 웰스심플과 이와 유사한 로보-관리robo-management 서비스는 고객의 피드백과 행복만을 위해 그들의 자문역에게 보너스를 준다. 그들의 수수료는 누구나 고객들이 원하는 다른 재산 관리 서비스와 비교할 수 있도록 웹사이트에 게시된다.

여성 중심의 투자에 대한 새로운 접근법, 곧 위험 선호도, 성별 임금 격차, 여성의 기대수명 연장 기준 등을 구축한 자산운용사 엘레베스트Ellevest는 항상 고객에게 최선의 이익을 제공하기 위해 행동해야 한다는 중요한 의무를 지고 있다. 또 자신의 이익을 위해 고객의 자산을 사용하지 않는다는 신탁적 의무가 있다. 수수료를 위해 제품을 판매하는 숨은 동기가 거래에서 사라질 때 소비자의 신뢰는 높아진다. 웰스심플이나 엘레베스트 같은 투명한 기업이 큰 변화 없이 빠르게 새로운 고객을 확보하는 것도 이 때문이다.

어반은 신뢰가 제품이 개발되기도 전부터 시작되는 전략이라는 것을 발견했다. 신뢰 기반의 1인 기업은 문제를 진정으로 해결하는 무언가를 만드는 것으로 시작한다. 그리고 그 회사는 그것의 이익과 결과를 고객에게 정직하게 전달하기 전에 제품의 유효성을 엄격하게 시험한다. 이 전략에서 기존 고객을 유지하는 것은 오래된 제품을 대량으로 생산하고 끊임없이 새로운 고객을 얻는 것보다 더 중요하다.

자동차 딜러는 잘 알려진 레몬 시장Lemon Market[14]부터 주행 기록계 변경에 이르기까지 고객의 눈을 속이는 것으로 악명이 높다. 인터넷이 자동차 판매에 미치는 영향을 살펴보자. 어반은 인터넷에서 자동차 가격, 안전 등급, 차대번호VIN 기반 자동차 보고서, 심지어 딜러의 리뷰 등에 관한 중개상 견적 같은 정보를 공유하는 것이 고객을 속이는 딜러를 무력하게 한다는 것을 발견했다. 이제 당신에게 새 차나 중고차를 팔려는 사람만큼 또는 그 이상을 알고 있는 대리점을 찾아갈 수 있다.

사람들이 이런 정보를 공유하고 있다는 것을 알았을 때 딜러가 처음 한 생각은 필요한 모든 수단을 동원해서 그것을 막아야겠다는 것이었지만 인터넷은 그들이 그렇게 할 수 없도록 만들었다. 자동차 대리점과 영업 사원 대부분이 이 새로운 투명성을 받아들였고 현재는 고객에게 적절한 가격에 적합한 차를 공급하기 위해 노력하고 있다. 이렇게 접근하지 않으면 고객은 다른 사람이 비슷한 차를 구매하기 위해 얼마를 냈는지 이미 알고 있으므로 평가 웹사이트에 나쁜 후기를 남김으로써 다른 이들에게 영향을 줄 것이다. 이것이 마쯔다Mazda와 같은 일부 자동차 제조업체가 이제는 협상 가격 대신에 고정 가격을 제시하게 된 이유다. 다른 모든 이들이 자동차 가격으로 얼마를 냈는지 고객들이 이미 알고 있음에도 만약 최저가로 구매하지 못했을 때는 자신

---

14 시고 맛없는 레몬만 있는 시장처럼 저급품만 유통되는 시장을 말한다(출처: 네이버 지식백과).

이 이용당했다고 느낄 것이기 때문이다. 모두가 같은 금액을 내고 모두가 행복하게 되는 것이다.

증가된 공유와 투명성 강화로 인한 소비자 권력의 상승으로 기업은 판매를 하고 고객을 행복하게 하는 윈-윈 시나리오를 만드는 데 적응해야만 했다. 하지만 기업은 어떻게 신뢰와 비용의 균형을 맞출까? 적어도 항공사들은 이 균형을 찾을 수 없을 것이다. 그들은 돈이 드는 추가 수하물에 대해 공개하고 숨겨진 요금을 없애며 초과예약으로 인해 승객을 비행기에서 내쫓는 일이 없어질 때까지 신뢰를 되찾을 수 없을 것이기 때문이다.

어반은 기업과 소비자 사이에 신뢰가 어떻게 형성되는지를 연구하면서 신뢰에는 세 가지 측면이 있다고 했다. 다시 말 해, '나는 네 말을 믿는다.'라고 하는 확신confidence, '나는 당신이 말한 것을 할 수 있는 기량이 있다고 믿는다.'라고 하는 능력competence 그리고 '나는 당신이 나를 대신해서 행동한다고 믿는다.'라고 하는 선행benevolence이다, 그는 고객들을 옹호하는 수많은 회사의 사례를 발견했다. 이것은 정직과 투명성에 대한 장기적인 투자이며 모든 1인 기업은 시작 시점부터 그것을 채택할 필요가 있다.

대리인에 관한 신뢰

왜 대리인에 관한 신뢰가 1인 기업에 있어 중요한가? 추천의 힘, 즉 입소문은 대리인에 의한 신뢰를 창출하는 능력에 있기 때문이다. 좋은 친구가 당신에게 제품을 살 가치가 있다고 말한다면, 당신은 친구를 믿기 때문에 그 말을 믿을 것이다. 그 믿음의 일부는 그들이 추천하는 제품에 전달된다. 이것은 온라인에서도 어느 정도 효과가 있다. 당신이 따르고자 하는 이들은 어느 정도

약간의 신뢰를 얻었기 때문에, 당신은 그들의 추천을 신뢰하는 경향이 있다.

닐슨Nielsen에 따르면, 92%의 소비자들은 다른 형태의 광고보다 가족이나 친구의 추천을 더 신뢰한다.[69] 구전 마케팅 협회The Word of Mouth Marketing Association는 입소문이 유료 온라인 미디어보다 5배나 많은 매출을 올리고 연간 6조 달러의 고객 지출을 이끌어낸다고 하였다. 버라이즌Verizon과 스몰 비즈니스 트렌드Small Business Trends의 연구에 따르면, 중소기업 경영자는 신규 고객 확보 방안의 1순위로 권유와 추천을 꼽았고 이를 통한 고객 확보가 검색엔진, 소셜 미디어, 유료광고를 통한 신규 가입자 확보를 크게 앞지른 것으로 나타났다.[70]

그렇다면 왜 입소문 마케팅이나 추천 마케팅은 어떤 규모의 사업에서도 자주 이루어지지 않는 것일까? 여기에는 몇 가지 이유가 있다. 우선 일부 사업체는 입소문이 아무런 노력 없이 그저 유기적으로 일어나는 것이라 생각하기 때문이다. 또한, 입소문은 카페 내 대화에서부터 소셜 미디어의 추적 불가능한 개인 메시지까지, 어느 매체에서나 일어날 수 있기에 추천을 측정하는 것이 어렵기 때문이다. 기업이 추천에 의존하지 않는 또 다른 이유는 빠르게 확장하기 어렵기 때문이다. 입소문은 급격한 성장에 초점을 맞춘 대기업에는 맞지 않을 수도 있지만 1인 기업에는 매우 좋다. 우리는 수익을 실현하기 위해 대규모의 성장이나 규모를 필요로 하지 않는다. 훨씬 적은 비용으로 이익을 볼 수 있으므로 추천이 형성되는 제품과 소비자 관계를 활용할 수 있다.

1인 기업들은 이러한 종류의 개인적인 관계를 형성하고 고객과 더 긴밀하게 연결되어 있어서 입소문을 통해 진정으로 이익을 얻을 수 있다. 어반은 소기업이 오로지 특정 고객에게만 집중하고 디지털 방식만으로 그렇게 하더라도 관계를 구축할 수 있으므로 추천에 대한 확신을 얻을 수 있다는 것을 알았다.[71] 소기업들은 불만을 접수하고 개인적으로 해결할 수 있다.

그렇다면 고객을 브랜드 옹호자로 변모시키고 그들의 지인과 사업적 대화를 공유할 수 있는 방안은 무엇인가? 텍사스 테크Texas Tech의 한 연구에 따르면 83%의 고객은 추천을 하겠다고 의향을 밝히지만 실제로는 29%만이 추천하는 것으로 나타났다.[72] 이는 행복한 고객이 당신이 판매한 제품을 적극적으로 홍보할 수 있는 아주 큰 기회를 놓친 것이다. 분명히, 좋은 고객 서비스를 갖춘 좋은 제품이 필요하다. 그렇지 않으면 아무리 많은 보상을 해줘도 제품의 옹호자로 만들 수 없다. 내 사업에서는 구매 후 일주일 안에 고객의 만족도를 묻는 이메일을 자동으로 발송하여 구매한 것에 만족한 고객은 다른 이들에게 만족한 경험을 공유해달라고 요청했다. 이메일에 사전 작성한 콘텐츠 링크를 첨부하여 제품 정보를 공유해달라고 요청하는 방식이다. 그덕에 제품 정보의 공유량을 두 배로 늘릴 수 있었다.

앰배서더 소프트웨어Ambassador Software를 대신하여 진행한 해리스 설문연구Harris Poll study는 미국 소비자 88%가 자신이 좋아하는 제품을 공유하는 데 대해 보상을 원하고 있으며, 이 값은 18~35세 사이에서 95%로 늘어난다는 것을 밝혀냈다.[73] 보상은 사용자에게 정보를 전파하는 또 다른 방법이지만 까다로울 수 있다. 때때로 현금 보상을 제공하면 이윤이 상품 홍보의 유일한 이유라고 받아들여 신뢰가 추락한다. 소비자들은 소액 할인, 독특한 '장식품swag', 특별 할인 그리고 프리미엄 기능에 대한 접근과 같은 보상에도 만족하고 있다. 그들은 또한 양면 보상을 좋아한다. 예를 들어, 추천자와 구매자 둘 다 소량의 거래를 할 때, 레인보우 위젯rainbow widget을 구매 추천하면 양쪽 다 다음 레인보우 위젯 주문에서 각각 30달러씩 할인받을 수 있도록 하는 것이다. 양면 보상은 한 번이 아니라 두 번의 반복 판매 가능성을 증가시키는 보너스를 제공한다.

최고 고객의 충성도를 보상해 주는 것도 추천을 장려하는 좋은 방법이다. 메일침프MailChimp는 충성 고객에게 대부분 회사 로고가 없는 예쁜 디자인의 티셔츠나 '프레디Freddie' 액션 피규어와 같이 독특한 장식품swag을 보내는 것으로 꽤 잘 알려져 있다. 프레디는 로고에 있는 침팬지의 이름이다. 그리고 사람들은 자신의 소셜 미디어에 '메일침프'라는 태그를 붙인 사진을 게시하는데 이 사진은 팔로워가 볼 수 있도록 새 셔츠를 착용하거나 책상 위에 있는 액션 피규어를 보여 준다.

2부 3장에서 이야기한 우그몽크에 있는 우리 친구들은 크게 두 가지의 입소문을 즐긴다. 첫 번째는 제품의 품질에 관한 것으로, 우그몽크의 셔츠가 매우 세련되어 사람들이 소셜 미디어에 공유하고 싶어 한다는 입소문이다. 두 번째는 인간적인 고객 서비스에 관한 것으로 필요하다면 고객에게 반품을 요구하지 않고도 새로운 셔츠를 제공한다는 입소문이다. 설립자 제프 셸던은 최근 방문한 공항에서 주의를 끄는 제품의 전파력에 대해 경험한 바 있다. 세 명의 사람이 그를 불러세워 자신이 입고 있던 독특한 디자인의 우그몽크 셔츠의 구입처를 물어보았다. 그는 틈새시장의 고객들을 위해 제품을 더 좋고 더 세련되게 만들어 가는 것에 서서히 주력함으로써 추천을 통해 지속 가능한 성장 방법을 만들어냈다.

추천은 제품의 영역을 넘어서도 유용하다. 컨설턴트부터 프리랜서, 고객 중심 대행사 등 서비스 기반의 1인 기업들은 입소문을 통해 큰 혜택을 볼 수 있다. 실제로 메일침프와 같은 이메일 서비스 제공업체 드립Drip의 조사에 따르면 서비스 기반 회사의 신규 고객 중 50%는 입소문을 사용하는 것으로 나타났다. 이 조사 결과는 확실히 염두에 둘 가치가 있다.

서비스 기반 사업이 실제로 입소문이 나서 이를 자산화할 수 있는 것은 후속 조치를 하는 시점이다. 프로젝트 종료 후 몇 주 동안에 고객과 대화하는 것은 두 가지의 엄청난 이익을 얻게 해준다. 첫째, 고객이 보고 있는 실제 결과를 바탕으로 추천이나 성공 사례를 수집할 수 있다. 프로젝트가 막 끝나자마자 바로 추천을 요청할 경우 고객은 결과에 바탕을 둔 데이터를 수집할 충분한 시간을 가지지 못한 상황이다. 물론 결과 측정에 얼마나 오랜 시간이 걸리느냐에 따라 다를 수는 있지만 몇 주나 몇 달 후쯤 후속 조치를 하면 고객으로부터 훨씬 더 나은 평가를 얻어 마케팅 활동에 활용할 수 있다. 둘째, 이전 프로젝트가 성공적이었다고 가정하고 고객과의 후속 일정 계획을 작성할 때 고객이 현재와 같은 방식으로 혜택을 볼 수 있는 다른 사업에 대해 알고 있는지 혹은 다른 프로젝트를 같이 진행하는 데 관심이 있는지 등을 물어볼 수 있다. 만족한 고객에 대한 후속 조치 일정을 작성하면 단순히 받은 편지함을 새로 고침하며 이메일이 들어오기를 무작정 기다리는 대신에 추천을 실질적인 전략으로 활용할 수 있다.

또한, 입소문은 앞 장에서 살펴본 바와 같이 확장 가능한 고객 세분화 시스템을 통해 보상을 제공할 수 있다. 예를 들어, 제품을 구매한 고객에게 일주일 후 메일을 보내 제품 만족도에 관해 1에서 10까지의 척도로 측정해 볼 수 있다. 그런 다음에 7 이상의 만족과 즐거움을 표시한 사람에게만 보내는 두 번째 이메일에서는 보상 프로그램을 제안할 수 있고 고객의 소셜 미디어 피드나 뉴스레터에서 공유할 수 있는 양면 보상과 사전 작성된 텍스트를 제공할 수 있다. 1인 기업의 경우, 빠른 홍보 대상자들에 대한 제휴 프로그램을 만드는 것보다 기존 고객과 충성 고객을 브랜드 옹호자로 만드는 데 집중하는 것이 더 큰 신뢰를 얻는 방법이다. 이들은 당신의 제품이나 서비스를 구매하여 어떤 혜택을 받았는지 이야기를 할 수 있는 고객들이다.

신뢰 세분화하기

불행히도 많은 사람들, 특히 창의적인 사람들은 마케팅을 부정적인 시각으로 본다.

사실, 그들은 정말 그렇게 해서는 안 된다. 마케팅은 단순하게 특정 그룹과 지속해서 소통함으로써 신뢰와 공감대를 형성하는 것이다. 신뢰가 미리 형성되어야만 무언가를 살 수 있다. 그래서 광고 메일과 콜드 콜링cold-calling[15]은 매우 성공률이 낮으며 이것이 방대한 물량 공세에 의존하는 이유이다. 반대로 목표가 명확한 교차판매 이메일은 훨씬 작은 규모로도 높은 성공률을 가지고 있다. 누군가 당신의 제품을 사고자 한다면, 당신이 그들의 요구를 들어줄 수 있으며 적절한 해결책을 가지고 있다고 느끼게 해야 한다. 이것은 모든 사람을 대상으로 하는 판매가 아니라 작고 특정한 그룹과의 일관된 대화를 통해서 이루어진다. 마케팅을 고려하지 않거나 활용하지 않아도 될 만큼 좋은 회사나 제품은 없다. 제품이 아무리 훌륭해도 적절한 고객들에게 다가가지 않는다면 사업을 지속하기가 어려울 것이다.

마케팅은 더 이상 대규모 조직 내에서 단편적인 업무 기능만을 의미하지 않는다. 마케팅은 고객 지원에서부터 제품 디자인에 이르기까지 사업의 모든 역할과 측면에 내재되어 있다. 이는 단일 이벤트가 아니라 실행에 초점을 맞춘다. 가령 이메일, 일상적인 대화, 트윗에 이르기까지 잠재 고객이나 실제 고

15 콜드 콜링은 무작위로 선별된 대상에게 전화를 걸어, 상품을 권유하거나 서비스 구매를 추천하는 방식의 마케팅 기법이다.

객과 만나 상호작용하는 모든 것을 합한 것이다.

1인 기업들이 성장을 넘어 더 나은 것에 초점을 맞추기 위해 마케팅을 활용할 수 있는 곳은 거대한 시장보다 특정 틈새시장이다. 전문가로서 두각을 나타내거나 그 틈새시장에서 다른 산업 전문가의 도움을 받는 추천을 수집하기가 더 쉬워서 신뢰는 작은 고객층 내에서 더 쉽게 확립된다.

최근 몇 년간 대기업은 소셜 미디어 팔로워, 구독자, 클릭과 같은 '허무 지표vanity metrics'를 수집하는 데 마케팅과 홍보 노력을 집중해왔다. 그러나 그런 지표들이 항상 매출, 이익 또는 평판과 상관관계가 있는 것은 아니다. 즉, 그들은 열의나 신뢰를 측정하지 않는다. 그들은 단지 얼마나 많은 사람이 어떤 형태의 마케팅에 유인됐는지를 보여줄 뿐이다. 이 기업들은 고객과의 '연결connecting'에 대한 '수집collecting'을 자세히 생각하느라 '좋아요'를 눌러주는 페이지 뷰 기록자와 팔로워를 모으는 데 너무 빠져들고 있으며 이미 경청하고 따르고 구매하고 있는 개별 고객과 관계를 구축하는 것에는 소홀하다. 어떤 것이든 출시하자마자 사려는 100여 명의 열정적인 팬을 갖는 것이 무료 아이패드 등을 얻고자 하는 10만 명의 단순한 팔로워보다 훨씬 가치 있다.

돈을 버는 것이 때론 신뢰를 얻는 것보다 수월한 때도 있다. 돈은 무심코 잃을 수도 있고 다시 얻을 수 있는 반면에, 신뢰는 한번 잃으면 되찾기 어렵다. 당신과 회사의 약속은 곧 고객과의 계약이 되어야 한다. 이것은 경쟁 산업에서 1인 기업이 얼마나 경쟁력이 우수한지를 보여주는 것이다. 단지 약속한 일을 하고 고객과 사회적 계약을 존중하는 것을 말한다. 아마존과 같은 큰 회사도 신뢰에 기반을 둔 서비스를 하고 있다. 첫째는 7일 이내에 배달하겠다는 약속이었다. 그리고 그들은 2일 이내 배달했다. 현재 아마존은 도서 산간 지역만 아니라면 당일에 배송한다. 우리는 주문한 것을 빨리 전달받을 것이고 우리가 만족하지 않는다면 반품이 쉬울 것이라는 믿음에 아마존에서 기꺼이 구매한다. 따라서 어디까지나 신뢰가 먼저이며 상거래는 그다음이다.

신뢰 마케팅에서 사람들은 당신의 회사에 개인적인 관심과 이메일 주소를 제공하거나 돈을 투자할 수 있을 만큼 당신을 신뢰한다. 이런 종류의 마케팅을 위해서는 항상 약속을 지키고 일관되게 대화할 필요가 있다. 마케팅과 신뢰 구축 노력을 소규모의 특정한 사람에게 집중하는 것은 직관적이 아닌 것처럼 보일 수 있지만 그렇게 하는 것에는 장점이 있다. 제품이나 서비스를 받는 이가 더 구체적일수록 그 특정 고객과 더 많은 신뢰를 쌓을 수 있다. 틈새시장에 집중하는 것은 역설적이게도 당신이 더 구체적일수록 그 집단에 판매하기가 더 쉬워지고 그렇게 집중하는 것에 가치 프리미엄을 부과할 수 있다. 그런 종류의 집중을 염두에 두면 당신은 틈새시장의 세부사항을 더 잘 알 수 있고 더 효과적으로 서비스를 고객에게 제공하는 방법을 배울 수 있으며 그 작은 틈새에서 자신을 위한 명성을 쌓을 수 있다.

커트 엘스터Kurt Elster는 일반 전자상거래 컨설팅 서비스를 제공할 고객을 확보하는 데 시간을 소비하는 대신에 전적으로 쇼피파이 입점 고객에 집중한다. 40만 개 이상의 소기업이 전자상거래 플랫폼으로 쇼피파이를 사용한다. 커트는 이 틈새시장을 이용하여 훨씬 작고 구체적인 고객에게 신뢰를 쌓음으로써 수익을 8배나 늘렸고 쇼피파이 컨설팅의 권위자로 이름을 날렸다. 그의 사례는 쇼피파이의 웹사이트에도 실렸다. 그의 명성은 쇼피파이 온라인 매장 운영자들을 돕는 데서 더욱 높아졌고, 컨설팅 서비스의 가격을 더 높여 책정할 수 있게 되었으며, 전 세계에 이 사례들을 연설할 수 있는 기회를 가져다주었다. 만약 당신이 쇼피파이 온라인 매장이 있다면 일반 전자상거래 컨설턴트와 쇼피파이에만 집중하는 커트 같은 전문가 중에 누구를 사업적으로 더 신뢰하겠는가?

신뢰는 큰 예산이 필요하지 않다

신규 고객 확보보다 고객 행복을 최우선 순위로 삼고 고객에게 사업에 대한 의견을 공유하도록 유도함으로써 홍보 비용을 줄여나갈 필요가 있다. 어떤 규모에서든 이윤을 낼 수 있는 1인 기업이라면 느리지만 지속 가능한 성장이 이치에 맞는다. 당신은 신뢰 중심의 사업 아이디어에서 시작해서 고객이 좋아하는 제품을 만든 뒤 그들이 구매한 것에 대해 교육받고 만족하는지 확인한 다음에 그들의 성공을 다른 이들과 공유할 체계적인 방법을 제공할 수 있다.

이는 대형 광고판, 대규모 광고 지출 그리고 돈을 들여 고객을 확보할 필요가 없다. 신뢰를 사업 운영의 주요한 요소로 간주할 때 구매 이후 다시 찾지 않는 고객층이 아니라 충성스러운 팬으로 가득 차게 될 것이다.

사실, 당신에게 슈퍼볼 광고는 필요하지 않다. 대신에 1인 기업으로서 웹사이트와 블로그를 위한 게스트 기사를 쓰거나 기존 고객을 위한 보상 프로그램을 만들거나 당신이 속해 있는 산업을 소개하는 팟캐스트에 출연하는 것이 더 효과적일 수 있다.

에어비앤비Airbnb의 전 콘텐츠 대표인 알렉스 뷰챔프Alex Beauchamp는 어떤 콘텐츠도 '입소문이 나게go viral' 퍼지는 것을 전혀 원하지 않는다고 하였다. 게다가 입소문이 나는 것은 종종 그 콘텐츠가 목표로 하는 대상이 누구인지 이해하지 못한 채, 거의 모든 이들에게 호소하려는 사업에서 일어나는 일이다. 만약 당신의 사업 콘텐츠가 10억의 조회 수를 생성하길 원한다면, 당신은 콘텐츠의 내용이나 실제 대상을 이해하지 못할 수 있다. 틈새시장에 집중하는 열의와 연결은 더더욱 중요하고 비용이 훨씬 적게 든다.

에드먼즈닷컴Edmonds.com에서 콘텐츠 이사로 일하는 알렉스Alex는 콘텐츠에 관한 한, 입소문보다 신뢰가 더 중요하다는 걸 알고 있다. 자동차에 대한 객관적 제3자 리뷰 웹사이트인 에드먼즈닷컴은 어떤 자동차 브랜드의 광고나 후원 콘텐츠를 부분적으로라도 나타내지 않는다. 그것은 즉시 특정 고객과의 신뢰를 망칠지도 모른다. 대신에 알렉스와 그녀의 팀은 자동차 구매에 참여한 특정한 고객들의 의견에 바탕을 두고 각 차량의 장점을 위주로 공정한 리뷰를 만든다. 그녀는 최고의 플랫폼을 이미 가지고 있다고 말한다. 이미 경청하고 집중하는 사람을 만족시킴으로써 다른 사람에게도 그럴 수 있다.

앞서 언급했듯이 교육은 고객층을 구축하기에 더 우수하고 더 저렴한 방법이다. 당신의 제품을 어떻게 사용하고 사업이나 삶에 어떤 이익을 줄 수 있는지를 전달할 때 신뢰는 자연스러운 결과물이다. 수상 차량Water Vehicle에 대한 보험과 견인 서비스를 제공하는 보트유에스BoatUS는 수중 위험 경고와 조류 차트 기능을 가진 휴대전화 앱으로 고객과 비고객 모두에게 무료로 이용 가능한 교육을 제공한다. 만약 당신의 사업이 정보의 원천이 된다면 고객이 비록 비구매 결정을 내렸다 할지라도 당신이 제공한 정보에 따라 스스로 결정하는 데 필요한 것을 제공하는 것이다. 이러한 유형의 교육은 웹사이트의 무료 자원 페이지나 무료 모바일 앱처럼, 제품과 고객 신뢰를 촉진하는 데 드는 비용을 효율화하는 방법이 될 수 있다.

제이슨 프라이드Jason Fried는 최근 베이스캠프가 약 100만 달러를 지출하여 소셜 미디어 광고를 구매했다고 말했다. 하지만 이 광고가 이미 이전부터 교육적인 내용을 만들고 공유해왔던 것만큼 효과적이지 않다는 것을 깨닫고 바로 중단했다. 어떠한 광고 구매나 유료 광고도 없는 상태에서도 4,400명 이상의 사람이 일주일 만에 소프트웨어에 등록했다. 그들은 기존 고객에게 훌륭한 제품, 놀라운 고객 서비스 그리고 추천 보너스로 보상을 주는 것에 집중하기로 했다. 제이슨은 페이스북이나 구글과 같은 대기업으로부터 광고 서비스를 구매하기보다는 더 많은 고객을 유치하기 위해 서비스에 만족하는 고객들에게 현금 보상을 할 것이라고 말했다. 그것은 또한 비용도 훨씬 적게 든다.

고객을 확보하기 위해 고가의 광고 지출을 할 이유가 없다. 더욱이 그러한 캠페인은 필요한 규모와 비용적인 면에서 1인 기업에게는 특히 어려운 일이다. 이에 관해 내가 사는 곳 근처의 완벽한 사례를 하나 들어 본다.

토피노에 있는 푸앵트 레스토랑Pointe Restaurant은 수상 경력이 화려한 고급 레스토랑으로 훌륭한 저녁 식사 경험을 제공해 주기 때문에 자주 가는 곳이다. 먼저 샴페인 한 잔을 내어주고 몇 시간 동안 5~7종의 무작위로 완벽히 준비된 코스요리를 가져다줄 때야 비로소 어떤 음식인지 조금씩 알게 된다. 셰프는 분위기가 어떤지 보기 위해 가끔 등장한다. 계산서가 도착하면 지배인은 차량을 미리 주차해놓기를 원하는지 묻는다. 이곳은 음식뿐만 아니라 개인 맞춤형의 세심한 서비스로 최고급 레스토랑임을 증명하며 사람들에게 회자되는 명품 브랜드를 형성한다. 사람과 친밀한 관계를 형성하는 노력을 잘하는 종업원을 고용하는 것과 같이 개인적인 접점을 만드는 것은 큰 비용이 들지는 않지만, 고객에게 감동을 주고 만족시킴으로써 신뢰를 쌓아가는 것에는 크게 이바지할 수 있다. 그리고 이런 서비스에는 큰 프리미엄을 부과할 수 있다.

사업에 대한 신뢰를 구축하는 것은 마케팅 캠페인에 적합한 내부 슬로건을 채택하거나 제품과 서비스에 적용하기 위해 주문mantra을 구성하는 것 이상의 문제이다. 신뢰는 판매는 물론, 제품 홍보와 고객 지원을 비롯한 모든 면에 적용되어야 한다. 고객 신뢰에 부합하는 사업을 유지하는 것은 아주 작은 규모의 1인 기업이 시장 차별화에 성공하여 두각을 드러내는 방법이다. 이런 사업은 속도보다 품질, 이익보다 배려, 속임수보다 정직에 집중한다. 고객은 자신들이 신뢰하는 기업에서 구매하기를 선호하는데 굳이 기업이 판매 방식을 바꿀 이유가 있을까?

생각해보기

- 1인 기업의 마케팅 전략 안에 신뢰와 정직을 하나로 통합하는 방법은 무엇인가?

- 고객과 협력 관계를 구축하여 고객에게 사업에 관한 정보를 다른 이들과 공유하도록 유도하는 방법은 무엇인가?

- 이메일, 지원 또는 소셜 미디어를 통해 당신이 항상 고객과의 사회적 계약을 준수할 방법은 무엇인가?

2 장

작은 단계에서 시작하고 반복하기

앞서 우그몽크에 대해 몇 차례 언급했지만 이는 1인 기업이 어떻게 시작되었는지에 관해 아주 매혹적이고 영감을 주는 이야기여서 다시 한 번 그 회사에 대해 자세히 설명하고자 한다. 우그몽크 창업자 겸 창시자 제프 셸던이 대학을 졸업한 지 한 달 후인 2008년, 그는 고등학생 시절의 연인과 결혼하고 버몬트주 벌링턴으로 이사하여 디자인 회사에 정규직으로 입사했다. 그는 미니멀한 디자인과 타이포그래피typography에 매혹되었지만 이 미학에 어울리는 옷을 찾을 수 없었다. 그는 단 하나의 아이디어와 네 개의 티셔츠 디자인으로 시작했다.

그러나 제프는 대형 소매상을 위한 공장, 창고, 공급망을 갖춘 대형 의류 회사를 계획하는 대신 아버지로부터 2천 달러를 융자받아 미국 티셔츠 인쇄처에 생산을 맡김으로써 가능한 한 빨리 수익을 올리겠다는 계획으로 시작했다. 그는 함께 일하는 모든 제조 회사를 윤리의식에 부합하는 엄격한 품질과 제휴 원칙에 따라 신중하게 선정했다.

그는 단 네 가지 디자인과 200벌의 셔츠로 시작했으므로 아버지에게 빌린 소액의 대출금을 다 갚고 바로 이익을 얻을 수 있었다. 첫 번째, 두 번째 그리고 세 번째 티셔츠가 빠르게 완판되었을 때에만 재고품을 더 주문하면서 비용을 늘려나갔다. 제프는 작은 단계에서 가능한 한 빨리 수익을 만들어내고 큰 규모의 일을 기다리지 않음으로써 이익의 보상을 받았다. 간단히 말해, 주문량이 늘어남에 따라 점차 비용이 절감되어 이윤이 증가했다. 초기부터 이런 식의 성장을 계획한 것은 아니었지만 이는 작은 규모로 돈을 버는 방법을 아는 계기가 되었고 그는 이것이 고객 수요에 따라 지속해서 성장하는 방법이라 생각했다.

2년 동안 제프는 계속 옷을 만들었으며 전속 디자이너로 업무를 하는 동안에도 정기적으로 우그몽크 웹사이트를 통해 판매를 계속하였다. 그는 주중 저녁과 주말을 이용해 우그몽크를 운영하면서 디자인을 개선하고 물류를 조직하고 주문품을 포장하는 등 밤낮으로 일했다. 처음 2년 동안은 직장 월급으로 생활했으며 우그몽크에서 얻은 모든 이익으로 자신과 함께 일하는 다른 동료에게 급여를 지급할 만한 충분한 여력과 규모를 키울 때까지 1인 기업인 우그몽크에 재투자하였다. 첫 번째 작은 아파트가 이내 재고로 가득 찬 뒤에야 더 큰 창고와 주문 처리 센터로 이전했다.

우그몽크는 사업 초기부터 수익성이 있었지만 제프는 너무 빨리 확장하지 않도록 조심해왔다. 그는 천천히 움직이며 작은 단계를 반복하면서 조금씩 생산량을 증가시키고 제품의 개수와 재고를 증가시켰다. 2부 4장의 니드/원트처럼, 우그몽크도 여전히 더 적은 인력과 자원을 필요로 하기에 여전히 고객에게 직접 판매하는 방식으로 운영했다. 그리고 항상 디자인과 제품의 품질에 중점을 두며 다른 디자인 출판물과 블로그를 통한 홍보 기회를 일상적으로 활용하고 있다.

최소 실행 가능한 이익 만들기

1인 기업은 가능한 한 빠르게 수익을 달성해야 한다. 투자자로부터 막대한 자금이 유입되는 것에 의존하지 않기 때문에 회사 설립과 초기 단계에 시간을 많이 소모하면 그만큼 돈을 벌 시간도 줄어드는 것이다. 따라서 작은 것이라도 제품이나 서비스를 가능한 한 빨리 출시하는 것은 재정적으로 현명하고 교육적인 방법이다. 빠른 출시는 완벽한 학습 경험으로 축적할 수 있다. 제품의 첫 버전은 너무 크지 않아도 괜찮다. 다만, 한 가지씩 문제를 잘 해결하고 고객이 구매하기 전보다 조금 더 개선되었다는 인상을 주면 된다.

최소 실행 가능한 이익MVPr; Minimum Viable Profit을 결정할 때, 사업이 흑자로 운영되는 지점의 값이 낮을수록 더 빨리 도달할 수 있다는 점을 명심할 필요가 있다. 이 책에서는 앞으로 이 '최소 실행 가능한 이익'을 'MVPr'이라고 줄여서 표현할 것이다. 따라서 일정을 조정하고 핵심 기능에만 집중하며 기본비용과 추가경비를 줄이고 먼저 소규모 사업모델이 잘 작동하는지 확인하는 것이 중요하다.

여기서 가정은 MVPr, 곧 고객의 수, 측정된 성장, 총수익 등이 회사의 지속 가능성을 결정하는 가장 중요한 요소라는 것이다. 처음부터 바로 이윤을 내면 다른 모든 것을 알 수 있다. 경비expenses가 적으면 이윤이 더 빨리 생긴다. 이익이 곧 실현될 거란 기대에만 의존하지 말고 실현된 이익realized profit에 초점을 맞춰 결정해야 한다. 이는 성장 중심의 사업과 운영방식에 있어 매우 중요한 차이점이다. 1인 기업이 성장해야 할 때조차도 지표는 희망적인 수익 예측이 아닌 실제 이익을 기준으로 한 경우에만 일어날 수 있다.

처음에는 MVPr이 낮을 수 있다. 1인 기업은 일반적으로 단지 한 사람 또는 두세 명의 작은 팀으로 시작하며 능력을 발휘하여 필요한 기술을 개발한다. 이 팀은 더 많은 사람이 진정 필요하고 그들을 충분히 지원할 수 있을 만큼 이윤이 큰 경우에만 더 커질 수 있다. 이윤은 소유주에게 월급을 줄 만큼 충분한 돈을 벌고 있을 때 발생한다. 1인 기업이 최소 한 사람을 부양할 수 있을 만큼 충분한 돈을 벌어야만 전적인 노력을 기울일 수 있다는 점에서, 이것이 MVPr의 '최소Minimum' 부분에 해당한다. 실행 가능성Viability은 MVPr이 한 사람을 장기간 계속 지원하거나 시간이 지날수록 증가하는 것을 말한다. 당신의 회사가 더 실행 가능해질수록 이익Profit은 실제로 더 커질 수 있다. 그럼으로써 더 많은 돈을 급여로 지급하고 시스템 확장에 집중하며 더 적게 일하고 계속해서 같은 비용을 지출하고 향후 사업에 투자하거나 증가하는 수입을 기반으로 성장하는 걸 선택할 수 있다. 결국 선택은 자기 몫이다.

예측 가능하고 일관성 있는 수익을 올리는 사업이 되는 것은 1인 기업에 있어 중요한 단계milestone이다. MVPr은 최소한의 투자만 가지고 가능한 한 짧은 시간 안에 달성하는 것이다.

한꺼번에 성장과 이익에 집중하는 것은 거의 불가능하므로 빠르게 수익을 올리는 것은 1인 기업에서 중요하다. 대기업의 경우 전통적인 성장은 미래에 대한 투자를 의미한다. 이는 보통 다가올 미래에 더 높은 이자율로 갚아야 하는 조건으로 판매주기에 따라 돈을 써야 하는 걸 의미한다. 성장에 초점을 맞추려면 영업 조직 구축과 유료 광고, 지원팀 증가에 따른 비용, 심지어 희망하는 성장을 다루기 위한 더 큰 기술적 인프라 비용까지 지출해야 할지도 모른다. 결국 더 많은 지출이 더 많은 이익을 창출할 것이라는 가정이다.

이익 감소에 집중하는 것은 1인 기업에서는 통하지 않는다. 1인 기업은 한 사람이 사무실도 없이 상당히 작게 시작한다. 이익이 허용되는 경우에만 지출한다. 성장률은 0에서 점진적으로 증가하기 때문에 성장 속도가 훨씬 더 느리다. 아주 적은 이익은 적은 금액 지출로 이어지고 이로써 조금 더 이익을 만들고 그다음 조금 더 지출하게 된다. 이는 매우 점진적인 과정이다.

1인 기업이라면 수익성을 달성하는 것만으로도 충분해서 급속한 이윤 증가는 핵심 목표가 아니다. 성장을 도모하고 같은 상태를 유지하며 여유 시간을 더 많이 사용하고 시스템을 확장할 수 있는 선택권이 있다. 즉, 목표는 급격한 이익 창출이 아니라 비용보다 조금 더 큰 이익을 만들어 가는 것이므로 위와 같은 선택을 만들어 갈 여지가 생긴다.

빠르고 단순하게 판매하기

기업가 겸 작가인 댄 노리스Dan Norris에 따르면 시작해보기 전까지는 아무것도 배우지 못한다고 하였다.

지당한 말이겠지만 제품이란 특별한 문제를 해결하기 위해 만들어진 것이다. 그러나 댄이 지적했듯이 사람은 실제로 돈을 내고 사용해보기 전까지는 이 제품이 어떤 문제를 얼마나 잘 해결할 수 있는지 알 수 없을 것이다. 당신이 자동차나 회계 소프트웨어를 팔든, 팔라펠falafel 가판대에서 팔라펠을 판매하든 이 제품들은 현존하는 긴급한 문제들을 고치거나 해결하기 위해 있는 것이다. 당신은 물론 걸어서 아주 먼 거리를 갈 수 있지만 자동차가 있으면 걷는 것보다 훨씬 빨리 갈 수 있다. 모든 사업에서 비용과 판매량을 추적하는 일은 중요하다. 그러니 이면지를 사용하는 자동화 회계 소프트웨어 비트beats가 있는 것이다. 그러면 팔라펠은? 배고픔, 혹은 금방 후회하겠지만 먹는 즐거움에 대한 갈망 등을 해결한다.

새로운 제품을 계속해서 개발하는 것에만 시간을 쓰면 1인 기업으로 지내는 매 순간 얼마나 문제를 잘 해결하는지 보지 못할 수 있는데, 더 나쁜 것은 돈을 벌거나 MVPr을 만들지 못하게 된다는 것이다. 그러므로 가능한 한 빨리 제품을 출시하는 것이 중요하다. 즉, 1인 기업은 현금 흐름을 창출하고 고객 피드백을 받기 시작해야 한다. 앤드류 메이슨Andrew Mason은 기본 웹사이트로 그루폰Groupon을 설립하여 수동으로 거래를 입력하고 애플 메일Apple Mail의 작성 도구로 구독자에게 이메일로 보낼 PDF를 생성했다. 스마트워치인 페블Pebble은 단 하나의 해설자 비디오와 실제 제품 하나 없이 크라우드 펀딩 서비스인 킥스타터 캠페인Kickstarter campaign으로 2천만 달러 이상의 개발 자금을 모으며 시작했다. 결국 페블은 핏비트FitBit에 매각되었다. 버진Virgin은 영국 개트윅Gatwick과 미국 뉴저지주 뉴어크Newark, New Jersey 사이를 운행하는 보잉 747기 한 대로 출발했다.

일단 이런 스타트업이 가동되면 고객 피드백을 토대로 긍정적인 변화를 만들 수 있었다.

같은 방법으로 1인 기업은 유용하고 신선하며 시장 관련성을 적절히 유지하기 위한 제품의 상태를 지속해서 반복할 필요가 있다. 따라서 신속히 회사를 시작하되 즉시 제품을 개선하고 더 나은 제품을 만들기 시작해야 한다. 첫 번째 버전의 제품을 출시하면 시장에서의 위치, 목표 고객의 관심도 그리고 구매력 등 많은 것들을 추정하게 될 것이다. 하지만 그나마 다행인 것은 일단 첫 번째 버전을 시작하면 '판매는 어떻게 되고 있는가?', '평가는 어떤가?', '고객 유지는 어떤가?', '감동한 고객은 지인에게 입소문을 내고 있는가?' 등의 데이터가 즉시 쌓이기 시작할 것이라는 점이다. 이 데이터를 사용하여 제품을 더욱 정교하게 개선하고 해결하고자 하는 문제에 대한 더욱 효과적이고 유용한 해결책이 될 수 있게 해야만 한다.

이처럼 크고 복잡한 문제에 대한 간단한 해결책을 찾는 것이 1인 기업이 가진 가장 강력한 자산이다. 나는 이 점을 강조하지 않을 수 없다. 독특한 독창성은 인공지능이나 대규모 팀에 외주를 줄 수 없다. 단순함으로 문제를 해결하는 능력은 어떤 시장에서든 기술적으로 관련성을 유지하게 할 것이다. 소규모로 시작하는 것의 이점은 제품을 사용하는 소수의 고객으로부터 시작할 수 있고 그들과 직접 피드백, 제안 그리고 개선을 위해 대화할 수 있다는 것이다.

1인 기업이 신제품을 출시하기 위해서는 절차가 간단해야 한다. 1장의 내용을 돌이켜보면 이는 1인 기업의 정의적 특성이다. 단순한 시작 결정, 단순한 메시지 전달, 오직 한 명의 고객만을 대상으로 하는 단순한 것이어야 한다.

하버드대 조지 화이트사이즈George Whitesides 교수에 따르면 단순함의 심리학에는 예측 가능성, 접근성, 빌딩 블록 역할 등 세 가지 요소가 있다고 한다.[74] 예측 가능성predictability은 단순한 제품이 직관적으로 이해하기 쉽다는 걸 의미한다. 캐스퍼 매트리스Casper mattress가 숙면을 취하는 데에 도움이 되는 것처럼 단 한 가지 문제를 해결하는 제품은 매우 단순하다. 캐스퍼는 108가지 스타일의 매트리스를 만들지 않는다. 그들은 단 세 가지 제품만 만든다. 접근성accessibility이 좋다는 것은 정직하다는 것을 의미한다. 캐스퍼는 지나치게 과장된 주장을 하지 않고 40만 명 이상의 압도적으로 긍정적인 사용 후기와 견고한 연구를 바탕으로 자사 제품의 경쟁력을 입증한다.

마지막으로, 빌딩 블록building block의 역할을 한다는 것은 기존의 잘 이해된 개념을 바탕으로 계속 쌓아나가는 것을 말한다. 캐스퍼는 처음부터 부드럽고 직사각형 모양으로 된 수면용 발포 고무 매트리스를 발명하지 않았다.

그들은 단순히 기존 산업, 즉 기존 제품을 더 좋게 만들었다. 모든 사람이 매트리스가 무엇인지 알고 있었으므로 캐스퍼는 굳이 그것을 설명할 필요가 없다. 단지 그들의 매트리스가 왜 더 나은지만 설명하면 됐다. 사실, 캐스퍼는 매트리스를 파는 것이 아니라 더 나은 숙면이라는 목적을 충족하기 위한 수단을 제공하는 것이다. 소셜 미디어, 블로그와 기타 광고 등 모든 미디어에 걸쳐 이 메시지는 일관된다. 캐스퍼 매트리스가 초집중하는 표적 시장은 울퉁불퉁한 기존의 매트리스를 새로 사고는 싶지만 매장에 나가 판매직원과 대화하는 것을 꺼리는 젊은 층이다. 이들은 차라리 온라인에서 제품을 구매하고 싶어하는 고객으로, 제품이 마음에 들지 않으면 100일 후에도 반품할 수 있다는 보증을 받고 구매를 한다.

출시를 단순하게 유지하면, 제품을 시장에 출시한 후 시장과 공유하는 데 방해가 되는 것을 방지할 수 있다. 단순하지 않으면, 먼저 이 제품이 무엇이고 무엇을 하는지를 장황히 설명하는 데 너무 많은 시간을 소비할 것이다. 단순성을 활용하면 MVPr을 더 빨리 달성하고 제품이 시장에서 어떻게 움직이는지 진정으로 배울 수 있다.

벤처캐피털이 필요하지 않은 자체적인 자금 지원

'개더Gather'라는 책상 수납함을 만들어 팔기를 원했던 우그몽크의 제프 셸던의 사례로 돌아가 본다. 물리적 제품 판매는 많은 사전 계획과 최소한의 주문과 그에 따른 선불 현금 투자를 수반하는 생산계약을 포함하기 때문에 어려울 수 있다. 많은 제품업체가 자금 지원이나 은행 대출을 받거나 막대한 자본금을 구해 창업에 나서는 것도 이 때문이다.

그러나 개더는 그렇지 않았다. 제프는 크라우드 펀딩 캠페인을 통해 새 제품에 대한 아이디어를 실험해 보기로 했다. 이렇게 접근하면 고객이 얼마나 책상 수납함을 원하는지 알 수 있다. 만약 그렇다면 그들은 투자자에게 지배권을 포기하는 일 없이 개더를 생산하는 데 필요한 자본을 조달할 것이다. 그리고 이미 10년 동안 우그몽크 브랜드에 열광하는 고객을 형성했기 때문에 제프의 킥스타터 캠페인은 본래의 자금조달 목표를 2,394%나 능가하는 43만 달러 이상의 자금을 창출할 수 있었고 생산에 필요한 모든 비용을 충분히 감당할 수 있을 만큼 충당했다.

제프는 이제 기존 고객을 위해 생산을 늘릴 수 있었고 자신의 비전을 완전히 공유하지 못할 수 있는 외부 투자자 대신에 잠재 고객에게 직접 자금을 지원받았다. 앞서 언급했듯이 최초의 스마트워치 중 하나인 페블 시계는 크라우드 펀딩 노력이 없었다면 세상 밖으로 나오지도 못했을 것이다. 이 프로젝트는 역사상 가장 단시일 내 많은 자금이 투입된 킥스타터 프로젝트가 되었다.[75] 하지만 78,471명의 후원자에게 2천만 달러 이상의 자금을 모금했음에도 불구하고 페블은 장기적으로 성공하지는 못했다.[76]

크라우드 펀딩은 투자자로부터 자본을 조달하는 하나의 대안으로, 새로운 사업에서 증가하는 추세다. 벤처캐피털 자금보다 훨씬 쉽게 접근할 수 있고 아이디어를 잠재 고객의 손에 직접 맡길 수도 있다. 만약 당신의 생각에 동의한다면 그들은 선주문으로 구매를 약속할 것이다. 만약 그들이 동의하지 않는다면 당신은 어쩌면 제품 개발에 몇 달 혹은 몇 년의 시간을 쓰는 것이 아닌, 마케팅이나 시제품 개발을 위한 크라우드 펀딩 캠페인 구상에 시간을 낭비하게 될 것이다.

하지만 '벤처캐피털 = 나쁨', '크라우드 펀딩 = 좋음'이라고 잘라 말할 수는 없다. 벤처캐피털 자금은 때로 매우 유용한 멘토링과 심지어 비즈니스 관계를 구축하는 데 필요한 연결성을 동반한다. 또한, 제품 개발뿐만 아니라 회사를 운영하는 데 필요한 사업 경험을 함께 받을 수 있다. 투자자를 찾는 것은 사실 매우 까다로운 일이다. 어떤 기업가가 말하듯이 돈을 갖고 있으면서 비전을 공유하고 다른 이들의 아이디어에 투자하기를 열망하는 사람들을 찾기란 어려운 일이다.

벤처캐피털은 자신의 이익과 투자의 부분적 소유에 관심이 있지만 크라우드 펀딩은 1인 기업의 아이디어와 더 밀접한 관계가 있다. 만약 제품 아이디어가 구독자의 문제를 해결한다면 그 구독자는 고객이 될 것이다. 수익은 처음부터 빠르게 창출될 것이며 사업에서 벌어들이는 돈에 전적으로 의존하여 어떻게 진행될지에 대해 선택할 수 있게 할 것이다. 만약 크라우드 펀딩이 제대로 이루어진다면 매우 유익할 수 있지만 크라우드 펀딩이 항상 자금을 모으는 확실한 방법은 아니라는 것을 명심할 필요가 있다. 일반적으로 킥스타터 캠페인의 35%만이 성공적으로 자금을 조달한다. 여전히 틈새시장이지만 크라우드 펀딩은 2016년 약 60억 달러를 조성했다. 예일대 경영학 교수인 올라브 소렌슨Olav Sorenson은 크라우드 펀딩이 소비자 대상 제품에 가장 적합하며 비즈니스 중심 제품에는 성공 가능성이 그리 크지 않다고 생각한다.[77]

크라우드 펀딩도 역시나 전통적인 자본 조달 방식보다 좀 더 성과주의적이다. 하버드 경영대학원Harvard Business School의 연구는 주로 백인 남성인 투자자가 자신과 같은 사람,[78] 즉 백인 남성이 운영하는 벤처를 선호하는 것으로 나타났다.[79] 반면에 PwC와 크라우드 펀딩 센터Crowdfunding Center의 연구에 따르면 여성이 크라우드 펀딩에 뛰어나다고 한다. 그들은 실제로 남성보다 모금 목표를 달성하는 데 32%나 더 성공적이다.[80]

베터백BetterBack이라는 회사의 최고경영자인 캐서린 크루그Katherine Krug의 경우를 생각해보자. 캐서린 크루그는 하반신에 문제가 있는 사람이 책상에 앉는 것을 돕는 제품을 개발하기 위해 크라우드 펀딩으로 300만 달러 이상을 모금했다. 영향을 끼칠 만한 외부 투자가 없는 그녀는 회사의 방향을 완전히 통제할 수 있었다. 샤크 탱크 계약을 거절한 것으로 유명해진 캐서린은 크라우드 펀딩이야말로 여성 기업가가 신제품 개발에 필요한 자본을 확보할 수 있는 이상적인 플랫폼이라고 생각한다. 또한, 그녀는 크라우드 펀딩이 1인 기업들을 더 자유롭게 만든다는 것을 알았다. 많은 벤처캐피털이 보통 50만 달러 혹은 심지어 100만 달러짜리 회사조차 투자하기에는 너무 작다고 생각하는 경향이 있기 때문이다. 베터백은 사무실도 없이 소규모 팀을 전 세계에 분산시켜 운영하고 있다. 캐서린 자신은 세계 각지에서 일하며 각 분기를 다른 나라에서 보낸다. 그녀는 사업을 운영하고 직원을 운용할 때 급격한 이익 증가보다는 개인적인 성장에 더 집중한다.

자금이 항상 필요한 것은 아니다

때때로, 사업이나 제품에 대한 아이디어를 실현하기 위해 상당한 금액이 필요하다면 자신의 아이디어가 너무 광범위하거나 너무 복잡한 것일 수 있다. 그리고 사람들이 당신에게 무언가를 요구하고 기꺼이 이를 위한 자금을 제공해 줄 때만 사업을 시작해야 한다.

데릭 시버스Derek Sivers는 2008년에 2,200만 달러에 팔린 시디베이비CDBaby를 시작했는데, 이 시디베이비는 한 달에 약 25만 달러의 순이익을 올리고 있었다. 우연한 기회에 그는 자신의 밴드 CD를 인터넷에서 팔기 시작했다. 친구들은 자신의 앨범도 팔 수 있는지 문의했고 이후 더 많은 사람이 요청함에 따라 수익 모델이 형성되기 시작하여 데릭의 시디베이비 사업이 탄생했다. 그러나 시작 시점에는 초기 자본이 필요치 않았다. 단지 아이디어와 그것을 잘 실행할 시간이 필요했을 뿐이다.

시디베이비는 투자를 원하는 외부인의 제안을 매주 받았지만 투자자에게 절대 맡기지 않았다. 데릭은 시디베이비가 처음부터 수익을 만들었기 때문에 더 확장할 필요가 없었으며 고객에게 서비스하는 데 집중했다. 고객과 자신 외에는 아무도 기쁘게 해줄 필요가 없었다. 그는 돈을 모으기 위해서건 사업을 확장하기 위해서건 승진을 위해서건 모든 결정은 고객에게 최선을 다하는 데 맞춰야 한다고 생각했다. 데릭은 시디베이비를 시작하기 위해 500달러의 비용을 들여 첫 달에는 300달러, 두 번째 달에는 700달러를 벌어들였으며 그 시점부터 수익이 계속 생겨났다.

고객은 일반적으로 사업이 성장하거나 확장하는 것을 요구하지 않는다. 만약 성장이 최선책이 아니라면, 아마도 재고해야 할 것이다. 2부 3장에서에서 이미 보았듯이 고객과 그들의 만족에 초점을 맞추면 고객들은 기꺼이 지인에게 당신을 추천할 것이기 때문이다.

3장에서 소개했던 크루는 프리랜서를 기업들과 수동으로 매칭시키기 위한 한 페이지짜리 웹사이트와 정보 수집 양식으로 시작했다. 그들은 수요가 너무 커져서 더는 수동으로 처리할 수 없게 되자 맞춤 소프트웨어 개발에 투자했다. 또 다른 제품으로 사용료 없는 사진 라이브러리인 언스플래시Unsplash를 출시했을 때 비슷한 방식으로 19달러짜리 텀블러Tumblr 테마를 구입하고 지역 사진작가가 찍은 고해상도 사진 10장을 올렸다. 3시간 만에 최초의 저화질low-fi 버전이 출시되었다. 그들은 확장 가능한 시스템이 절대적으로 필요해질 때까지 수작업으로 일한 다음 이윤을 다시 투자했다. 몇 년 후, 언스플래시를 통해 매달 10억 장 이상의 사진이 조회되고 있다. 그리고 현재는 벤처캐피털의 지원을 받고 있지만 수익성 높은 사업이 되어 있다.

너무 뻔하게 들릴지 모르겠지만 1인 기업은 고객을 위해 문제를 해결해야 한다. 더 나은 숙면을 돕는 매트리스를 팔든 사진 이미지를 팔든 간에 사업은 고객이 유용한 것으로 여길 때에만 비로소 성공한다. 그래서 첫 번째 목표는 이제 막 시작한 1인 기업으로서, 특정한 고객의 문제를 해결하는 가장 좋은 방법을 찾아내고 그것을 빠르고 효율적인 비용으로 시작하는 것이다.

1인 기업은 언제일지도 모르는 먼 미래에 모든 이들의 문제를 단번에 해결할 수 있을 정도로 커지는 대신 작게 시작하기를 선택함으로써 실제 사람들의 문제를 해결하는 데 모든 에너지를 쏟을 수 있다. 즉, 관료주의와 대규모 인프라의 마찰을 제거함으로써, 고객과 직접 소통하고, 경청하고, 공감할 수 있다.

예를 들어, 사람들에게 온라인 사업 운영 방법을 가르치는 온라인 강좌를 판매하고 싶다면, 먼저 그 조언을 일대일 컨설팅 서비스로 제공하는 편이 더 빠르다. 그렇게 하면 모든 동영상을 촬영하고 온라인 코스 플랫폼을 개발하거나 설치하며 온라인 코스에서 돈을 버는 데 필요한 구독자를 확보할 때까지 수익 발생을 기다릴 필요가 없다. 이윤은 첫 번째 고객이 당신에게 받은 개별 교육에 대한 비용을 지불하는 순간 발생할 수 있다.

이볼브앤석시드Evolve and Suceed의 설립자인 핼리 그레이Halley Gray는 새로운 사업을 시작하는 대부분의 사람이 항상 제품이 먼저라고 믿는 실수를 하고 있다고 생각했다. 창업가는 많은 시간이 들거나 때로는 현금 등을 투입해야 할 제품을 개발하는 대신 그들의 제품 아이디어를 먼저 서비스로 제공함으로써 거의 즉시 시작할 수 있다. 다니엘 라포트가 자신이 설립한 회사에서 해고된 후 『해직, 새로운 시작의 때Fire Starter Sessions』를 출간했던 일이 그 예다. 그녀는 서비스를 먼저 제공함으로써 거의 즉시 수입을 창출할 수 있었고 일대일 서비스 기반의 일이 시작되었을 때 그녀의 제품을 원하는 시장이 있었음을 증명할 수 있었다. 이렇게 함으로써 그녀는 잠재고객에 대해 많은 걸 배웠고 그들이 무엇을 원하는지 알게 되었다. 그래서 상품이 출시되었을 때 매우 좋은 반응을 얻었으며 백만 달러 이상의 사업이 탄생했다.

빠르게 시작하고 자주 실행하라

우리는 너무 자주 제품이나 사업을 시작할 기회가 단 한 번뿐이고, 첫 출발점이 중요하다고 믿는다. 당장 금전적으로 엄청난 이익을 얻지 못하면 망한 것으로 생각한다. 왜 그런지 모르지만 대중에게 사업을 디지털 등으로 처음 공개하면 왠지 마법 같은 일이 생길 것 같다고 느낀다.

이런 생각이 문제인 이유는 대부분의 시작이 큰 성공일 수는 없다는 사실을 간과하기 때문이다. 모든 것이 올바르게 이루어진 경우라면 시작은 약간의 이익이 될 수는 있다. 하지만 초기에 대부분은 추정에 불과하기에 우리가 원하는 만큼 빠른 성과를 거두지 못한다. 우리는 의도된 대상, 제품의 위치 그리고 우리가 판매하고 있는 것에 대한 잠재고객의 가치에 대해 추정한다. 일상생활에서 자주 쓰이는 윤활유인 WD40은 문자 그대로 '39번의 실패와 1번의 성공thirty-nine failures and one success'의 의미로 이름 지어졌다. 원래는 항공우주 산업용으로 개발되었으나 직원이 다른 업무에 이용하면서 더 큰 인기를 끌게 되었고 소매업으로 확장되어 번창했다. 지엠GM은 1996년 전기자동차 EV-1을 출시했으나 너무 '틈새시장'이라고 여겨 사업을 포기했다. 20년 뒤인 2017년, 같은 전기차 제조사인 시보레 볼트Chevrolet Bolt가 올해의 자동차the Motor Trends Car of the Year로 선정되었다. 우선 시작해야 비로소 자료를 수집할 수 있고 측정할 수 있으며 핵심적인 통찰력을 얻을 수 있다. 즉, 무엇이 작동했는지 작동하지 않았는지, 어떻게 받아들여졌는지, 어떻게 차별화되게 배치할 수 있는지 등에 관한 통찰력이다.

시작은 일회성 이벤트가 아니라 출시, 측정, 조정, 반복의 연속적인 과정이다. 링크드인의 공동 설립자인 리드 호프만Reid Hoffman은 만약 제품의 첫 버전에 당혹스럽지 않았다면 너무 늦게 출시한 것이라고 하였다.[81] 모든 회사가 창업자의 완전하고 변하지 않는 생각에서 성장한다고 믿는 것은 어리석은 일이다. 특히 큰 성공 기업의 대부분이 오직 과정을 개선하거나 완전히 탈바꿈하거나 그들의 탁월함을 반복적으로 발휘함으로써 자신들의 위상을 달성했기 때문이다.

베스트셀러 『좋은 기업을 넘어 위대한 기업으로Good to Great』의 작가 짐 콜린스Jim Collins는 40년 동안 1,435개의 기업을 연구했다. 그는 매우 수익 지향적이고 성공적인 모든 위대한 기업은 단순하게 시작했어도 충분할 정도로 좋은 기업으로 시작한다는 것을 발견했다.[82] 이 기업은 한 가지 일에 집중하고 다른 나머지는 분산하였다. 그는 이것을 여우와 고슴도치에 비유한다. 여우는 매우 영리하고 교활하며 먹이를 잡는 많은 재주를 가지고 있다. 이와는 대조적으로 고슴도치는 단 하나의 기술만을 가지고 있다. 즉, 가시가 많은 공처럼 웅크려 굴러간다. 고슴도치의 이 특이한 기술은 여우가 얼마나 많은 재주를 부리든 고슴도치를 잡아먹지 못하게 하기에 결국 여우를 능가한다. 많은 기업은 모두를 위해 모든 것을 할 수 있는 화려한 기능bells and whistles으로 가득한 제품을 출시하면서 여우처럼 되려고 노력하지만 장기간에 걸쳐 번창하는 성공적인 기업은 고슴도치처럼 잘하는 한 가지 일을 하고 그것을 완벽히 습득한다. 여전히 1인 기업을 설립하기 위해서는 다양한 기술이 필요하지만 고객에게 특별한 서비스를 제공하는 데 집중하는 것은 중요하다.

오늘날의 기술 발전은 이 특별한 집중을 훨씬 더 쉽게 만든다. 애닐 대시Anil Dash는 "모든 회사는 이제 기술 회사이다Every company now is a technology company."라고 주장한다.[83] 과거에는 기술 회사와 다른 회사를 분리하는 것이 일리가 있었지만 지금은 모든 회사, 심지어 1인 기업조차도 이메일을 사용하는 것부터 전자상거래 소프트웨어 생산 자동화에 이르기까지 기술에 크게 의존하고 있다. 모든 회사는 이제 기술을 자유자재로 활용하는 기술 회사가 되어, 2부 4장에서 언급한 '확장 가능한 시스템'을 만드는 것 외에도 더 많은 집중이 가능하다. 예를 들어, 회사는 새 온라인 결제 시스템을 개발하기 위해 노력할 필요가 없다. 대신에 스트라이프Stripe나 스퀘어Square, 페이팔PayPal을 사용하면 된다. 회사는 웹사이트를 위한 콘텐츠 관리 시스템을 구축하는 데 시간과 자원을 투자할 필요도 없다. 이 경우에는 워드프레스WordPress를 사용하면 된다. 스트리밍 비디오가 필요하면 그저 유튜브YouTube를 활용하면 된다. 공급사슬관리SCM 방안이 필요하다면 수백 개의 소프트웨어 솔루션 중에 하나를 고르면 된다. 기존 기술을 사용하여 최대한 많은 사업을 운영함으로써 핵심 아이디어인 솔루션에 더 집중하고 핵심적인 틈새시장을 찾을 수 있다.

첫 출시는 보통 놀랄 만한 결과를 낳지 않기 때문에 1인 기업은 출시할 것이 있다면 즉시 시작하도록 해야 한다. 그러면 학습한 내용을 바탕으로 제품을 더 훌륭하게 개선하는 데 집중할 수 있다. 반복과 재시작으로 더 큰 결과를 얻을 수 있다. 1인 기업은 자신이 제공하고자 하는 시장의 유용성과 관련성 높은 제품과 서비스를 반복적으로 출시해야 한다. 따라서 빨리 시작하되, 즉시 제품을 개선하고 또 개선해야 한다.

그러나 반복은 진행 중인 과정이며 시장과 틈새시장의 다른 기업, 심지어 지원 담당자 또는 팀의 요청과 같은 조직 내에서 피드백과 자료를 수집하는 한 절대 중단해서는 안 된다. 당신의 전략은 경직되어 돌처럼 굳어져서는 안 되며 새로운 정보가 수집될 때마다 바꿀 수 있는 능력이 있어야 한다. 이런 방식의 전략은 서비스 고객과 시장을 당신에게서 절대 멀어지게 만들지 않을 것이다.

한때 북미 비디오 대여 사업을 독점했던 블록버스터Blockbuster는 변화하는 시장을 반복하는 데 실패했고 넷플릭스는 그 수익을 빼앗아갔다. 모틀리 풀Motley Fool과의 인터뷰에서 블록버스터 최고경영자는 "레드박스RedBox나 넷플릭스는 경쟁의 레이더망에 보이지도 않았었다."라고 말했다.[84] 블록버스터는 절망적으로 시대에 뒤떨어진 소매점으로 끝이 났는데, 이는 엄청난 비용과 부채를 발생시켰고 그 후 파산했다. 시어즈Sears는 모든 집에 카탈로그를 보내고자 하는 기존의 관행을 끝내 바꾸지 못하고 월마트Walmart와 아마존Amazon에 패하고 말았다. 2006년에 모토로라의 최고경영자인 에드 잰더Ed Zander는 애플 아이팟 나노Apple iPod Nano에 대해 이렇게 말한 적이 있었다. "나노를 갖다 버려라. 나노로 대체 뭘 한다는 것이냐? 누가 천 곡씩이나 되는 노래를 듣나?"[85] 1946년, 20세기 폭스20th Century Fox의 공동창업자인 대릴 자누크Darryl Zanuck는 "텔레비전은 출시 반년쯤 지나면 시장에서 사라질 것이다. 사람들은 매일 밤마다 이 합판 상자를 쳐다보고 있는 것에 곧 싫증을 낼 것이기 때문이다."[86] 새로운 자료와 통찰력에 기초한 반복과 조정이 없다면 기업은 정체되어 죽을 것이다.

하지만 한 번 또는 여러 번 시작한 경우 단 한 사람의 생활비조차 지탱할 수 있는 충분한 이윤을 얻지 못했다면 언제 탄력성을 유지하고 계속 추진해야 하는지, 또 언제 이삿짐을 싸서 그만둬야 하는지 어떻게 알 수 있을까? 혹은 새로운 아이디어나 사업으로 넘어갈 때를 어떻게 알 수 있을까?

이는 베스트셀러 작가인 팀 페리스Tim Ferris가 자신의 팟캐스트에서 창작자를 위한 온라인 포트폴리오 플랫폼인 비핸스Behance의 공동창업자 스콧 벨스키Scott Belsky에게 던진 질문이었다. 스콧은 우리가 하지 말아야 할 때 고집스럽게 추진하는 것과 초기에 가정하는 진실과 관련이 있을 때 탄력적으로 인내하는 것 사이의 적정한 경계선을 탐색해 나갈 필요가 있다고 했다. 즉, 일이 잘 풀리지 않아 어떻게 해야 할지 잘 모르는 곳에 서 있을 때 여전히 자신의 초기 가정이 맞는다고 생각하는가? 그리고 이 시점에서 당신이 알고 있는 모든 것을 다시 알아보기 위해 그 프로젝트를 다시 한 번 추진할 것인가?

만약 여전히 원래 생각이 타당하고 어떤 면에서는 이익이 될 수 있으며 여전히 추구할 가치가 있다고 생각하여 대답이 '그렇다.'라면, 계속해야 한다. 반면에, 시간과 에너지와 마음을 프로젝트에 더 많이 쏟아부으며 계속해야 해서 대답이 '그렇지 않다'라면, 그것은 논리적이지 않다. 일종의 '소유 효과endowment effect'[16]처럼 자신의 계획을 과대평가하고 있다면 아마도 그만두는 것이 좋을 것이다.

승자는 절대 멈추지 않을 것이라는 생각은 지나치게 단순하고 완전히 거짓

---

16 소유효과란 대상을 소유하고 난 뒤 그것을 갖기 이전보다 훨씬 더 그 가치를 높게 평가하는 심리적 경향을 말한다. 이는 즉각적으로 소유물의 가치를 높게 매기는 편향성에 기인한다고 한다.

이다. 대부분의 성공적인 창업자는 수차례 실패를 경험하고 여러 번 그만두었다. 사실, 실패 이후에 성공으로 이끈 발견은 바로 그들이 중단했었다는 사실이다. 나폴레온 힐Napoleon Hill은 1937년 출간한 책 『놓치고 싶지 않은 나의 꿈 나의 인생Think and Grow Rich』에서 "포기하는 자는 결코 승리하지 못하고, 승자는 결코 그만두지 못한다."라고 했지만, 그것은 사실이 아니다. 소니의 창업자 아키오 모리타Akio Morita는 쌀을 태워버리는 밥솥을 처음 발명했다. 에반 윌리엄스Ev Williams는 오데오Odeo라는 팟캐스팅 플랫폼을 설립했다가 곧 종료했다. 이는 애플이 곧 자체 팟캐스팅 플랫폼을 출시한 뒤 바로 쓸모없게 되었기 때문이었다. 그러고 나서 윌리엄스는 트위터Twitter와 미디엄Medium을 설립하며 계속 나아갔다.

따라서 아이디어의 소유권이 잘못 조정되었거나 투자한 모든 시간, 돈, 자원 때문에 어떤 것도 바꾸기를 거부한다면 잘못된 이유로 인해 계속 문제가 발생할 수도 있다. 하지만 만약 초기 비전이 여전히 객관적으로 타당해 보이고 발전과 이익이 원하는 것보다 더 느리게 나타난다면 모든 수단과 방법을 동원하여 계속해야 한다.

비핸스 초기에 스콧 벨스키와 그의 소규모 팀은 가진 돈이 완전히 바닥나기까지 불과 몇 개월 남아 있지 않은 상황이었다. 당연하게도 그들은 꽤 자주 의기소침해졌지만 창작자를 위한 세상을 만들어보려는 그들의 비전은 고객들에게 상당히 흥미롭고 가치 있는 일이었다. 비록 큰 성공을 거두지 못해서 계속 견디는 것에 지쳐갔지만 원래의 소신을 잃지는 않았다. 상황이 정말 어려워지자 오히려 그들은 훨씬 더 회복력이 좋아졌다. 새로운 직원에게 돈을 쓰는 대신에 확장 가능한 시스템을 만들고 일을 다시 할 수 있는 법을 찾았다. 그리고 이윤을 더 빨리 달성할 수 있도록 비용을 최소한으로 줄여나갔다. 현재 월 6천만 뷰 이상의 프로젝트로 유명해졌고 어도비Adobe가 소유하고 있는 오늘날에도 비핸스의 디자인팀은 인쇄, 디지털, 일련의 컨퍼런스 등의 모든 시각적 창작물과 출판물 99U를 총괄 담당하고 있음에도 믿을 수 없지만 여전히 단 3명의 직원만으로 구성된 매우 작은 팀을 유지하고 있다.

따라서 간단한 솔루션으로 가능한 한 신속하게 MVPr에 접근한 다음 출시 이후에 개선하기를 반복하는 전략을 취함으로써 1인 기업은 회복력 있는 기업이 될 수 있다.

생각해보기

- 가장 작은 버전의 아이디어를 실행함으로써 지금 바로 시작할 수 있는 새로운 사업 또는 제품은 무엇이 있는가?

- MVPr을 결정하는 방법, MVPr을 최대한 빨리 달성하기 위해 취할 수 있는 단계와 더 빨리 도달하기 위해 축소할 수 있는 사항은 무엇이 있는가?

- 고객이 겪고 있는 문제에 대한 가장 간단한 해결책이 될 제품 또는 서비스는 어떤 것이 있는가?

- 자본 없이 1인 기업을 시작할 수 있는가? 그리고 그 모습은 어떻게 보이겠는가?

3 장

인간관계의 숨겨진 가치

《뉴욕 타임스》 베스트셀러 작가 겸 오너 미디어 그룹Owner Media Group의 최고경영자인 크리스 브로건Chris Brogan은 허슬링을 믿지 않는다. 대신에 그는 상호 공유된 공통의 관심사를 바탕으로 사람들과 장기적인 관계를 형성하는 것을 선호한다.

크리스는 소규모 사업주나 1인 기업이 영업을 어려워하며 다른 사람에게 강요한다는 생각 때문에 판매도 싫어한다고 생각한다. 하지만 다른 이들이 발견한 바에 의하면 실제 이미 관계를 맺은 이들은 서로를 아끼며 격려하기 때문에 이미 아는 사람들에게 영업하는 게 더 쉽다. 이런 관계에서는 판매가 강압적일 필요는 없다. 그것은 전적으로 교양 있는 우애에 바탕을 두고 있다.

반대로 당신이 사업적으로 거듭 판매하려 하고 끊임없이 상품을 강매하려 든다면 사람들은 본능적으로 피하거나 이메일에 응답하지 않게 된다. 그러나 2부 5장에서 본 바와 같이, 고객들에게 지식공유를 잘하고 자율성을 보장해주며 그들의 삶과 사업을 더 좋게 만들기 위해 당신의 플랫폼을 잘 활용한다면 당신을 음흉하고 교활한 영업 사원이 아닌 신뢰할 만한 조언자로 여길 것이다. 이것이 크리스가 부탁을 받지 않고도 재미있는 일을 하는 그의 친구들과 사람들을 홍보해 주는 이유이다. 그는 '이 사람과 연결하면 내가 아는 이들 중에 누가 이익을 얻을 수 있을까?' 등과 같은 생각을 끊임없이 하면서 관계를 만들어 간다. 그런 다음, 일대일 혹은 구독자 전체와 공유함으로써 연결을 촉진한다. 시간이 흐르면서 이 독특한 접근법은 다른 사람과 구독자들에게 많은 호의를 만들어내는데, 이것은 크리스 자신이 뭔가를 홍보하거나 판매하려 할 때 도움이 된다.

크리스는 소비자들이 당연히 대기업보다 소규모 기업을 선천적으로 신뢰하기에 이러한 종류의 관계가 1인 기업에 도움이 될 수 있다고 생각한다. 크리스는 "안녕하세요? 오하이오 클리블랜드는 어때요?"와 "안녕하세요? 폴 자비스 씨?" 사이의 인사말에는 큰 차이가 있다고 말한다. 1인 기업은 고객의 이름을 부르거나 직접 언급하면서 이런 개인화된 접근법을 유용하게 활용할 수 있다. 예를 들어, 1,000명의 메일링 리스트를 가지고 있고 그들 대부분이 뉴스레터에 응답을 해준다면 각각 모두 읽어보고 개별적으로 답장을 할 수 있을 것이다. 그러나 대기업은 이런 종류의 개인적인 의견 수렴을 할 준비가 되어 있지 않다.

요즘 많은 대기업은 작은 기업처럼 행동하려고 하고 특이하게 작은 기업은 대기업처럼 행동하려는 경향이 있는데, 이는 참 의아한 점이다. 크리스는 특히 음식과 음료의 영역에서 어떤 경향이 나타나는 것에 주목하고 있다. 즉, 더 좋은 품질과 더 높은 가격의 음식에 대한 소비자의 수요는 대형 브랜드 회사가 작은 장인 회사를 인수해 작은 기업처럼 행동하게 한다는 것이다. 가령, 앤하이저 부시Anheuser-Busch는 최소 10개의 수제 맥주 회사를 소유하고 있다. 사무용품점 스테이플즈Staples는 소비자들이 소매점을 방문하는 가능성이 점점 줄어드는 것을 보고 B2B 관계 발전에 더 중점을 두는 '당신 안의 전문가를 소환하세요Summon Your Inner Pro.'라는 캠페인을 시작했다. 고객이 한 브랜드에 더 많은 개인적인 경험을 원한다고 할 때, 진정으로 원하는 것은 회사와의 더 개인적인 연결이나 관계라는 것을 더 잘 이해해 주는 것이다.

크리스는 작은 기업처럼 포용하고 행동해야 한다고 믿는다. 1인 기업은 1인 기업인 것을 자랑스러워할 수 있고 개성을 돋보이게 할 수 있으며 서비스하려는 특정 고객층의 틈새시장에 집중할 수 있다. 그들은 이름에 따라, 필요에 따라, 그리고 동기에 따라 고객을 알아갈 수 있다. 고객과의 관계를 돈독히 하는 것은 궁극적으로 고객 이탈의 가능성을 감소시키고 작은 것이 더 좋을 수 있다는 믿음을 강화시킨다.

그는 규모에 상관없이 일부 기업들이 관계가 잘못될 경우 '우리 고객'과 같은 문구를 사용하며 고객에 대한 소유권을 주장하고 있다고 말한다. 이는 사소한 문제처럼 보일지 모르지만 어떤 고객이나 소비자 그룹도 오직 한 기업의 소유물이 아니라는 점은 매우 중요한 문제이다. 누구도 고객을 소유할 수 없다. 그들은 당신 외에 많은 다른 회사 제품을 탐색하고 구매하며 즐긴다. 고객이 당신의 사업에 대해 일주일 24시간 내내 생각할 리 만무하다.

공동체 소유권community ownership에 내재한 생각은 그 관계를 이용해서 더 많이 팔면 팔수록 모두에게 좋다는 식의 가정이다. 그러한 사고방식은 공동체나 고객들에게 기업에 대해 반감을 줄 수 있다. 그래서 크리스는 주로 매주 기사를 통해 고객과의 연결에 중점을 두고 메일링 리스트를 사용한다. 가끔 자신이 만든 제품을 홍보하기도 한다. 그러나 대부분은 서비스하는 커뮤니티와 뉴스, 정보 그리고 귀중한 콘텐츠로 소통하기 위해 고객 목록을 사용한다. 먼저 도움을 주는 관계를 맺고 그 관계를 통해 고객의 이익을 높일 수 있게 해주어야 한다. 그 긍정적 경험은 나중에 무엇인가를 판매할 때 서로에게 호혜적인 의식을 갖게 할 것이다.

고객 만들기의 진정한 방향

제품을 강매하는 것으로는 진정 더 나은 관계를 맺기가 어렵다. 구매를 통해 당신의 사업을 지지하고자 하는 고객을 만들기 위해서는 우선 신뢰, 인간성, 공감 등을 포함하는 진정한 관계가 필요하다.

당신의 사업, 제품 또는 브랜드에 진정한 고객을 구축하는 것은 성장 해킹growth-hacking과 같지 않다. 사실, 이 책 전체의 전반적인 개념은 그 관행과는 정반대다.

성장 해킹의 진정한 방향은 성장이기 때문에 1인 기업들은 성장 해킹을 하지 않는다. 성장 해킹 기업은 성장이 타당성이나 성공을 측정하는 데 사용되는 단일 지표로 항상 유익하다고 생각하며 유용할 뿐 아니라 전적으로 필요한 것으로 생각한다. 하지만 앞 장에서 보고된 수많은 이야기와 연구에서 나타나듯이 그건 사실이 아니다. 성장-해커growth-hackers의 관계는 대부분 고객 이탈의 상쇄와 관련이 있는데, 그들의 목표는 가능한 한 빨리 고객을 형성하고 그들의 마음이 풀리거나 사거나 포기하고 떠날 때까지 가능한 한 많이 파는 것이라는 점이다. 이러한 '이탈과 소진churn and burn' 사고방식은 더 빠른 단기 이익 또는 적어도 단기적인 고객 증가를 초래할 수 있지만 관계 구축과는 아무런 관련이 없으며 주로 확보비용을 수반한다. '이탈과 소진'은 인맥을 만들거나 육성하는 데 도움이 되지 않으며 신뢰나 공유 이익에 기반을 둔 것도 아니다. 그것은 단순히 성장 중심의 사업에서 이윤이 발생할 수 있는 규모를 넘어서기 위해 일하는 방법이다.

화상 채팅 앱인 글라이드Glide는 초대 시스템의 전파력 때문에 애플 앱스토어 소셜네트워크서비스SNS 부문 1위를 차지했다.[87] 이 앱은 기본적으로 사용자의 연락처를 스크랩하여 연락처에 저장된 모든 이들에게 스팸바이트spamvite 방식으로 스팸 문자를 보낸다. 스팸바이트는 초대장처럼 보이지만 사용자가 의도적으로 보내는 것이 아니다. 이것은 글라이드 앱을 사용하기 시작하면 기본적으로 설치되어 작동한다. 앱이 내 연락처 전체 목록의 대상에게 함부로 문자를 보내는 것을 막으려면 설정을 찾아서 해당 기능을 해제해야 한다. 수많은 부정적인 여론과 항의 끝에 글라이드는 고객의 전체 주소록을 스팸 발송하는 것에서 벗어나 '성장 전략'을 바꿨다고 밝혔지만 실제로 몇 년이 지난 지금도 여전히 같은 일이 벌어지고 있었다. 이후 글라이드는 애플 앱스토어의 소셜네트워크서비스SNS 분야에서 수백 단계가 하락했다.

성장 해킹에 집중했던 또 다른 앱인 서클Circle은 빠른 성장을 기대하며 고객의 연락처를 스팸으로 활용했다. 최고경영자인 에반 리스Evan Reas는 성장 해킹으로 인한 반복적 역효과를 겪은 뒤 사업은 훌륭한 고객 경험을 빼앗으며 성장하는 게 아니라 훌륭한 고객 경험의 결과로서 성장해야 한다고 생각을 바꾸었다.[88] 투자회사 웰스프론트Wealthfront의 제품 책임자이며 이전에 페이스북, 트위터, 쿼라Quora 등에서 근무했었던 앤디 존스Andy Johns는 무엇보다도 급속한 성장에 적극적으로 집중하는 스타트업일수록 실패의 길도 급속히 가속화될 것으로 생각했다.[89]

데스 트레이너Des Traynor는 웹사이트를 위한 메시지 전송 플랫폼인 인터컴Intercom의 설립자로, 파우스트식 인터넷 계약은 언제든지 고객의 관심과 신뢰를 맞바꿀 수 있다고 하였다.[90] 그리고 이 '바겐세일bargain'은 사업, 브랜드 또는 제품의 인기가 급상승하도록 이끌 수 있지만 그 또한 잘못된 측정 기준,

곧 이익으로 이어지지 않는 기준들을 측정하게 할 수 있다. 더욱이 친구와 동료가 스팸 문자를 발송하도록 주소록에 접근하는 것과 같은 고객 기만의 결과를 초래할 수 있다. 이런 종류의 성장은 아무리 노력해도 지속적이지 않고 끔찍한 역효과를 낳을 뿐이다. 성장에 의해서만 만들어지는 지표들은 좋은 지표가 아니며 항상 건강하고 지속 가능하며 수익성이 있는 사업과는 거리가 멀다. 그리고 회사와의 공감과 잘 만들어진 제품으로 고객 만족을 장기적으로 이끌어가는 다른 기업들과 경쟁하는 것은 불가능하다.

흥미롭지도 않고 수명도 짧은 성장 해킹 관계의 반대 측면에는 키바Kiva와 같은 회사가 있다. 키바의 전체 사업계획은 하룻밤 사이에 고객을 늘리는 것이 아니라 마이크로금융 대부자와 차입자 사이의 연결 구축에 정성을 들이는 데 맞춰져 있다. 키바는 창업이나 경영에 약간의 돈이 필요한 가난한 국가의 사람들을 도와 금융시스템에 인간관계를 포함하는 사업을 하고 있다. 짐바브웨 시골의 가게 주인 린디웨Lindiwe와 같은 사람은 키바 웹사이트를 통해 자신들에 대한 정보, 출신지, 대출용도 등에 대한 정보를 제공하면서 자신의 이야기를 공개한다. 린디웨와 같은 프로젝트에 자금을 지원하려는 개인들은 이 이야기를 읽은 후에 필요한 돈의 일부 또는 전부를 빌려주기도 한다.

시간이 지남에 따라 린디웨는 수익을 내어 대출금을 상환한다. 현재 키바의 상환율은 97%이다.[91] 160만 명의 대부자와 250만 명의 차입자로 이루어진 그들의 네트워크는 아마도 현실에서 결코 만나지 못할 수십만 명의 사람을 불러 모은다. 이들을 키바 플랫폼에 연결한 이후 지금까지 10억 달러 이상의 대출이 발생하였다. 키바의 마술은 일반적으로 그런 식의 대출이 불가능했던 곳에서 그들 자신을 위해 또는 무언가를 만들기 위해 소액 대출이 필요한 사람의 이야기와 삶을 보여주면서 이러한 마이크로금융으로 이어지는 관계와 연결고리를 만드는 데 도움을 준다는 것이다. 키바는 마이크로금융으로 결실을 보는 관계 중심 기업이다. 고객 확보에 열정을 불태우는 대신 대부자와 차입자의 관계에 집중한다.

1인 기업은 더 커지지 않고 더 나아지는 쪽으로 노력하면서 진정한 방향을 찾아간다. 이 방법은 청중과 고객과의 장기적인 관계를 구축하는 것이다. 그 결과 서비스를 잘 받으면 고객이 되고 나아가 지지자가 되는 최상의 시나리오를 써내게 된다. 관계 중심 기업과 오로지 성장에만 집중하는 일반 기업의 차이점은 전자의 경우에 실제 관계가 더 느리게, 더 의미 있게, 그리고 대규모의 이탈 없이 형성된다는 것을 인식하고 있다는 점이다. 판매는 즉시 요구되지 않는다. 관계는 약간의 신뢰를 얻은 후에 시작한다. 그 아이디어는 경청과 공감을 통해 관심을 돌려주어 고객에게 보상하는 것으로서, 당신은 매출과 대부분 장기적이고 반복적인 판매로 보상받게 될 것이다. "평가를 받아야 비로소 종결되는 것이다What gets measured gets done."라는 격언이 있듯이, 이익이나 고객 보유에 대해 평가를 받는 것은 더 나은 지속 가능성으로 이어질 수 있다. 따라서, 성장에 초점을 맞춘다면, 성장이 일어날 것이다. 하지만 장기적인 고객과 영업의 관계로 전환하는 것에 집중한다면, 그렇게 될 것이다.

진정한 방향을 향해 나아가기 위해 1인 기업은 어떻게 진정한 연결고리를 만들까? 유감스럽게도 진실한 사람이 되고자 하는 단순한 욕구만으로는 그런 일이 마술처럼 펼쳐지진 않는다. 소비자는 우리가 원하든 원하지 않든 간에, 우리의 진정한 의도를 파악할 수 있을 만큼 매우 현명하다.

크리스 브로건Chris Brogan은 기업이 행동을 통해 반복적으로 간단한 메시지를 공유할 때 진정한 연결고리가 구축된다고 믿는다. 판매를 요청하기 훨씬 전에 이 회사는 그들이 누구를 위해 일하는지, 왜 일하는지를 공유함으로써 메시지를 분명히 한다. 우리의 인터뷰 자리에서 크리스는 이 개념이 어떻게 사업에 작용하는지를 보여주는 이야기를 만들어냈다.

당신의 사업이 회사 직원의 업적에 대해 칭찬하는 메시지와 함께 포춘 쿠키fortune cookies를 판매하는 일이라고 가정해 보자. 이상적인 고객은 직원들의 노고에 대해 보상을 원하는 인사부서 직원일 것이다. 당신의 웹사이트에서 사용될 수 있는 간단한 메시지는 다음과 같을 것이다. "우리는 당신이 일을 매우 잘한다는 것을 칭찬합니다." 이는 직장 내에서 칭찬의 중요성을 보여주고 있고 판매하는 제품이 그 칭찬에 좋은 수단인지 검증한다. 마케팅 차원에서 매주 고객 중에서 훌륭한 직원 한 명을 소개하는 뉴스레터를 시작하는 것이 타당할 것이다. 이것은 칭찬이 왜 중요한지 그리고 이를 진지하게 받아들이는 기업이 어떻게 혜택을 받는지를 보여줄 뿐만 아니라 보상받을 수 있는 것에 대한 훌륭한 예시를 제공할 것이다.

누구도 매주 상품 홍보를 구독하고 싶어하진 않으므로 매주의 뉴스레터는 포춘 쿠키 자체를 직접 홍보하진 않는다. 뉴스레터의 역할은 잘한 일에 대한 보상의 잠재적 이익을 보여주는 것이며 이 과정에서 당신의 제품, 즉 포춘 쿠키를 성취될 수 있는 특정한 방식으로 보여준다. 이 메시지는 무엇보다 당신이 고객의 성공을 원하고 있음을 보여주며, 당신이 그들의 성공을 도울 제품을 갖고 있다는 것까지 드러내준다. 당신은 끊임없이 고객과 소통하고 대화함으로써 그들과 진정한 개인적 관계를 구축할 수 있고 그들의 사업에 필요한 것에 대해 더 많이 습득하게 된다. 왜냐하면 이 뉴스레터가 당신이 팔고 있는 제품과 직접적으로 관련되어 있기 때문이다. 1인 기업의 진정한 방향은 기업이 어떻게 좋은 직원에게 보상함으로써 이익을 얻을 수 있는지를 보여주는 것이다. 즉, 이것이 어떻게 포춘 쿠키 판매로 이어지는지를 보여주고 있다.

사회적 자본을 축적하라

성장하는 데 지향점을 두지 않는 1인 기업이라도 세 가지 유형의 자본은 필요하다. 첫 번째는 '금융 자본financial capital'이다. 3부 2장에서 배운 것처럼 수익을 창출하여 MPVr을 달성할 수 있도록 가능한 한 작게 시작해야 한다는 것이다. 두 번째는 '인적 자본human capital'이다. 그것은 당신 또는 당신의 작은 팀이 기업이나 집단에 가져다주는 가치이다. 이 가치는 필요한 기술이나 그것을 배우려는 의지의 형태를 취하며 무언가를 만들고 그것을 운영하는 것을 자율적으로 만들어 준다. 필요한 자본의 세 번째 유형은 '사회적 자본social capital'이다. 금융과 인적 자본도 중요하지만 사회적 자본은 당신이 제안하는 것의 가치를 시장이나 고객이 어떻게 보는가와 관련이 있으므로 사업의 성공과 실패를 결정짓는 요소가 되는 경향이 있다.

'사회적 자본'이라는 용어는 1900년대 초반부터 간헐적으로 사용됐으나 1990년대 들어 인기를 얻었다. 리다 저드슨 하니팬Lyda Judson Hanifan은 1916년에 이 용어를 사용한 공로를 인정받았다.[92] 후에 그것은 관계, 특히 온라인 관계에서 화폐의 한 형태로 묘사되는 것으로 부활했다. 현금으로 바꾸면 사회적 자본은 사람들에게 이익을 달라고 요구할 수 있는 것이 된다. 사회적 관계를 맺고 있는 이들이 당신의 제품을 사거나 당신의 기사를 공유해주는 일을 예로 들 수 있다.

오늘날 사용되는 용어로서 사회적 자본의 전제는 사회적 네트워크가 실제로 가치가 있다는 것이다. 네트워크에 속한 사람은 서로 물건을 사고 기사를 공유하고 서로를 돕는다. 관계는 화폐다. 그래서 1인 기업은 사회적 자본을 은행 계좌처럼 생각할 필요가 있다. 넣은 것만 뺄 수 있다. 만일 항상 사람에게 상품을 사라고 요구하거나 자신의 사업과 상품을 소셜 미디어에 홍보하는 것 외에는 아무것도 하지 않는다면, 당신의 잔액은 제로0가 되거나 심지어 빠르게 마이너스 인출될 수도 있다. 사람들은 매주 자기 제품의 장점을 극찬하는 홍보성 트윗과 게시물 또는 뉴스레터 등의 소셜 미디어에서 "내 물건을 사라."라고 끊임없이 괴롭히는 사람에게서 무언가를 사고 싶어하지 않는다. 아무리 자주 요구해도 매출을 올리기는 어렵고, 어떤 전환 전략이나 성장해킹도 도움이 되지 않는다.

대신에 사회적 자본의 계좌에 예금을 자주 하고 판매하고 있는 것을 사람들에게 구매하라라고 요구하기 전에 자신의 균형을 잘 잡아야 한다. 최대한 많은 이들에게 도움이 되고 가치를 창출하는 것으로 이를 실행해야 한다. 핵심은 사회적 자본이 신뢰, 가치, 명성을 만들고 교육하는 고객들에게 제공하는 것에 달려 있다. 사회적 자본은 일방적인 '판매-홍보-축제'가 아니라 상호 이익이 되는 관계를 기반으로 구축된다.

트위터나 링크드인뿐 아니라, 사람이 연결하는 모든 것이 될 수 있는 소셜 네트워크의 관계는 엄청난 가치를 가지고 있다. 이것이 바로 1인 기업들이 판매를 촉진하는 메일링 리스트, 곧 통제 가능한 소셜 네트워크를 활용하거나 소셜 미디어에서 대화하는 이유이다. 관계는 사업에 필요한 신뢰를 쌓는 기초가 된다.

이전 장에서 소개한 버퍼Buffer는 사람들이 소셜 미디어 계정을 관리하도록 돕는 회사를 운영한다. 이들은 블로그에 매일 글을 올려 소셜 미디어에 관한 좋은 글과 연구 기사를 공유한다. 이는 구독자들이 매우 관심 있어 하는 콘텐츠의 유형이다. 버퍼는 처음부터 가치를 무상으로 제공하기로 약속했고 그 결과 2년 동안 120만 명 이상의 사용자를 보유한 회사로 성장했으며 매달 70만 명 이상의 사람이 글을 읽기 위해 블로그를 찾고 있다.

베스트셀러 작가이자 월드 도미네이션 서밋World Domination Summit의 창립자인 크리스 길레보Chris Guillebeau는 자신의 메일링 리스트에 오른 1만 명의 사람에게 직접 이메일을 보내 가입에 대해 감사를 표했다. 규모가 크지는 않아도 진실하게 접근하는 것이 청중과 강한 유대감을 형성하는 좋은 방법이다. 크리스는 진정성과 개인적인 접점을 통해 30만 권 이상의 책을 팔았고, 매년 WDS 행사 입장권은 매진되고 있다.

사회적 자본을 건설하는 것에 대해 여러 학설이 있지만, 훗스위트HootSuite의 샘 밀브라스Sam Milbrath에 의해 제시된 유명한 이론은 고객과의 대중적 상호작용을 3등분으로 나누고 시작할 수 있다는 것이다. 이 이론은 사업이나 콘텐츠를 업데이트하는 것이 3분의 1이어야 하고, 다른 사람과 콘텐츠를 공유하는 것이 3분의 1이며, 고객과 관계를 형성하는 개인적인 상호작용이 나머지 3분의 1이어야 한다고 제안한다.

플로리다 주립대학Florida State University의 마케팅 부교수인 윌리 볼랜더Willy Bolander 박사와 동료인 노스이스턴 대학의 마케팅 부교수 신시아 사톨니노Cinthia Satornino 박사는 영업 성과 차이의 26.6%가 기업의 사회적 자본에서 비롯된다는 것을 발견했다.[93] 그래서 사회적 자본을 통해 관계를 맺는 것은 최대 3분의 1 이상의 매출 상승으로 이어진다. 이전의 장에서 보았듯이, 당신은 공유와 가르침을 통해 신뢰할 수 있는 전문가로 자리매김할 수 있다. 그리고 당신의 전문지식을 활용하여 사람들을 돕는 과정에서 청중을 통해 사회적 자본을 형성할 수 있다.

사회적 자본은 상호성을 촉진하기 때문에 효과가 있다. 더 많은 것을 공유하고 진정한 가치와 도움을 제공하고 다른 사람과 연결될수록 그들은 당신을 더 많이 돕고 싶어 할 것이다. 이 책의 앞부분에서 소개한 다니엘 라포트는 사업적인 관계와 개인적인 관계를 분리하지 않는다. 그녀에게 이 두 관계는 똑같은 것이다. 모든 훌륭한 사업 관계는 진정으로 서로를 아끼고 돕고자 하는 개인적인 우애가 강하다고 느낀다. 이것들은 지속하는 관계들이다.

그것이 지식이든 교육이든 단순한 도움이든, 고객이 당신과 당신의 회사, 나아가 당신의 제품 혹은 서비스로부터 진정 무엇을 원하는지 배우려는 공감 능력을 갖는 것은 오래 유지될 수 있다. 공감이란 '무엇을 팔 수 있을까'에서 '어떻게 하면 진정으로 당신을 도울 수 있을까'로 바뀌는 관계를 만든다. 이것이 장기적이고 상호 유익한 관계를 시작함으로써 사회적 자본을 축적하는 방법이다.

제품을 구매해주는 '사람'을 잊지 말라

고객 관계 관리CRM 회사이며, 베이스캠프의 분할된 사업인 하이라이즈HighRise는 한 사람의 소프트웨어 고객이 만들어지면 그를 위해 매우 특별한 작업을 한다. 지원팀은 새 고객을 위해 개인화된 비디오를 촬영한다. 이름별로 인터넷 주소를 설정하고 구체적으로 어떤 도움이 필요한지 물어봐서 하이라이즈에 직접 접근할 수 있는 권한을 제공한다.

이 비디오들을 제공하는 것은 분명 확장 가능한 시스템은 아니지만 기업과 고객 관계의 측면에서 매우 놀라운 것이다. 이 비디오들은 전문적으로 촬영된 것은 아니다. 대부분은 조명이 좋지 않은 흔들리는 휴대폰 카메라로 촬영된 것이지만 항상 좋은 반응을 얻고 있다. 사실, 이것들은 소셜 미디어에 꽤 많이 공유되는 추세여서 하이라이즈에 대한 언론의 관심을 크게 불러일으키고 있다. 고객에게 제품을 소개하는 30초짜리 비디오처럼 간단한 것은 고객과 회사 사이의 친밀성, 사회적 자본 그리고 진정한 연결성을 형성할 수 있는 실질적인 능력을 갖추고 있다.

맥길대학McGill University은 고객과 깊은 관계가 요구되는 만큼 실제로 이 주제에 관한 여러 강좌와 워크숍을 가르친다.[94] UCLA의 사회 인지 신경과학 교수인 매튜 리버만Matthew Lieberman은 아브라함 매슬로Abraham Maslow가 제시한 피라미드형 욕구위계론에서 인간의 가장 기본적인 욕구로 생리적 욕구와 안전의 욕구를 명시한 것에 상당히 잘못된 점이 있다고 주장하였다. 대신에 리버만의 추정에 의하면 매슬로가 심리적 욕구로 규정하는 소속감과 연결성은 우리의 가장 기본적인 욕구이며, 인간은 서로 연결되어 맺어져 있으므로 그는 이 욕구들이 피라미드 하단에 있어야 한다고 하였다.[95]

그러나 대기업은 모든 것을 더 빨리 만드는 데 집중함으로써 종종 실제로 인간적 상호작용을 거의 제공하지 않는다. 분명히 확장 가능한 시스템도 중요하지만 인간의 상호작용이 여전히 작동 중인 경우에만 그렇다. 너무 자주 기업은 그들의 잠재고객을 유료 고객으로 바꾸는 데 모든 초점을 맞추고, 일단 유료 고객이 되면 사람과 연결하는 데 충분한 시간을 들이지 않는다. 크리스 브로건과 다른 많은 1인 기업은 고객과 적절히 대화하고 정기적으로 소통하며 그들이 판매하는 제품에서 가치와 유용성을 얻고 있는지 확인함으로써 고객들에게 직접 집중한다. 그는 한번에 누군가로부터 100달러를 벌기를 원치 않는다. 오히려 여러 해에 걸쳐 각 고객으로부터 수천 달러를 벌기를 원한다. 이것이 매 판매 이후 고객 관계에 초점을 맞추고 있는 이유다. 고객이 그에게서 더 많은 것을 사기 위해 다시 돌아올 수 있을 만큼 충분히 만족할 수 있도록 하기 위함이다.

고객과 잠재 고객을 늘리고 접근성을 높이기 위해 노력하는 과정에서 기업은 기존의 고객층을 잊어서는 안 된다. 유제품이 들어가지 않은 치즈를 만드는 캐나다의 식물성 회사 다이야 푸드Daiya Foods는 수년 동안 핵심 고객층인 채식주의자들에게 인기가 있었다. 2017년 여름 이 회사가 거대 제약회사인 오츠카Otsuka에 매각되자 고객들은 격분했다. 오츠카는 일상적으로 동물에서 생산되는 제품을 다이야의 고객들에게 실험함으로써 동물에게 해를 끼치지 않고 동물 실험 없는 식품만 소비하려는 채식주의자들의 뜻에 정면으로 반대되는 행동을 했다.[96] 그 분노는 소비자 수준에서만 머물지 않았다. 그 브랜드 불매운동은 토론토에 본사를 둔 완전 채식 피자, 아파이칼립스 나우Apiecalypse Now와 같이 자사 제품에 다이야 치즈를 사용해 온 업체에 대한 불매로 빠르게 확산되었다. 매주 20건의 다이야 사건을 겪으면서 아파이칼립스 나우는 외부 식료품 체인 중에서 치즈 주문을 가장 많이 한 단일 주문자로 몰렸다.

다이야는 다국적 기업에 매각되면 더 큰 고객층에 도달할 수 있을 것으로 생각했지만, 급격한 가치관의 불일치로 충성스럽고 장기적인 고객의 반감을 불러일으켰다.[97] 다이야는 성장을 추구하면서 애초에 성공을 누렸던 중요한 이유를 외면했다. 특히 식물성 다이어트 식단을 원하는 사람들에게 채식주의 음식을 제공했던 사실을 망각했다. 탄원서와 불매운동은 순식간에 온라인으로 퍼져나갔고, 다이야가 세운 핵심 가치의 변화에 배신감을 느낀 수천 명의 고객들은 탄원서가 올라오자마자 며칠 만에 서명을 마쳤다. 포틀랜드의 푸드 파이트Food Fight나 브루클린의 오차드 그로서Orchard Grocer 같은 몇몇 소매상은 다이야 제품의 판매를 즉시 중단했다. 몇 시간 안에 6,000명 이상의 사람들이 그 브랜드에 대한 불매운동에 서명했다.

다이야는 단순히 독립적인 사건이 아님을 명심해야 한다. 애플이 지도 소프트웨어를 출시하여 문제가 되자 최고경영자인 팀 쿡Tim Cook은 공개 사과를 해야만 했다. 유나이티드 항공United Airlines은 고객의 유료 좌석을 빼앗은 일 때문에 사이트가 다운됐고 유나이티드 주식은 하루아침에 약 10억 달러의 시장 가치가 폭락했다. 니베아Nivea는 '화이트가 순수다White Is Purity.'라는 캠페인을 벌이고 나서 목표 고객도 아닌 백인우월주의 단체들이 이를 빠르게 포용함에 따라 광고가 노골적으로 인종차별적이라고 느낀 소비자의 엄청난 반발을 샀다.

당신의 사업 중에 핵심 그룹과의 관계를 먼저 고려하지 않는다면, 고객들이 스스로 중요하지 않다고 느끼게 될 수도 있고 최악의 경우 회사가 고객들을 신경쓰지 않는다는 느낌을 줄 수도 있다. 이 시점에서 사람들은 디지털 갈퀴를 들고 당신의 사업에 대한 분노에 차서 인터넷 거리로 나갈 수 있다. 소비자의 분노는 화가 가득 찬 트윗만으로는 좀처럼 멈추지 않는다. 그것은 사업에 심각한 영향을 미치기도 한다.

MIT 슬론 경영대학원의 강사인 짐 도허티Jim Dougherty는 고객과의 관계를 형성하는 데 있어, 사업에 감정적이고 충성스러운 지분을 갖게 하는 몇 가지 핵심 요점을 찾아냈다.[98]

첫 번째는 고객이 당신의 사업을 좋아하도록 보장하는 것이다. 이는 상당히 분명한 지적이지만, 이 기본적인 전제조건 없이는 관계를 진전시킬 수 없다. 개인적이고 친근하며 도움이 되도록 열심히 노력하는 것은 잠재 고객이나 기존 고객이 당신의 사업을 더 좋아하게 만든다.

둘째, 존경심이 있어야 한다. 고객은 당신의 일과 제공하는 것 그리고 회사의 행동에 감탄해야 한다. 당신은 후속 조치를 하고 고객 목록에 있는 이들을 능숙하게 세분화하며 이미 구매한 제품을 다시 홍보하는 등의 일을 하지 말아야 한다. 제공하는 제품에 최선을 다함으로써 고객의 존경심을 얻을 수 있다.

다음으로, 고객이 당신의 판매하는 태도뿐만 아니라 '온전한 사람'이라는 점에 감탄하도록 만들 필요가 있다. 당신은 어떤 자선단체를 지원하는가? 당신은 직장 밖에서 어떻게 행동하는가? 모든 사람이 소셜 미디어에서 모든 것을 공유하기 때문에, 구글에 접속할 수 있는 모든 사람들은 당신 삶의 모든 모습을 볼 수 있다. 마크 저커버그Mark Zuckerberg나 마리사 메이어Marissa Mayer 같은 사람은 자신의 아기가 태어나면 소셜 미디어를 통해 새 소식을 전한다. 지나칠 정도로 개인적인 사람인 팀 쿡은 자신이 동성애자라는 것과 트랜스젠더 차별법에 반대하는 운동에 관한 글을 공유했다. 고객은 자신과 비슷한 느낌으로 행동하는 기업을 존중한다. 이것을 잘할 때 존경이 발전하고 고객이 감탄할 때 고객은 원망이나 질투 대신 성공과 성취에 관심을 두게 된다.

마지막으로, 구매를 통해 당신의 사업을 재정적으로 지원하지 않았던 고객과도 시간이 지남에 따라 관계를 유지하는 것이 중요하다. 일관성과 오랜 지속이 관건이다. 도허티는 이것이 기업들 대부분이 관계와 함께 실패하는 지점이라는 것을 발견했다. 즉, 사업상의 이익이 사라지는 것처럼 보일 때 시간을 낼find the time 수 없어서 포기하게 된다. 그러나 지금이 바로 그 관계가 가장 가치 있는 시점이며 고객이 또 다른 구매를 하거나 자신의 고객들에게 당신의 사업을 적극적으로 추천할 수 있는 시점이다. 특히 1인 기업에 있어, 좋은 관계는 성공적인 사업을 위한 토대가 된다.

고객과의 관계 구축을 통한 투자 수익은 브랜드에 대한 충성도, 제품에 대한 추천 옹호, 심지어 고객 이탈 감소와 같은 여러 가지 방법으로 나타날 수 있다. IBM이 60개국과 33개 산업에 걸쳐 1,500명 이상의 사업 리더를 대상으로 조사한 결과, 약 88%에 해당하는 이들 대다수가 고객 관계를 사업의 가장 중요한 차원으로 인식하고 있다고 밝혔다.[99]

고객과의 관계 구축은 행복으로 귀결된다. 만약 그들이 만족했다면 제품이나 서비스를 계속 사용할 것이고, 다른 이들에게 당신의 사업에 대해 추천할 것이다. 또한, 당신의 브랜드에 충성할 것이다. 중요한 점은 항상 고객과의 관계를 과도하게 생각할 필요는 없지만, 항상 고객을 만족시키려면 1인 기업으로서 무엇을 할 수 있는가를 생각해야 한다는 것이다.

고독한 늑대가 되지 않는 것

당신이 스스로 일할 수 있다고 해서 혼자만 일해야 하는 것은 아님을 명심해야 한다. 잠재 고객이나 유료 고객과의 연계가 중요한 것처럼, 동료와의 관계도 중요하다.

웨이크필드 브런즈윅Wakefield Brunswick의 최고경영자 안젤라 데블렌Angela Devlen은 사업에서 외톨이가 되지 않는 것이 가치 있음을 이해하고 있다. 그녀의 회사는 고객에게 더욱 완전한 서비스를 제공하기 위해 관련 분야의 최고 인사들과 제휴함으로써 대형 병원과 의료 시설이 협의하여 대형 재난에 대비하고 복구를 돕는 사업을 하고 있다. 이 파트너들은 웨이크필드 브런즈윅의 직원은 아니지만 프로젝트에 한번 참여하게 되면 이 회사를 대표한다. 고객을 위해 하나의 브랜드로 함께 일하는 독립 사업주들은 긴밀하고 신뢰할 수 있는 네트워크이다. 반대로 만약 그녀가 프로젝트에 참여한다면 그녀는 이 프로젝트에서 그들의 브랜드를 대표한다. 각 사람들은 특정 프로젝트를 위해 함께 모인 팀 소속으로 일하고 다시 필요해질 때까지 해체된다. 이러한 사업주들은 그들에게 요구되는 서비스에 숙련되어 있어서 별도의 세부적인 관리가 필요하지 않다. 따라서 프로젝트 리더의 방향과 함께 완전한 자율성이 일어날 수 있다.

이런 방식으로 운영하면 안젤라는 협업 사무실을 공유하는 방식, 곧 소기업을 운영하는 사람이라면 누구나 추천할 만한 방식으로 사업을 운영할 수 있고 단 한 명의 전임 직원만 고용해도 된다. 이로써 최소한의 HR 관리 의무만으로 사업 관리가 상당히 가벼워지고, 훨씬 적은 간접비로 더 큰 이익을 얻을 수 있다.

웨이크필드 브런즈윅은 안젤라가 자신의 사업과 관련된 서비스에서 리더들과의 관계를 발전시키기 위해 열심히 노력했기 때문에 파트너들을 신뢰해왔다. 채용 공고를 통해 잘 모르는 누군가를 고용한다면 그들은 많은 시간을 들여 광범위하게 훈련받지 않고서는 그 브랜드를 잘 대변할 수 있는 필수적 신뢰를 갖추지 못하기에 아무런 도움이 되지 않을 것이다.

1인 기업으로서 웨이크필드 브런즈윅은 자신이 수행하는 프로젝트의 규모와 범위에 제한이 있을 수 있지만, 다른 독립 사업주들과의 네트워크를 구축함으로써 그 회사는 다른 사업과 전문지식과 기술을 통합하고 훨씬 더 큰 계약을 체결할 수 있다. 웨이크필드 브런즈윅은 프로젝트가 필요할 때만, 아니면 원하는 것을 자유로이 할 수 있을 때만 다른 사업과 파트너를 맺는다는 것을 상기할 필요가 있다. 모든 차원의 사업들은 우리가 알고 있는 누군가와 우리를 알고 있는 누군가에 기반을 두고 있다.

마찬가지로, '디자이너 가족'인 고글리 펀스Ghostly Ferns는 기관 규모의 프로젝트에 종사하는 동시에 삽화illustration에서 브랜딩, 웹 애플리케이션 디자인에 이르기까지 모두 다른 디자인 서비스를 제공하는 독립적 작업자 그룹을 유지한다. 팀은 프로젝트의 요구에 따라 성장하고 축소되며 개인 구성원도 필요에 따라 자신의 프로젝트를 맡는다. 이러한 유연성은 그들이 링컨 자동차 제조사Lincoln Motor Company와 같은 대기업 고객과 협력하고 더 큰 고객들로부터 입찰을 따내는 것은 물론, 권위 있는 상을 받을 수 있게 해주었다. 고글리 펀스Ghostly Ferns의 창시자인 멕 루이스Meg Lewis는 그들의 기술을 함께 융합하고 서로를 위한 울림판 역할을 하며 일반적으로 서로를 지원함으로써, 개별 역량의 합으로 이룰 수 있었던 것보다 더 큰 결과를 가져왔다고 믿는다.

제임스 니후에스James Niehues는 240개 이상의 스키장 지도를 손으로 직접 그렸다. 당신이 어떤 스키장의 슬로프를 걸어본 적이 있다면, 아마 그 작품을 본 적이 있을 것이다. 니후에스가 마흔 살이었을 때, 그는 실업자였지만 풍경화에 매우 관심이 있었다. 그래서 작업에 도움이 필요한지 알아보기 위해 당시 스키장 지도를 독점하고 있던 빌 브라운Bill Brown을 찾아갔다. 알고 보니 그는 때마침 이 일을 그만둘 계획이었고 실제로 이미 은퇴했다. 그래서 브라운은 몇 개의 프로젝트를 함께 수행하면서 믿을 만한 관계로 발전하자 모든 주문을 니후에스에게 넘겼다. 그리고 니후에스는 지금까지 30년간 생생한 스키장 지도를 그리게 되었다.

자기 자신을 위해 일한다면, 특히 1인 기업은 외부의 상호작용이나 개입 없이 혼자만 고군분투하는 것처럼 믿고 행동하는 경향이 있다. 그러나 동료들과 연결하고 그 관계를 발전시키는 것뿐 아니라 동종산업, 심지어 연관 산업의 다른 이들과도 접점을 만들어 갈 때 우리는 새로운 아이디어와 가치 있는 관계 형성을 위한 방법을 알게 된다. 물론 자율성과 독립성을 유지하고 싶겠지만 모두 함께라면 더 강해질 수 있으므로 수시로 무리를 지어 달릴 필요가 있다.

생각해보기

- 고객을 특정 문제를 가진 실제 사람으로 인식하는 방법은 무엇인가?

- 사업의 진정한 방향이 어디에 있는가? 그리고 사업과 방향을 맞추기 위해 취할 수 있는 조치는 무엇인가?

- 가치와 사회적 자본을 늘려 관계의 재산을 형성하는 방법은 무엇인가?

- 현재 고객층에 공감하는 방법은 무엇인가?

4장

1인 기업으로 시작한 내 이야기

지금까지 이 책은 1인 기업을 운영하고 유지하기 위해, 또는 정말로 장기간 유지하기를 원하는 어떤 사업이든 성장에 대해 의문을 제기해야 하는 이유에 대해 많은 이야기, 데이터 그리고 연구를 다루었다. 이제 우리는 퍼즐의 마지막 조각에 관심을 둘 필요가 있다. 아무것도 없는 0에서 1인 기업을 시작해 나가려면 정확히 무엇을 할 수 있는가?

이 장에서는 1인 기업이 더 큰 조직 내에서 번창할 수 있다는 것을 알고 있었음에도, 스스로 무언가를 시작하는 것이 어떤 모습인지에 집중해 보려고 한다. 나는 이 책에 제시된 자료에서 직관에 어긋나는 이 접근법이 모두에게 전반적인 일에서 즐거움과 도움이 될 수 있고, 자신을 위해 일하는 것이 많은 의미가 있을 수 있다는 것을 보여주고자 한다. 이제 어떻게 실행에 옮길지 살펴보자. 실패하기에는 너무 작고 회복력이 좋은 것을 어떻게 만들면 좋을지를 말이다. 내 경험을 통해 그 시작을 설명하고자 한다.

1990년대 중반, 나는 토론토 대학에서 컴퓨터 과학과 인공지능을 공부했다. 현재의 추세를 보면 이 전공을 그대로 고수하는 것이 정말 유용했을 것 같다. 하지만 나는 그렇게 하고 싶지 않았다. 나는 가능한 한 빨리 공부와 학교 과제를 완성하고 내가 정말 궁금한 것, 즉 인터넷이라는 새로운 것과 디자인, 코드로 웹페이지를 만드는 것에 집중했다.

내가 만든 사이트인 '속어slang words 사전'은 진짜 사전에는 없지만, 실제로 쓰이고 있는 단어들을 담은 사이트로, 점차 많은 언론과 대중의 관심을 받기 시작했다. 이러한 관심은 인터넷이 흥미롭고 재미있다는 것을 알게 된 출판물뿐만 아니라 디자인 회사들의 고객이 웹사이트를 통해 혜택을 누릴 수 있으며 웹사이트를 구축하는 데 돈을 지불함으로써 이익을 얻을 수 있다고 생각한 디자인 회사들에서도 마찬가지였다.

그 결과 나는 학교를 중퇴하고 토론토의 한 웹디자인 회사에서 정규직으로 근무하면서 웹사이트를 디자인하고 구축했다. 그 일은 한동안 잘 진행되었지만 결국 관계의 질보다는 더 많은 일의 양에 더 집중하는 회사의 '사랑하고 떠나라love 'em and leave 'em.'라는 식의 태도에 기분이 좋지 않았다. 회사가 여러 차례 고객에게 열의를 다하고 있지 않다고 생각한 지 1년 반 만에, 나는 그 일이 옳지 않다고 생각하고 내 목적에 좀 더 부합하는 다른 회사에서 일하기 위해 퇴사했다.

그런데 회사를 그만둔 다음 날 재미있는 일이 벌어졌다. 이력서 쓰는 법을 찾기 위해 도서관에 가려고 준비하는 중이었다. 그때는 미리 이력서를 써두지도 않았고 인터넷에 광대한 자원이 있지도 않았다. 그때, 전화벨이 울리기 시작했다. 내가 어제 떠난 회사의 고객이 내가 더는 그곳에서 일하지 않는다는 소식을 전해 듣고 전화를 한 것이었다. 그들은 각 프로젝트에 더 많은 가치를 전달하고자 하는 내 열의를 발견하고, 내가 어느 회사로 이직하든 프로젝트를 맡기기를 원했다.

그때 전에는 경험해 보지 못했던 어떤 생각이 들었다. 어쩌면 나 자신을 위해 일할 수 있고, 내가 하고 싶은 일과 목적을 맞추면서 내가 경영하고자 하는 정확한 유형의 사업을 만들 수 있을지도 모르겠다 싶었다. 도서관에 가서는 이력서를 쓰는 대신 어떻게 사업을 시작할지 알아보았다. 그리고 그렇게 시작한 나 자신을 위한 일이 20년이 되었다.

당시에는 1인 기업이라고 부르지 않았지만, 사실상 내가 하고 있던 일이 바로 그것이었다.

초기에는 진전보다 훨씬 더 많은 실수를 했기 때문에, 내 이야기를 통해 조금이나마 마음의 고통을 줄이고, 일찍이 내가 겪었던 실제 재정적 손실을 피할 수 있기를 바란다.

처음은 아니지만 몇 가지 주의사항

인터넷에서 글을 쓰며 일하는 것에 관한 기사를 보면, 마치 전 세계 여러 해변에서 노트북을 무릎 위에 놓고 한 손엔 마이타이Mai Tai를 든 채 자유롭고 행복하게 혼자 일하기 위해, 정규직의 족쇄에서 벗어나는 것을 미덕으로 찬양하는 듯 보인다.

우리는 끊임없이 자신을 위해 일하는 게 모든 문제에 대한 해답이며, 앞으로 나아가기 위한 유일한 확실한 방법이라는 메시지를 받고 있다. 사실, 대부분의 사람보다 나 자신을 위해 더 오래 일했음에도 불구하고, 나는 여전히 모든 사람에게 이것만이 최고의 선택이라고 생각하지 않는다. 어떤 사람들은 자신만의 회사를 차릴 만큼 재능이 없어서라기보다 이것이 모든 사람들에게 합리적이지는 않기 때문이다. 모든 것은 자신이 무엇을 하고 싶은지 그리고 어떻게 하고 싶은지에 달려 있다.

스스로 사장이 되면 급여, 복리 후생, 교육 훈련을 담당할 인사 부서가 없다. 아직 결제하지 않은 사람을 쫓아다니거나 채무나 채권을 취급할 회계 부서도 없다. 당신을 위해 새로운 사업 기회를 창출하는 영업이나 마케팅팀도 없다. 당신은 돈을 벌기 위한 주요 기술을 발휘함과 동시에 다른 많은 일도 처리해야 한다. 어떤 사람은 이런 종류의 일을 하는 게 괜찮을지 모르지만, 다른 이들은 하루를 이렇게 보내고 싶지 않을 수도 있다. 내가 아는 어떤 1인 기업가는 글쓰기, 디자인, 프로그래밍 등 핵심 기술을 수행하는 데 시간의 거의 절반을 소비한다. 그리고 배송 추적, 집필, 고객과의 소통, 마케팅 등 영업 활동에 남은 시간을 투자한다.

사람들은 이 모든 것을 갖추고 "자신을 위해 일하라! 지금 하는 일보다 더 좋다!"라고 외치면서 종종 상급자가 되는 데 필요한 실제 일상의 일을 이해하지 못한 채 자신을 위해 일해야 한다는 생각에 빠지게 된다. 혹은 오스틴 클론Austin Kleon이 현명하게 표현하듯이 "사람은 동사verb를 행동하지 않고 명사noun가 되고 싶어 한다."[100] 창업자나 최고경영자CEO의 직함을 원하거나 새로운 로고를 가진 명함이나 화려한 웹사이트를 원하지만 스스로 사업을 운영하는 일상의 고충을 잊거나 간과하고 있다. 훌륭한 아이디어나 성공적인 사업을 만들려는 열정을 갖는 것만으로는 충분하지 않다. 아이디어와 꿈은 좋지만, 행동하지 않고 실현시키고자 한다면 그것은 저렴하고 무의미한 것이다.

더 어려운 부분은 매일 그 꿈을 실현시키는 것이다. 어떤 날은 회계 스프레드시트에 파묻혀 있는 날도 있고 어떤 날은 고객으로부터 3차 수정 요청을 받으며 또 어떤 날은 화가 난 고객을 상대한다. 매일 이어지는 힘겨운 일은 사업을 현실로 만들어가는 사람들과 그저 사업을 동경하는 이들을 구분짓는다.

자신을 위해 일하는 것은 동등한 수준으로 자아와 목적을 필요로 한다.

내가 내 일을 시작한 것은 이전의 회사보다 고객 관계를 더 잘 발전시킬 수 있다고 생각했기 때문이었다. 그것이 내 목적이 되었다. 즉, 확신할 수도 없었던 최고의 디자이너를 꿈꾸기보다 고객 관계에 중점을 두는 사업을 운영하는 것이었다. 그래서 자아는 나쁜 방식이 아닌 '내가 이것을 잘할 수 있음을 안다.'라는 종류의 방식과 연관되어 있다. 더 잘할 수 있다고 생각하지 않거나 그렇게 되더라도 상관없다면 자기 일을 하는 것은 아무런 의미가 없다. 그런 경우에 다른 사람 밑에서 일하는 것이 좋다. 그들은 이미 자리를 잡았고, 아마도 당신이 하고 싶지 않은 일을 처리하는 사람이 따로 있을 것이다.

길을 잃지 않고 장시간 운전할 때 북극성이 필요한 것처럼, 목적이 필요하다. 빨리 부자가 된다거나 사업가로 명성을 얻고자 하는 욕망은 당신이 누구건 간에 어느 쪽도 빠르게 실현하기 어려우므로 오랫동안 당신에게 동기를 부여하지 못할 것이다. 돈을 벌거나 세계적으로 유명해지는 더 쉬운 방법들이 있다. 왜 자기 자신을 위해 일하고자 하는가? 일이 매끄럽지 못하거나 더 오래 걸릴 때 무엇이 당신을 계속하게 할 것인가? 기업을 경영하는 데 있어 일상적인 사소한 일에 얽매여 있을 때 무슨 보람이 있겠는가?

나는 나 자신을 위해 선택하기를 좋아한다. 프로젝트나 고객이 나와 안 맞는다면 '아니오.'라고 거절함으로써 돈을 적게 버는 쪽을 선택할 수 있어서 좋다. 나는 한번에 3개월 동안 사업에서 완전히 벗어나 아내와 함께 미국 사막을 가로질러 캠핑을 떠날 수 있음을 좋아한다. 나는 일이 주어지는 것보다 다음 할 일을 스스로 고를 수 있는 것을 좋아한다. 원한다면 토요일에 일하고 수요일에 하이킹을 떠나는 것도 좋다. 이 선택의 자유는 나의 북극성이다. 그렇다. 여기에 오기까지 시간이 좀 걸렸고, 처음엔 거의 자유가 없다시피 한 삶을 견뎌야 했다. 결국 청구서는 결제해야 하고 때로는 가장 좋은 고객이 가장 적합한 것은 아니지만 그는 바로 지금 여기 있고 이번 달에 당신을 위해 비용을 기꺼이 지급할 용의가 있는 사람이다. 어려운 부분임에도 불구하고, 선택의 자유라는 목적은 여전히 나를 앞으로 나아가게 하는 원동력이다.

나는 당신에게 우울한 메시지를 주려는 의도는 전혀 없다. 다만 모든 성장이 유익하다는 개념에 도전해야 하는 것처럼, 자신을 위해 일하고 싶다는 생각에 도전하게 하고 싶을 뿐이다. 만일 "네, 나도 도전하고 있어요."라고 생각한다면 그건 정말 멋진 일이다. 나는 이 책이 자기 자신의 1인 기업을 만들 수 있는 로드맵이 되어 주길 바란다. 하지만 지금 당장, 혹은 영원히 말이 안 된다고 생각한다면 그것도 괜찮다. 아마도 당신이 속한 조직에서 1인 기업이 되어 그곳에서 훌륭하고 탄력적인 경력을 쌓고 있을 것이다. 사업 성공과 즐거움을 누리는 길이 단 하나밖에 없다고는 결코 말할 수 없다.

고객 관계 만들기

기존 고객도 없고, 따르는 이들도 없이 내일부터 사업을 시작해야 한다고 가정해 보자. 어떻게 구독자를 만들 수 있을까? 어떻게 하면 고객을 유치할 수 있을까?

이는 많은 사람이 날마다 사업을 시작할 때 고민하는 방식이다. 자신의 기술로 일을 잘하는 방법을 알고 있지만 함께 일하기를 열망하는 기존 사람들은 없다. 그러면 어디서부터 시작해야 할까?

나는 내가 보유한 기술을 활용하여 웹디자이너를 고용하거나 이미 고용해 본 경험이 있는 사람들의 이야기를 경청하는 것에서부터 시작할 것이다. 왜냐하면 이는 내가 보유한 가장 유망한 기술들이기 때문이다. 이 잠재 고객은 디자이너를 어떻게 찾고 있는가? 어디서 검색하고 있는가? 그 과정에 대해 어떤 질문을 하는가? 만일 웹디자이너와의 경험이 좋지 않다면 무엇이 잘못되었는가? 웹디자인 프로젝트를 시작하기 전에 알았으면 하는 건 무엇인가?

그럼 난 그들의 질문에 대해 해결책을 찾도록 돕겠다고 제안한다. 특별히 알고 싶은 게 있는가? 어떤 것을 볼 수 있는 제2의 눈을 원하는가? 다음에 무엇을 할 것인지 브레인스토밍하고 싶은가? 그들은 다른 의견을 원하는가? 그 산업에 대해 알고 싶은 것이 있는가? 나는 서비스를 제공하거나 요금 청구 없이 약간의 도움이 되는 충고를 덧붙일 것이다. 더 중요한 점은 그것에 대해 강요하지 않는다는 것이다. 단지 내가 가진 대답이 필요한 질문이 있는 사람을 찾을 것이다.

이 무료 도움은 한 달 동안 일을 해주거나 웹사이트 전체를 재설계하는 것이 아니라, 직접 또는 전화나 스카이프로 이메일을 보내고 대화를 나누는 것이 될 것이다. 기본적으로 무료 상담이나 프로젝트 로드맵 세션을 제공할 것이다. 이런 방식을 통해 사람들이 웹디자이너를 고용하고자 할 때에 관련된 주요 요소들을 배우고 그들이 왜 그리고 어떻게 웹디자이너를 고용하는지에 대한 통찰력을 얻게 될 것이다.

4장의 알렉스 프란젠Alex Franzen처럼 나도 내 지식을 제공할 한 사람을 찾는 것부터 시작해서 또 한 명, 또 다른 한 명으로 나아간다. 문제를 이해하거나 이해하지 못하는 사람들의 명확한 추세를 알아차리기 시작할 때까지 가능한 한 많은 이들과 이야기를 나누곤 했다. 그리고 이 모든 것을 홍보하거나 판매하려는 의도 없이 진행했다. 그저 그것을 원하는 사람에게 도움이나 조언을 제공할 뿐이었다.

사람들에게 이런 식으로 말하는 것은 두 가지 이점을 만들어낸다. 첫째,

아무런 대가 요구 없이 함께 일하고 싶은 유형의 사람들과 지식을 공유하는 기회가 된다. 둘째, 나는 미래의 잠재고객이 무엇을 찾고 있는지, 내 분야의 프로젝트에 관여하고 있는지 그리고 어떻게 효과적으로 소통하여 그 문제들을 해결하도록 도울 수 있는지 배울 것이다.

내가 다른 사람에게 상품을 팔기 훨씬 전에 어떤 식으로든 도움을 준 사람과 관계를 쌓을 수 있었다. 이것을 나중에 '홍보'하는 데 이용하거나 나중에 판매가 필요할 때 쓰지는 않을 것이다. 그들에게서 계속 배울 수 있도록 이 사람과 관계를 구축하고 발전시킬 것이고, 이는 서로에게 이익이 되는 관계일 것이다. 그들은 내 도움을 받고 나는 그들의 지식을 얻을 것이다.

어쩌면 가장 중요한 것은 다른 현장에서 정규직으로 일하는 동안 이러한 사실 조사와 소규모 컨설팅을 해보는 것이다. 나는 처음부터 내 회사를 설립하는 일에 뛰어들지 않을 것이다. 지속 가능한 삶을 살 수 있을 만큼 충분히 잘 실행할 수 있는 아이디어인지 아직 알 수 없기 때문이다.

거기서부터 그 길은 여러 갈래로 갈 수 있었다. 블로그를 통해 내가 배운 것에 대해 공개적으로 글을 쓰고 예전에도 그랬듯이 종국에는 일반적인 고객 문제에 관한 관심과 어떻게 해결될 수 있는지에 대한 통찰력이 가득 찬 책을 쓸 수도 있을 것이다. 아니면, 내 잠재 고객이 가장 많은 도움이 필요한 지점을 알고 있었기 때문에 새로 습득한 지식을 나만의 서비스를 만드는 데 사용할 수도 있다. 아마도 나는 도움을 준 사람들이 내가 찾은 것을 홍보해 줄 것이란 확신을 하고 계속 홍보나 판매 없이 이 두 가지 모두를 추진해 나갈 것이다.

이것이 핵심이다. 내가 도와준 사람들은 분명히 나를 도와줄 것이다. 1인 기업인 내 회사에서 나와 상담하거나 로드맵 작성에 도움을 주었던 모든 단일사업계획의 실행을 원하는 이들은 나를 고용하고 싶어 했다. 컨설팅 비용으로 상당한 돈을 청구해도 여전히 나는 각 고객의 고용 목록의 상위에 있을 것이다. 누군가에게 도움이 된다는 것이 대단히 훌륭한 리드생성 퍼널lead-generation funnel, 즉 고객 창출 방안임이 증명되었다.

내 새로운 사업은 먼저 다른 사람들을 돕는 것에 바탕을 두고, 그다음 단계로 웹 디자인이나 디자인 컨설팅 계약을 할 것이다. 이 방식을 따르는 이유는 자본주의에 염증을 느끼면서도 스카이프Skype 화상 전화 앞에 앉아 「쿰바야Kumbaya」 찬송가를 부르고 싶지 않기 때문이며, 충성도가 높은 고객층을 구축하고 이를 따르는 방법을 알기 때문이다.

많은 사람은 이 접근법을 자선단체를 설립하거나 가까운 친구들에게만 해당하는 사업 조언으로 볼 것이다. 이는 아이들에게 옷을 입히고 음식을 식탁에 올리고 집세를 낼 만큼 충분한 돈을 버는 사업에는 적용될 수 없을 것이라고 말이다. 그러나 이것이 바로 내가 10년 이상 축적해 온 사업 방법이며 4~5개월을 기다려주는 고객층을 만든 방법이다. 수만 권이나 팔린 책들을 이렇게 출간했다. 이것이 몇 년 동안 내 기업가 정신에 접근해 온 방법이다. 나는 그저 내 기술을 다른 사람을 돕는 데 사용하는 걸 즐기면서 수행했을 뿐이다. 처음에는 무료로, 그 다음은 적은 양으로, 나중에는 정당한 돈을 받으며 더 많은 양의 도움을 제공했다.

이 접근법은 자원, 도구 또는 자동화 소프트웨어에 엄청난 돈을 투자하지 않고도 바로 시작할 수 있다는 점에서 1인 기업의 사고방식을 반영한다. 먼저 서비스를 제공한 다음 서비스에 대한 수요가 증가함에 따라 제품을 신속히 제공함으로써 MVPr에 빠르게 도달할 수 있다. 시작하려면 컴퓨터와 인터넷을 연결해야 하는데, 그게 필요한 전부다.

나중에 돈을 더 벌기 위해 지금 돈을 쓰는 것보다 돈을 벌기 위한 사업을 꾸려나가는 것의 장점은 이익이 더 빨리 일어난다는 것이다. 투자자나 내 친척의 투자 또는 벤처캐피털의 투자 등은 필요하지 않다. 특정 하드웨어나 소프트웨어도 필요하지 않으며 비밀 전략이나 전술을 쓸 필요도 없다. 지금 필요한 전부는 당신의 가치 있는 기술과 지식을 경청해줄 만한 이들과 기꺼이 공유할 수 있는 품위 있는 사람이 되는 것이다.

다른 회사를 찾지 않기로 한 후, 내 1인 기업은 이렇게 시작했다. 그 당시 나는 여전히 10대였고 부모님 집에서 살면서 지하실에서 값싼 부품으로 스스로 조립해 만든 컴퓨터를 갖고 일했다. 일단 빠르게 한번 서부 지역으로 이사할 계획을 하고 생활비를 충당할 충분한 돈을 벌고 최대한 저축하기 위해 당장 할 수 있는 일에 매달렸다.

전통적인 창업 방법은 은행이나 부유한 친척, 벤처캐피털 등에서 투자받는 것으로 시작해서 오랫동안 열심히 일해 완벽한 제품을 만드는 것이다. 그러나 이런 근무 방식은 많은 단점이 있다. 시장 선정, 차별화, 대상 고객에 대한 수많은 추정을 해야 하고 출시하기 전에 큰 비용을 들여야 하며 그 결과가 나올 때까지 무작정 기다려야 한다.

정반대의 방법인 1인 기업 접근법을 취하면 더 좋지는 않더라도 똑같이 일할 수 있다. 자신의 시간 중 아주 작은 부분을 제외하고 어떤 투자 없이 사업을 시작할 수 있으므로 시장, 제품 또는 잠재 고객에 대해 많은 추정을 할 필요가 없다. 자신의 사업 아이디어를 최대한 작게 만든 다음 빨리 시작하는 것만으로 당신의 1인 기업을 시작할 수 있다.

예를 들어, 내 첫 온라인 강좌인 창의 계급Creative Class은 30개의 수업을 위한 아이디어로 시작했는데, 수업을 계획하는 데만 4~6개월이 걸렸을 것이다. 그리고 강의 실행 소프트웨어를 개발하는 데 또다시 4~6개월이 소요되었을 것이다. 하지만 4~6개월이 소요될 수업 계획 작성을 그만두고 대신에 7개의 수업과 기존 소프트웨어를 갖고 시작했다. 이런 식으로 나는 1년이 아니라 한 달 안에 시작할 수 있었다. 빠른 시작은 실제 구독자들에게 효과가 있는지 아닌지를 알게 해주었고, 그다음에 조정하고 반복하며 개선할 수 있었다. 7개의 수업으로 시작한 이후 수강생들의 피드백을 바탕으로 7개의 수업을 더 추가했다. 7개의 수업이 두 번째 진행되는 동안 나는 과정을 빨리 수료함으로써 돈을 번 다음 수강료를 지불하는 고객의 실질적인 피드백을 토대로 전체 강좌를 조정할 수 있었다. 이 수업들은 6번째 진행되며 이미 나를 지탱하기에 충분한 돈을 벌어다 주고 있었다.

구성 요소

분명히 1인 기업 접근법은 가능한 한 작게 시작해서 천천히 혹은 필요에 따라 성장시키는 것이지만, 아직 고려해야 할 몇 가지 구성 요소가 있다.

돈

기업은 너무 자주 오로지 수익에만 초점을 맞춘다. MVPr에 빨리 도달할수록 더 좋은 것은 사실이기 때문에 1인 기업은 비용 또한 그만큼 중요하다.

이런 방법을 살펴보자. 만약 1,000달러에 서비스를 제공하고 월간 지출이 2,000달러라면 이익을 얻기 위해서는 적어도 매달 3명의 고객이 필요하다. 만약 경비를 충당하기 위해 총 4,000 달러가 필요하다면 당신은 이익을 얻기 위해 적어도 5명의 고객이 필요하다. 솔직히 두 가지 질문을 고려해야 한다.

'초기에 매달 수익성이 떨어지는 일을 줄이기 위해 경비를 어느 정도로 줄일 수 있는가?' 그리고 '수익성을 얻기 위해 매월 필요한 의뢰인이나 고객 수를 확보할 가능성은 얼마나 되는가?' 만약 3명의 고객은 가능해 보이지만 5명의 고객으로 확장하는 것이 부담스럽다면 전체 비용을 줄이거나 요금을 인상하는 것을 고려할 필요가 있다. 의뢰인을 찾고 그의 환심을 사고 의뢰인과 함께 작업하고 그런 다음에 이 프로젝트를 끝마치는 데 얼마나 걸리는지 생각해 봐야 한다. 이와 같은 것을 한 달에 다섯 번 진행할 수 있는 시간이 충분한가? 아니면 세 번이라도?

제품 사업에 대해서도 같은 질문을 할 필요가 있다. 제품 가격을 50달러로 책정하고 비용은 30달러가 든다면, 2,000달러에 도달하기 위해서는 제품 40개를 판매하면 되는 것으로 생각할 수 있다. 총 2,000달러 ÷ 50달러 = 40개. 하지만 실상은 100개를 팔아야 한다. 총 2,000달러 ÷ 이익 20달러 = 100대. 다시 말 해, 당신의 비용이 4,000달러라면, 200대를 팔아야 한다. 그럴 가능성은 얼마나 될까?

돈과 관련된 또 다른 요소는 시간을 어떻게 보내는가이다. 제품을 개발하는 데 매일 소비하는 날들은 사전 주문이나 크라우드 펀딩을 하지 않는 한, 실상 그것으로 돈을 벌지 못하는 시간들이다. 어떻게 하면 초기 버전의 제품을 신속하게 출시하여 수익을 창출할 수 있는가?

많은 1인 기업을 부업으로 시작하는 이유는 돈 때문이다. 창업자의 비용을 충당하기 위해 MVPr로 가는 길은 시간이 좀 걸릴 수 있다. 그때의 난 19세였기 때문에 초기에는 부모님과 함께 지내다가 조금씩 천천히 서비스에서 상품으로 완전히 전환하는 데 몇 년의 시간을 들여서 내 생활비를 상쇄했다. 그리고 내가 서비스에 부과하는 것보다 더 많은 돈을 제품을 통해 일상적으로 벌 때까지는 시간이 걸렸다.

합법

소기업은 때때로 대기업이나 같은 규모의 기업으로부터 이점을 빼앗기거나 돈을 뜯길 수 있다. 처음부터 합법적인 체계를 갖추는 것이 중요한 이유가 여기 있다.

첫째로 운영 중인 국가와 지역에 맞게 사업 주체가 제대로 설립되었는지, 둘째로 운영 주체가 개인적인 차원에서 벗어났는지 확인할 필요가 있다. 다시 말 해, 사업은 그 자체의 법적 실체여야 한다. 대부분 국가의 법인 또는 미국의 LLC인 법인이어야 한다. 그러면 당신의 사업에 어떤 문제가 생기더라도 그것은 당신 개인의 책임이 아니라 법인의 책임이다. 모든 돈은 직접 사업계좌에 입금되고 나서 급여나 배당금으로 지급되어야 한다. 사업을 구조화하는 데는 아주 다양한 방법이 있다. 당신의 필요에 따라 구조화할 수도 있고 당신이 고객에게 제공하는 것에 따라 구조화할 수도 있으며 당신의 지리적 위치에 따라 구조화할 수도 있다. 그래서 아마도 당신에게 맞는 사업계획을 수립하는 데 도움을 줄 변호사와 회계사가 필요할 것이다.

다음으로, 당신의 1인 기업과 당신 자신을 분리한 후에 회사가 이점을 빼앗기기게 되는 것을 막을 필요가 있다. 서비스 기반의 사업은 사업과 고객 간에 계약을 체결하는 것을 의미한다. 처음에는 온라인에서 꽤 저렴하게 계약을 의뢰받을 수 있다. 결국, 당신의 업무 영역과 지리적 위치에서 해당 법률이 어떻게 작용하는지 그리고 물론 계약이 제대로 이루어지는지 등에 관련하여 변호사의 도움을 받는 것은 합리적이다. 제품 기반의 사업은 사용자들이 당신이 판매하는 제품에 대한 대가를 지불하기 전에 서비스 약관에 동의하게 하는 것을 의미한다.

사업 변호사와 직원이 아닌 계약직 변호사가 있는 이유는 모든 사람을 고소할 수 있게 하기 위해서가 아니라, 소송이 거의 일어나지 않도록 하기 위함이다. 이를 예방하기 위해 가끔 변호사에게 몇 가지를 자문하고 소정의 자문료를 지불한다. 자문 변호사는 내 사업이 고소를 당할 위협이 매우 작을 뿐만 아니라, 다른 사람을 고소할 필요성도 매우 적다는 것을 확신하게 해준다. 누군가를 법정에 세워야 하거나, 자신이 법정에 서게 되는 것은 회사의 일상적인 경영에 많은 스트레스와 부담을 줄 것이다.

1인 기업을 위한 최고의 변호사는 사업 유형을 이해하고 규모에 맞게 기꺼이 함께 일하는 사람이다. 그리고 일반적으로 전문 서비스를 위해 고용한 사람에게 내가 가장 크거나 혹은 가장 작은 고객이 되는 건 결코 현명한 생각이 아니라는 것을 알아두어야 한다.

회계

나는 항상 훌륭한 회계사는 그들이 청구하는 비용보다 더 많은 돈을 절약할 수 있게 해줘야 한다고 믿어 왔다. 이런 믿음은 잘못된 것일 수도 있다. 나에게는 그것을 뒷받침할 연구나 자료가 없다. 하지만 내 회계사는 늘 많은 돈을 절약해주었다.

당신의 1인 기업에 가장 적합한 회계사를 찾으려면 업무 유형에 대한 지식과 규모에 맞는 사업체에 대해 친숙한 회사나 개인을 물색하면 된다. 내 사업은 캐나다 달러로 운영되며 캐나다에 있는 동안은 주로 미국에서 디지털 제품을 판매한다. 따라서 이러한 특성의 수익을 어떻게 회계 처리할지 아는 회계사가 필요하다.

회계사는 단지 회계 연도 끝에 세금을 내는 데에만 필요한 사람이 아니다. 회계사는 정부 요청과 관련된 모든 것, 금융법에 관한 최신 정보를 알고 실수로 세금을 빠뜨리지 않게 하는 것, 건전하게 비용을 지불하는 방법, 세금을 최소한으로 낼 수 있도록 사업을 구조화하는 것 등에 관한 조언자로 활용할 수 있다.

나는 몇 달에 한 차례씩 내 회계사와 미팅을 한다. 어떤 변화를 주거나 새로운 제품이나 제휴를 추가하거나 새롭고 큰 비용을 예상할 때, 또는 정부로부터 내 사업에 대한 공문을 받을 때 등이다. 일반적으로 정부의 공문은 쉽게 이해할 수 있는 언어로 쓰여 있지 않다. 나는 회계사의 감사를 통해 모든 것이 올바르게 처리되고 아무것도 누락시키지 않았음을 확인한다. 정부에 얼마나 많은 빚을 지고 있는지에 대한 복잡한 세부사항을 알아내기보다는 돈을 버는 데에 집중하고자 한다. 따라서 나는 기꺼이 회계사에게 의존한다. 다시 말하지만, 1인 기업은 회계사를 정규직으로 고용할 필요가 없으므로 직원 아닌 독립적인 회계자문으로 고용하면 된다.

급여

법률 부문에서 언급한 것처럼 사업이 본인으로부터 분리되어 있는지 확인해야 하는데, 이를 위해서는 사업용 계좌를 별도로 개설하고 그 계좌에서 배당이나 급여를 스스로 지불하는 것이 가장 우선이다. 내 일에서 나오는 매출은 때때로 일관성이 없을 수 있어서 나는 항상 지난 12개월 동안 매출이 아닌 이익에서 세금으로 책정된 25~30% 정도를 제외한 평균을 내 연봉으로 책정해왔다. 이익이 늘면 연봉을 올리기 전에 매달 필요한 최저생계비와 여유자금도 감안한다. 12개월의 평균 이익을 염두에 두고 과거 최저생계비를 너무 초과하지 않는 선에서 꽤 안정된 급여를 책정할 수 있다. 분명히, 더 적은 돈이나 더 많은 돈이 필요하다면 당신은 이를 변경할 수 있다. 하지만 사업 계좌에서 더 많은 돈을 꺼내 갈수록 더 많은 세금이 부과된다는 것을 명심해야 한다.

자신을 위해 일할 때 가장 중요하게 고려해야 할 점은 지난 12개월 평균을 자신에게 지급한다고 해도, 앞으로 같은 이익이 발생한다는 보장은 없다는 점이다. 그래서 완충방안으로 '여유자금runway buffer'을 충당해 두는 것이 중요하다. 즉, 이익 발생이 한두 달 지체되는 경우를 대비해 자기 자신과 경비 충당을 위한 저축을 조금씩 해 두는 것이다. 나는 매우 안전한 것을 좋아하기 때문에 필요할 때 쉽고 빠르게 접근할 수 있는 6개월분의 유동적인 여유자금을 가지고 있다. 내가 아는 다른 이들은 3개월분의 여력을 갖고 편안하게 지내고 있다. 무엇이 효과적인지는 스스로 결정할 일이다. 개인적으로, 나는 여유자금을 저축할 수 있을 때까지 혼자서 일을 시작하려고도 하지 않았다.

자신에게 얼마를 지급하는가를 결정하는 또 다른 요인은 얼마나 많은 휴가를 보내고 싶은가이다. 만약 일 년에 4주를 휴가로 보내고 싶다면 당신은 여유자금으로 1개월분의 추가 비용을 저축할 필요가 있을 것이다. 월별 소프트웨어 라이선스의 고정 수익과 같은 경상 소득 흐름을 가지지 않는 한 일거리가 없으면 돈을 벌지 못할 수도 있기 때문이다.

이 유동적인 저축은 예상치 못한 사건이 발생할 때에도 큰 도움이 된다. 가족 구성원이 병에 걸리거나 사망하면 계획하지 않았던 시간을 내야 할 수도 있다. 이 경우 경상 소득 흐름과 충당자금이 어려운 시기를 극복할 큰 도움이 될 수 있다.

저축

나는 진심으로 1인 기업이 급여와 여유자금을 충당하는 것 외에 인덱스 펀드index funds 같은 소극적인 투자에 저축할 수 있을 만큼의 돈을 많이 투자해야 한다고 생각한다. 만일 물가상승률이 매년 약 3%라면, 적어도 3% 이상의 연간 수익을 내지 못할 때 자산 손실이 발생한다. 당좌예금 계좌와 저축 계좌는 이자가 거의 없으므로 이는 은행 계좌의 모든 돈에 적용된다.

캐나다 정부가 나와 같은 국민을 위해 만든 401k 퇴직연금이나 퇴직연금 저축Registered Retirement Savings Plan에 돈을 넣어주는 고용주가 없으니, 내 소득 잠재력의 전성기에 어떻게 최대한 많은 돈을 벌고 소득이 없을 미래를 위해 저축할 수 있을지 스스로 생각해봐야 한다. 그리고 나는 월급처럼 매달 은행계좌에서 투자계좌로 송금하기 위해 자동이체 설정을 해놓았다. 이는 내 유동 자산에는 영향을 미치지 않는 적은 금액이지만 장기적으로 중요성이 높아질 만큼의 금액이다.

여기서 목표는 작은 단계로 돈을 버는 것이다. 첫째, 당신의 1인 기업이 생활비를 충당할 만큼 충분한 이익을 내고 있는지 확인해야 한다. 둘째, 비록 일이 더디게 되더라도 1인 기업에서 전일로 일할 수 있도록 충분한 여유자금을 저축해야 한다. 셋째, 급여와 여유자금을 갖추었다면 회사에 재투자할 수 있어야 한다. 상황이 잘 진행된다면 그런 투자에 대한 수익률이 3%를 넘을 수 있을 것이다. 대신에 당신의 회사에 더 투자할 필요가 없다면, 아마도 사업비가 충당되었고 더 성장할 이유가 없다면, 인덱스 펀드 같은 것에 여분의 돈을 더 투자할 수 있다.

나는 관리 수수료가 매우 낮은 로보어드바이저robo-investor를 활용하여 내 돈을 유지·관리할 필요가 없는 인덱스 펀드에 보관한다. 분기마다 한 번씩 투자금을 확인하고 질문이 있으면 회사에 있는 누군가와 상담한다. 하지만 이런 투자들은 장기적이므로 나는 일별 혹은 심지어 월별 손실이나 이득에 대해서도 별로 신경쓰지 않는다. 나는 단지 내 돈이 수십 년에 걸쳐 성장하는 것을 보고 싶을 뿐이다.

건강보험

의료보험과 건강보험은 당신이 사는 국가에 따라 1인 기업을 창업하는 데 결정적인 요인이 될 수 있다.

프리랜서들을 위한 스케줄링 소프트웨어를 제공하는 쿠션Cushion의 설립자인 조니 홀먼Jonnie Hallman은 동료 미국인들이 벤처 기업을 창업하지 않는 가장 큰 이유가 의료 비용에 대한 염려라는 사실을 알게 됐다. 보험은 고용주가 가입하지 않았거나 단체보험 등에 속하지 않을 때 더 많은 보험료가 발생하므로 선택하기 전에 잘 알아볼 필요가 있다.

다행히 캐나다와 같은 많은 다른 나라에서는 기본적인 건강관리제도가 모든 시민에게 제공된다. 캐나다인들은 의료보험 연장과 장기 상해를 대비하는 CI 상해보험 그리고 생명보험에 가입하는 것만 고려하면 된다. 그러나 미국에서는 의료보험 보장의 문제가 계속 대두되고 있다. 1인 기업으로서 분명히 건강보험과 생명보험을 어디서 가입할 수 있는지 알아두는 것이 분명 가치가 있다는 것을 알게 될 것이다.

어디든지 간에 보통 전문 협회, 상공 회의소, 사업 단체와 같이 대폭 할인된 보험료로 가입할 만한 단체가 일반적으로 존재한다.

삶의 방식

이제 돈과 보험 혜택이라는 사소한 문제를 벗어났으니 1인 기업이 누릴 만한 삶의 방식에 대한 질문으로 넘어간다. 하는 일의 종류에 상관없이 어떻게 일하는가는 항상 삶의 방식을 선택하는 문제를 수반할 것이다. 1인 기업의 이점은 이윤과 자신의 행복을 위해 최적화하면서 그 주위에 당신의 생활 방식을 구축할 수 있다는 것이다.

첫 번째 단계는 비용, 여유자금과 투자를 충당할 수 있는 일관되고 건전한 월간 수익을 개발하는 것이다. 일단 그런 고려사항을 처리한다면 아름다운 일이 일어난다. 즉, 선택권이 당신에게 주어진다. 원한다면 돈을 더 많이 버는 것을 선택할 수도 있고, 동일하게 일하고 동일한 액수를 받기로 선택할 수도 있다. 만약 후자를 선택한다면 우선순위를 결정할 수 있다. 가족과 더 많은 시간을 보내고 싶은가? 세계를 탐험하고 싶은가? 새로운 사업 아이디어와 기회를 실험하고자 더 많은 시간을 투자하고 싶은가?

일이 잘될 때 모든 분야에서 규모를 늘려야 하는 장애물을 제거함으로써 자신의 삶을 즐기는 데에 투자할 수 있다. 당신이 '충분함'을 만드는 방법을 알아내고 나면 그 혜택을 누릴 자유가 생길 것이다.

그리고 우리의 목표가 비슷하다면, 나는 언젠가 북서 태평양 야생의 오솔길에서 하이킹하는 당신을 만날 수 있기를 바란다.

생각해보기

- 1인 기업을 창업하려는 목적과 이유는 무엇이고, 시간이 지남에 따라 달라지는 건 무엇인가?

- 당신이 하고 싶은 몇 가지 일들의 첫 단계로서 지금 당장 1인 기업을 시작하는 방법은 무엇인가?

- 합법적으로나 재정적으로 1인 기업을 올바르고 책임감 있게 설립하기 위해 해야 할 일은 무엇인가?

제품이 많을수록 시장이 커지고, 기업이 제휴를 하면 할수록 돈도 줄어든다. “모든 방향에서 전속력으로 전진한다”라는 것이 기업이라는 함대의 함교에서 하달되는 명령인 것 같다. 기업은 라인 확장이 결국 본질적으로 망각으로 이어진다는 것을 언제쯤 알게 될 것인가.

— 알 리스 · 잭 트라우트, 『마케팅 불변의 법칙』

후기 : 절대 성장하지 마라

일본 야마나시Yamanashi 현의 그림 같은 시골에 세계에서 가장 오래된 호텔인 니시야마 온천 게이운칸Nishiyama Onsen Keiunkan이 있다. 이 호텔은 705년에 개원하여 약 1,300년 동안 존재해 왔으며 같은 가문의 52대 후손에 의해 관리되고 있다.

온천 게이운칸 주변 지역의 지배세력이 흥망성쇠를 겪고 큰 전쟁이 일어나 일대가 황폐화되며 거대한 경제 호황과 불황이 거쳐간 세월 동안, 이 호텔은 풍파를 이겨내고 사업을 지켜냈으며 수익성 역시 유지했다. 이곳은 35개의 객실과 6개의 자연 온천 욕실을 제공하며 투숙객들에게 더 나은 서비스를 제공하기 위해 연중무휴로 운영된다. 목욕탕의 물은 순수한 알칼리성이며 인위적으로 가열하거나 처리하지 않는다. 이 호텔은 주변의 산과 강 현지에서 조달한 식자재로 만든 간단한 제철 음식을 제공한다. 목욕탕 외에 인근 지역에는 다른 명소가 없고 와이파이도 없으며 통근버스와 같은 공유 차량도 없다. 그럼에도 증조부모들이 태어나기 훨씬 전부터 인기 있는 여행지였다. 방문객 중에는 일왕, 정치인, 무사, 장군 등이 포함되어 있다.

호텔의 초점은 처음부터 성장이나 확장이 아닌 고객 서비스에 있었다. 손님들을 편안하게 해주는 것이 최우선이었으므로 호텔은 항상 작게 유지되었다.

온천 게이운칸이 급격한 성장을 선택하지 않고도 어떻게 성공했는가 하는 이 엄청난 이야기는 다른 동료 사례를 비교해서 보면 잘 알 수 있다. 바로 세계에서 가장 오래된 기업인 콘고 구미Kongo Gumi이다. 이 회사는 불교 사찰을 건설하는 회사이다. 창업자 콘고 시게미츠Kongo Shigemitsu는 놀라운 기회를 보았다. 불교는 빠르게 발전하고 있었고, 사찰을 지을 필요가 있었다. 창업자가 타계하고 14세기 동안 회사는 사찰을 짓느라 바빴다. 그들의 호텔 동료와 마찬가지로, 콘고 구미는 끊임없이 고객에게 서비스하고 사찰 건축에 절대적인 전문가가 되는 것에 집중했다. 이 집중은 건설 회사가 견딜 수 있을 만큼 회복력을 갖게 했다.

1,428년 동안 콘고 구미는 활기 넘치는 건설 회사였다. 그러나 1980년대 일본 금융시장의 호황기를 맞아 금융거품과 제약 없는 신용성장 등을 보고 부동산 영역으로 사업을 확장하기로 하면서 갑자기 상황이 달라졌다. 한동안 콘고 구미는 단기간의 빠른 성장에 대한 보상은 받았지만 대부분이 그러하듯 그 성장은 오래가지 못했다.

1990년대 초, 일본 금융거품이 완전히 폭발해 버렸다. 인위적으로 억제된 금리로 막대한 차입금을 챙겼던 기업은 빚만 남았다. 빚은 인기 있는 마약과 같았다. 모든 사람이 대출을 받고 있었고, 모든 기업이 부채를 안고 있는 것처럼 보였다.

콘고 구미는 결국 3억 4,300만 달러에 가까운 빚을 지게 되었다. 회사는 더 큰 회사에 매각됐고 결국 몇 년 후에 청산되었다. 회사로서의 기나긴 경영의 막을 내렸다. 이 사찰 건설 회사는 수많은 정치적 위기, 두 번의 원자폭탄 폭발, 심지어 일본 정부가 자국 내에서 불교를 완전히 말살하려 나섰던 시기에도 살아남았다. 하지만 아이러니하게도 그들이 살아남을 수 없었던 이유는 급속한 성장 비용이었다. 그들의 몰락은 성장을 안정과 이익보다 우선시했다는 점에서 찾을 수 있다.

시니세しにせ라는 일본어는 오래도록 유지해 내려온 유명한 신용 있는 가게나 회사를 가리킨다. 놀랍게도 100년 이상 된 전 세계 모든 사업체의 약 90%가 일본 회사들이다. 그들 모두는 300명 미만의 직원을 보유하고 있으며 아직 있는 직원들은 결코 빨리 성장하거나 큰 이유 없이 성장하지 않는다.

반면, 온천 게이운칸은 거의 성장하지 못했다. 여전히 40개 미만의 방과 6개의 온천으로 운영되고 있으며, 그들은 장기적인 성공을 위해 성장이 필요하지 않다는 것을 인식함으로써 살아남았다. 모든 고객들이 자신만이 단 하나의 유일한 고객이라고 믿게 하는 이 호텔은 세대 간 가업을 승계해가는 방식으로 서비스만을 위해 헌신해 왔다. 이는 많은 회사에서는 좀처럼 찾아보기 어려운 일이다. 물론 그들은 1990년대에 객실을 다시 짓고 새로운 우물을 파기 위해 약간의 보수를 하긴 했지만, 이러한 반복조차 매우 작고 신중하게 고려했다.

온천 게이운칸은 비록 작았지만 그 때문에 살아남았다. 호텔 체인으로 확장하거나 부동산 투자로 관심을 돌리거나 시장 호황의 징조를 따르지 않았다. 그들은 투자자들을 불러모으지도 않았고 어떤 것도 공개하지 않았다.

이런 인식에서 볼 때, 예일 경영대학원Yale School of Management의 강사인 리처드 포스터Richard Foster는 S&P 500에 속하는 기업의 평균 수명이 총 15년에 불과하다는 것을 발견했다.

반면, 온천 게이운칸은 무려 1,300년 동안 사업 운영을 해왔다.

실패하기에는 너무 작은 규모

이 책에서 인용된 아이디어, 연구, 교훈은 사업 성과에 대한 보다 넓은 철학을 제시한다. 사업 성공은 무언가를 신속하고 대규모로 성장시키는 데 있는 것이 아니라, 장기간에 걸쳐 놀랍고 탄력적인 것을 구축하는 데 있다. 이 말은 천년은 지나야만 성공할 수 있다는 말이 아니라, 성공이란 지속해야 하는 한 사업을 유지하는 방법을 찾는 것이라는 의미다. 우리가 몇 번이고 보았듯이, 실패하기에 너무 큰 것은 없다. 규모가 커질수록 위험도 더 커지고, 이익을 얻기 위한 더 큰 노력이 필요할 뿐이다.

그 대신에 사실상 너무 작아서 실패라고 할 수도 없는 무언가를 만드는 것에 집중할 수 있다. 당신은 작은 1인 기업을 더 작아지고 더 집중하며 이익을 낼 필요를 줄이도록 개조함으로써 불황을 극복하고 변화하는 고객의 동기에 대응하며 경쟁을 무시할 수 있다.

그러므로 분기별 이익 증가나 고객 확보의 지속적 증가, 심지어 출구전략을 만드는 능력이나 투입보다 산출을 늘리는 능력으로 성공을 측정해서는 안 된다. 대신에 인기 인터넷 컨퍼런스 '웹스톡WebStock'의 나타샤 램파드Natasha Lampard가 말했듯이 당신이 할 수 있는 최선의 방법으로 고객을 돌보고 수익을 올리며 서비스를 제공하는 것에 바탕을 둔 '실존 전략exist strategy'에 집중할 수 있다. 당신의 성공은 작은 규모로 머물면서 당신의 고객과 진정한 관계를 구축함에 따라 빠르게 이익을 얻는 것으로 측정될 수 있다. 당신이 이타적인 히피족이기 때문이 아니라, 시간이 지남에 따라 성과를 거두기 때문이다. 장기적이고 충성스러운 고객은 때때로 수 세대에 걸쳐 당신의 사업을 재정적으로 지원할 것이다.

진정한 독창성이 필요한 문제는 더 나은 해결책을 더 많이 추가적으로 혼합하며 모두 다루려 하지 않는 것이다. 단순히 해결책을 더 추가함으로써 사업상의 문제를 해결하는 것은 상처 부위에 반창고를 붙이는 것과 같다. 그렇다. 반창고는 출혈을 멈추게 할 수도 있지만, 그렇게 상처를 덮는 것은 애초에 왜 그 사고가 발생했는지 원인을 밝혀내는 데 도움이 되지 않는다. 더 추가하는 것은 기본적으로 먼저 원인을 살펴보지 않고 기존의 문제를 고치려는 노력이다.

왜 더 많은 것이 필요한지 원인을 알아내면 자신의 사업과 고객 모두에게 실제로 도움이 될 수 있는 더 나은 결론에 도달할 수 있다. 아마도 회사에 도움이 되지 않는 성장을 거절할 수도 있을 것이다. 아마도 자기 자신이나 직원을 혹사하지 않고 고객을 무시하지 않으며 여전히 엄청난 이익을 내는 소규모 사업을 만들고 유지할 수 있을 것이다. 아마도 당신은 성장하기 위해 투자를 하는 대신에 동일한 크기를 유지할 수 있을 것이다.

당신은 더 많은 문제를 해결하는 대신에 기본적으로 무엇이 충분한지 결정할 수 있을 것이다. 내가 이 책의 첫머리에 인용한 리카르도 세믈러는 최소한의 이익만이 사업 생존에 필수적인 것이 아니라고 믿는다. 무슨 수를 써서라도 이익을 얻으려고 하는 것은 빈 감방이 많은 감옥을 보고 아직 범죄자들이 충분히 검거되지 않았다고 가정하는 비유와 같다고 하였다. 사실상, 감옥을 운영하는 정부에게 가장 좋은 것은 더 많은 사람이 처벌을 받을 수 있도록 범죄율이 치솟기를 바라는 게 아니라 애초에 범죄가 발생하지 않도록 예방하기 위한 정책과 노력을 통해 더 많은 납세자를 만들고 그들에게 더 많은 이익을 창출하는 것이다.

나는 성장이 수많은 스타트업과 심지어 많은 일류 기업에서 실패의 주요 원인이라는 것을 보여주는 두 가지 연구에 계속 마음이 되돌아간다. 사실, 오랫동안 유지하는 스타트업은 없다. 그들 중 대부분은 15년은 고사하고 몇 년도 버티지 못한다. 더욱이 1,300년은 말도 안 된다. 그들이 성장했을 때, 그들 중 많은 수가 단순히 성공하기에는 너무 비대해졌다. 대기업은 더 높은 현금 소진율, 수익성 높은 지위를 위해 필요로 하는 걷잡을 수 없는 광고 인수 그리고 원하는 사람으로 가득 채운 거대한 팀으로 몸집을 키우고 싶겠지만, 실패하기가 훨씬 쉽다는 것을 알 수 있을까? 누가 알겠는가? 이를 확실하게 알 수 있는 사람은 아무도 없다.

무엇이 충분한지 결정하는 것은 모든 사람에게 다르다. 충분함은 성장의 정반대 개념이다. 충분함은 1인 기업을 세우는 진정한 방향이며, 이는 기업가 정신, 성장 해킹 그리고 스타트업 문화를 촉진하는 현재의 패러다임과는 정반대다.

이 책에서 제시된 연구와 이야기에서 보듯이, 성장은 변하지 않는 사업 법칙이 아니다. 대신에 성장이 필연적으로 성공이나 이익을 따를 필요는 없다. 1인 기업의 경우에는 특히 그렇다. 실패하기엔 너무 작을 때, 당신은 또한 자기 일에 대해 스스로 선택할 수 있을 만큼 아주 작게 유지할 수 있다. 진정한 자유는 자기 목표의 상한을 정의하고 충분한 당신의 개인적 감각이 무엇인지 알아낼 때 얻을 수 있다. 당신은 기대했던 일을 하거나, 당신에게 도움이 되지 않는 기회에 대해 거절할 자유를 가지게 될 것이다.

당신의 사업에서 충분한 경지에 도달하는 것에 만족하고 당신이 다가오는 모든 새로운 잠재적 기회를 탐구할 필요가 없다는 것을 아는 것에 만족한다. 이 자유는 자신만의 방식으로 회사를 운영하게 해줌으로써 즐기는 삶과 실제 하고 싶은 일을 할 수 있게 도와주고 실제로 서비스하고 싶은 고객을 제공한다.

이건 시작에 불과하다

이 책은 그동안 '만일 ○○하면 어쩌지?'라고'라고 물어본 사람의 연구와 사례를 살펴서 '1인 기업'이라는 개념을 탐구해 온 책이다. 목표에 상한선을 두면 어떻게 될까? 사업과 자본주의 자체가 뒤집히면 어떻게 될까?

내가 이런 1인 기업에 대해 탐험하는 여정을 시작할 때는 성장이 항상 사업에서 가장 좋은 행동 방침은 아니라는 이런 신념은 나 혼자만 가지고 있는 것으로 생각했다. 그러나 그 생각을 조금 더 탐구하면서, 나는 조용한 움직임이 일어나고 있다는 것을 깨달았다. 전 세계에서 1인 기업들이 빠르게 직원을 고용하거나 벤처캐피털을 조달하지 않고도 상당한 이익을 거두면서 성공하고 있다. 버퍼나 베이스캠프와 같은 회사들은 번창하고 있고 톰 피시번과 다니엘 라포트 같은 사람은 현 상황에 도전하고 있으며 더 작지만 놀라운 사업들을 만들어 가고 있다.

엄밀히 따지면 우리 모두가 1인 기업이거나 1인 기업이 될 필요가 있음을 기억하라. 비록 당신이 다른 이의 사업에서 팀을 이끌거나 대기업의 직원이라고 할지라도 아무도 진정 당신만큼 당신의 경력에 대해 신경쓰지 않는다. 실제로 자신의 이익을 챙기는 것은 전적으로 자신의 유일한 책임이며 성공이 무엇을 의미하든 이를 정의하고 달성하는 것은 당신에게 달려 있다.

우리 대부분은 기업가가 되는 것이 기업 노동자가 되는 것보다 더 위험하다는 인식이 잘못되었다는 것을 알고 있다. 요즘 대기업 직원들은 기업이 어떻게 운영되는지, 어떻게 이윤에 초점을 맞추는지 그리고 얼마나 안전한지에 대한 통제력을 가지고 있지 않기 때문이다. 그렇다. 스스로 무언가를 시작하는 것도 약간 위험할 수 있다. 하지만 내가 아는 기업가들 대부분은 가장 위험을 싫어하는 사람들이다. 그들은 아이디어를 반복하고 위험에 관한 한 천천히 움직이지만, 이익을 창출하고자 할 때는 빨리 움직인다.

1인 기업이 되거나 이 사고방식의 핵심적 측면을 채택하는 것만으로 당신은 어떤 직업, 어떤 회사, 또는 당신이 스스로 시작하는 어떤 프로젝트나 사업에서 번영하는 데 필요한 회복력을 개발할 수 있다. 가능하다면 규모가 작은 사업일 때 반드시 잘 작동되도록 함으로써 사업이 성장하는 경우 잘되도록 보장할 수 있다.

더 많은 것을 갖는 것이 삶의 질에 영향을 미치지 않는다는 것을 깨닫는 것이 중요하다. '충분함'이 갖춰지면, 당신은 자유로워져야 한다. 9,000만 달러와 9억 달러 사이의 차이점은 무엇인가? 솔직히 나는 모르겠다. 만약 여러분이 그 시점에 도달했는지 확실하지 않다면 왜 더 많은 것을 원하는지, 혹은 왜 여러분이 가진 것이 충분하지 않은지에 대해 질문해야 한다.

1인 기업의 사고방식을 받아들이는 것이 반드시 어느 쪽이든 결정해야 하는 것일 필요는 없다. 이를 받아들이거나 버리거나 둘 중 하나를 선택해야 한다고 생각하지 않아야 한다. 그 대신에 이 책이 제시하는 조리법에서 각각의 재료가 당신이 일하는 방식이나 사업운영 방식에 어떻게 도움이 될 수 있는지 생각해보기를 바란다. 아마도 몇 가지 아이디어를 채택하고 나머지는 남겨둘 수 있을 것이다. 개념에 의문을 제기하고 자신의 사업과 고객에게 무엇이 최선인지 판단해준다면 나는 보람을 느낄 것이다.

오늘날 그 어느 때보다도 베헤모스behemoth 같은 거대 기업은 더 민첩하고 독창적인 방법을 배우는 것이 필요하다. 그리고 이제 막 자신의 사업을 시작한 사람은 사업에는 또 다른 길이 있다는 것을 알 필요가 있다. 사실, 무한한 길이 있고 각 경로에 대해 질문하지 않으면 결국 자신이 가는 길을 즐기지 못할 수도 있다.

이 책의 모든 것은 모든 규모의 기업이 '진짜' 사업이 어떻게 운영되는가에 대한 패러다임에 갇히지 않고 '삶의 방식'이 사업이 되어야 한다는 내 신념에서 비롯된다. 사실, 이론적으로 모든 사업은 삶의 방식을 담은 사업이다. 각각의 사업은 자신이 원하는 방식을 선택한다는 것을 나타낸다. 빠르게 변화되는 기업 세계에서 일하고 싶다면, 당신의 삶은 다른 많은 것들을 위한 여지가 거의 없음을 받아들여야 한다. 성장 중심의 벤처캐피털 세계를 선택한다면, 투자자와 고객이라는 두 그룹의 사람에게 의존하는 것을 수용해야 한다. 그리고 각각이 원하는 것은 엄청나게 다를 수 있다. 충분한 수익을 올릴 수 있는 회사에서 일한다면, 당신의 생활방식은 단순히 이윤을 증가시키는 것 이상으로 최적화될 수 있다.

결론적으로 모든 사업은 우리가 외부에서 원하는 삶에 대한 선택이다. 하나의 선택이 다른 어떤 것보다 나은 것은 아니다. 모든 것은 우리 자신의 내적이고 깊은 개인적 요인에 의해 내려진 단순한 선택이다. 이 책은 하나의 선택을 제시한다. 당신의 삶과 사업을 어떻게 운영하느냐에 대한 선택은 아닐지 모르지만, 만약 그렇다면 이 책이 당신에게 약간의 통찰력과 작은 불빛을 제공해주었기를 바란다.

1인 기업이 되기 위한 규칙은 오직 하나이다. 그것은 성장을 필요로 하는 기회에 주의를 기울이고 그것을 선택하기 전에 질문하는 것이다. 바로 그것이 하나의 규칙이다. 나머지는 전적으로 당신에게 달려 있다. 하지만 성장의 필요성에 대해 의문을 품지 않는다면, 당신은 성장이라는 맹수가 당신과 사업 전체를 집어삼킬 위험에 빠지게 될 것이다.

1인 기업 운동은 끊임없이 성장하고 있다. 농담이 아니라 나는 그렇게 믿는다. 만약, 당신만의 1인 기업 이야기를 공유할 수 있다면 나는 그것을 꼭 들어보고 싶다. 독자들이 내 메일paul@mightysmall.co로 연락 준다면 최대한 답장할 것을 약속한다.

감사의 글

책은 만드는 팀 전체의 노력이지만 저자 개인이 이 모든 공을 차지하게 된다. 따라서 나와 함께 표지에 이름을 올리지 못한 모든 분에게 감사를 표한다.

필요할 때마다 항상 나를 격려해주고 때로는 질책을 해준 내 아내, 리사에게 감사한다. 나의 탁월한 대리인인 루신다 블루멘펠트Lucinda Blumenfeld, 뛰어난 편집자인 릭 울프Rick Wolff, 그의 훌륭한 조수 로즈마리 맥기니스Rosemary Mcguinness를 비롯하여 루신다 리터러리Lucinda Literary와 호튼 미플린 하코트Houghton Mifflin Harcourt의 모든 분께 감사드린다. 모두 내가 꿈꾸고 달성하고자 했던 수준을 훨씬 뛰어넘게 도와주었다.

또한, 이 책에서 인터뷰에 응해 준 모든 이들에게도 감사한다. 인터뷰 일정을 소화해내느라 몸무게가 엄청나게 늘긴 했지만 사람들이 나와 대화하고 경험을 공유해주기로 동의해주었을 때 나는 정말 운이 좋다고 생각했다.

크리스 브로건, 케이트 오닐, 케이티 워머슬리, 마셜 하스, 미란다 힉슨, 톰 피시번, 알렉스 뷰챔프, 안젤라 데블렌, 브라이언 클라크, 다니엘 라포트, 글렌 어반, 제임스 클레어, 제이슨 프라이드, 제프 셸던, 제시카 아벨, 숀 드수자, 죠셀린 글레이, 카일 머피, 카이틀린 모드, 랜드 피시킨, 숄 오웰, 자크 맥

컬러, 그리고 이 책에 나오는 다른 모든 이에게도 감사한다.

그리고 나의 'Rat People'들에게 감사한다. 그들은 매주 일요일 아침 내가 뉴스레터로 공유하고 싶은, 대부분 엉뚱하고 반 직관적인 아이디어를 갖게 해준 나의 오랜 독자들이다. 읽고 나누고 격려해줘서 고맙다. 당신들이 없었다면 이 모든 것들은 불가능했을 것이다.

그리고 이 글을 읽고 있는 당신에게도 감사한다. 내가 공유한 것이 당신의 일에 영감을 주거나 다른 빛을 비춰줄 수 있기를 희망한다.

폴 자비스

후주

1 Timothy D. Wilson, David A. Reinhard, Erin C. Westgate, Daniel T. Gilbert, Nicole Ellerbeck, Cheryl Hahn, Casey L. Brown, and Adi Shaked, "Just Think: The Challenges of the Disengaged Mind," Science 345, no. 6192 (July 4, 2014): 75–77.

2 Gifford Pinchot III, "Who Is the Intrapreneur?" in Intrapreneuring: Why You Don't Have to Leave the Corporation to Become an Entrepreneur (New York: HarperCollins, 1985), 28–48.

3 Vijay Govindarajan and Jatin Desai, "Recognize Intrapreneurs Before They Leave," Harvard Business Review (September 20, 2013), http://www.meritaspartners.com/wp-content/uploads/2013/12/Recognize-Intrapreneurs-Before-They-Leave.pdf.

4 Creig Lamb, "The Talented Mr. Robot: The Impact of Automation on Canada's Workforce," Brookfield Institute for Innovation + Entrepreneurship, Toronto, June 2016, http://brookfieldinstitute.ca/research-analysis/automation/, 3–8.

5 Council of Economic Advisers, Economic Report to the President: Together with the Annual Report of the Council of Economic Advisers (Washington, D.C.: White House, February 2016), https://obamawhitehouse.archives.gov/sites/default/files/docs/ERP_2016_Book_Complete%20JA.pdf.

6 Cali Ressler and Jody Thompson, Why Work Sucks and How to Fix It (New York: Portfolio, 2010), 11–36.

7 Edelman Intelligence, Freelancing in America 2016, commissioned by Upwork and Freelancers Union, October 6, 2016, https://www.slideshare.net/upwork/freelancing-in-america-2016/1.

8 Max Marmer, Bjoern Lasse Herrmann, Ertan Dogrultan, and Ron Berman, "Startup Genome Report Extra on Premature Scaling," Startup Genome, San Francisco, CA, August 29, 2011, http://innovationfootprints.com/wp-content/uploads/2015/07/startup-genome-report-extra-on-premature-scaling.pdf.

9 Jason Wiens and Chris Jackson, "The Importance of Young Firms for Economic Growth," Ewing Marion Kauffman Foundation, Kansas City, MO, September 2015, http://www.kauffman.org/what-we-do/resources/entrepreneurship-policy-digest/the-importance-of-young-firms-for-economic-growth.

10 Joel Gascoigne, "Change at Buffer: The Next Phase, and Why Our Co-Founder and Our CTO Are Moving On," Buffer Open, February 10, 2017,https://open.buffer.com/change-at-buffer/.

11 Pieter Levels, interview by Courtland Allen, Indie Hackers, July 2016, https://www.indiehackers.com/businesses/nomad-list.

12 U.S. Census data cited in Elaine Pofeldt, "How to Find Your Million-Dollar, One-Person Business Idea," Forbes, May 27, 2017, https://www.forbes.com/sites/elainepofeldt/2017/05/27/how-to-find-your-million-dollar-business-idea-by-tapping-new-census-data/#3ac375a343d9.

13 John Antonakis, Marika Fenley, and Sue Liechti, "Can Charisma Be Taught? Tests of Two Interventions," Academy of Management: Learning and Education 10, no. 3 (2011): 374–396.

14 Adam Grant, Francesca Gino, and David A. Hofmann, "The Hidden Advantages of Quiet Bosses," Harvard Business Review (December 2010), https://hbr.org/2010/12/the-hidden-advantages-of-quiet-bosses.

15 Drita Kruja, Huong Ha, Elvisa Drishti, and Ted Oelfke, "Empowerment in the Hospitality Industry in the United States," Journal of Hospitality Marketing and Management(March 3, 2015).

16 Meghan Casserly, "The Secret Power of the Generalist — And How They'll Rule the Future," Forbes, July 10, 2010, https://www.forbes.com/sites/meghancasserly/2012/07/10/the-secret-power-of-the-generalist-and-how-theyll-rule-the-future/#57821b312bd5.

17 David Heinemeier Hansson, "Trickle-down Workaholism in Startups," Signal vs. Noise, May 30, 2017, https://m.signalvnoise.com/trickle-down-workaholism-in-startups-a90ceac76426.

18 Wayne E. Oates, Confessions of a Workaholic: The Facts About Work Addiction (Nashville, TN: Abingdon Press, 1971).

19 Jerry Useem, "Power Causes Brain Damage," Atlantic, July/August 2017, https://www.theatlantic.com/magazine/archive/2017/07/power-causes-brain-damage/528711/.

20 Useem, "Power Causes Brains Damage."

21 Rik Kirkland interview with Adam Grant, "Wharton's Adam Grant on the Key to Professional Success," McKinsey & Company, June 2014, https://www.mckinsey.com/business-functions/organization/our-insights/whartons-adam-grant-on-the-key-to-professional-success.

22 Graham Charlton, "Companies More Focused on Acquisition Than Retention: Stats," Econsultancy, New York, August 30, 2015, https://econsultancy.com/blog/63321-companies-more-focused-on-acquisition-than-retention-stats.

23 "Cross-Channel Marketing Report 2013," Econsultancy, New York, August 2013, https://econsultancy.com/reports/cross-channel-marketing-report-2013.

24 Gary Sutton, Corporate Canaries: Avoid Business Disasters with a Coal Miner's Secrets (Nashville, TN: Thomas Nelson, Inc., 2005).

25 Steve Martin, "Steve Martin Teaches Comedy," MasterClass, https://www.masterclass.com/classes/steve-martin-teaches-comedy.

26 "Certified B Corporations," B Lab, accessed October 4, 2017, https://www.bcorporation.net/.

27 "Seventh Generation Staffers Line Dry Their Laundry," Seventh Generation, Burlington, VT, July 1, 2010, https://www.seventhgeneration.com/nurture-nature/seventh-generation-staffers-line-dry-their-laundry.

28 Beth Kowitt, "Seventh Generation CEO: Here's How the Unilever Deal Went Down," Fortune, September 20, 2016, http://fortune.com/2016/09/20/seventh-generation-unilever-deal/.

29 Richard Branson, "5 Ways to Build a Project with Purpose," Virgin, July 16, 2014, https://www.virgin.com/richard-branson/5-ways-build-project-purpose.

30 Michael E. Porter and Mark R. Kramer, "Strategy and Society: The Link Between Competitive Advantage and Corporate Social Responsibility," Harvard Business Review, December 2006, https://hbr.org/2006/12/strategy-and-society-the -link-between-competitive -advantage –and-corporate -social-responsibility.

31 Robert J. Vallerand, "On the Psychology of Passion: In Search of What Makes People's Lives Most Worth Living," January 2007, https://www.researchgate.net/publication/228347175_On_the_Psychology_of_Passion_In_Search_of_What_Makes_People's_Lives_Most_Worth_Living.

32 Cal Newport, So Good They Can't Ignore You: Why Skills Trump Passion in the Quest for Work You Love(New York: Grand Central Publishing, 2012), xviii.

33 William MacAskill, Doing Good Better: How Effective Altruism Can Help You Make a Difference (New York: Avery, 2015), 147–178.

34 Jeffrey Jensen Arnett and Elizabeth Fishel, "Is 30 the New 20 for Young Adults?" AARP, Washington, D.C., November 1, 2010, http://www.aarp.org/relationships/parenting/info-10-2010/emerging_adulthood_thirtysomethings.html.

35 M. P. Mueller, "How to Manage (and Avoid) Entitled Employees," New York Times, March 23, 2012, https://boss.blogs.nytimes.com/2012/03/23/managing-and-avoiding-entitled-employees/.

36 Mary Czerwinski, Eric Horvitz, and Susan Wilhite, "A Diary Study of Task Switching and Interruptions," Microsoft Research, Redmond, WA, January 1, 2004, http://erichorvitz.com/taskdiary.pdf, 4–6.

37 "'Infomania' Worse Than Marijuana," BBC News, April 22, 2005, http://news.bbc.co.uk/2/hi/uk_news/4471607.stm.

38 Gloria Mark, Daniela Gudick, and Ulrich Klocke, "The Cost of Interrupted Work: More Speed and Stress," https://www.ics.uci.edu/~gmark/chi08-mark.pdf.

39 Cara Feinberg, "The Science of Scarcity: A Behavioral Economist's Fresh Perspectives on Poverty," Harvard Magazine, May/June 2015, https://www.harvardmagazine.com/2015/05/the-science-of-scarcity.

40 John Pencavel, "The Productivity of Work Hours," IZA Discussion Paper 8129, Institute for the Study of Labor, Bonn, Germany, April 2014, http://ftp.iza.org/dp8129.pdf, 52–54.

41 Anthony H. Normore, Handbook of Research on Effective Communication, Leadership, and Conflict Resolution(Hershey, PA: IGI Global, 2016), 151–153.

42 Matthew A. Killingsworth and Daniel T. Gilbert, "A Wandering Mind Is an Unhappy Mind," Science 330, no. 6006 (November 12, 2010): 932, http://science.sciencemag.org/content/330/6006/932.long.

43 Evan Carmichael, "Guy Kawasaki's Top 10 Rules for Success (@GuyKawasaki)," YouTube, posted March 14, 2016, https://www.youtube.com/watch?v=nYv4W2IUNs0.

44 Sam Thielman and Dominic Rushe, "Government-Backed Egg Lobby Tried to Crack Food Startup, Emails Show," Guardian, September 2, 2015, https://www.theguardian.com/us-news/2015/sep/02/usda-american-egg-board-hampton-creek-just-mayo.

45 Deena Shanker, "There Is Literally a U.S. Government Conspiracy Against Vegan Mayo," Quartz, September 2, 2015, https://qz.com/493958/there-is-literally-a-us-government-conspiracy-against-vegan-mayo/.

46 "2011 Customer Experience Impact Report: Getting to the Heart of the Consumer and Brand Relationship," Oracle, Redwood Shores, CA, 2012, http://www.oracle.com/us/products/applications/cust-exp-impact-report-epss-1560493.pdf.

47 연구 원본은 출판되지 않았으나, 「고객 만족 향상(Increasing Customer Satisfaction)」의 1974–1979 연구요약본과 1984–1986 미 소비자사무국 연구가 미 소비자 정보센터(U.S. Consumer Information Center, Pueblo, CO, 1986.)에서 발간되었다.

48 Ruby Newell-Legner, "Understanding Our Customers and Their Loyalty" (video), Seven Star Service, Littleton, CO, 2014, http://www.7starservice.com/products/secrets-to-keeping-our-customers-happy/video.

49 Marc Beaujean, Jonathan Davidson, and Stacey Madge, "The 'Moment of Truth' in Customer Service," McKinsey Quarterly (February 2006), http://www.mckinsey.com/business-functions/organization/our-insights/the-moment-of-truth-in-customer-service.

50 Anita Campbell, "November 2005 Survey 'Selling to Small Business'" (letter from the publisher), Small Business Trends, November 2005, https://smallbiztrends.com/wp-content/uploads/2008/11/sellingtosmbiznovember.pdf.

51 "The Business Case for Loving Customers," HelpScout, accessed June 23, 2017, https://www.helpscout.net/whole-company-support/.

52 Belinda Parmar, "The Most (and Least) Empathetic Companies," Harvard Business Review, November 27, 2015, https://hbr.org/2015/11/2015-empathy-index.

53 Gary L. Lilien, Pamela D. Morrison, Kathleen Searls, Mary Sonnack, and Eric von Hippel, "Performance Assessment of the Lead User Idea Generation Process for New Product Development," April 1, 2002, https://evhippel.files.wordpress.com/2013/08/morrison-et-al-2002.pdf.

54 Jeff Kauflin, "The World's Most Innovative Growth Companies: 2017," Forbes, May 17, 2017, https://www.forbes.com/innovative-companies/list/.

55 "SalesForce Pardot Customer Success," SalesForce Pardot, accessed October 4, 2017, https://www.pardot.com/why-pardot/customer-success.

56 Aaron E. Carroll, "To Be Sued Less, Doctors Should Consider Talking to Patients More," New York Times, June 1, 2015, https://www.nytimes.com/2015/06/02/upshot/to-be-sued-less-doctors-should-talk-to-patients-more.html.

57 Kevin Sack, "Doctors Say 'I'm Sorry' Before 'See You in Court,'" New York Times, May 18, 2008, http://www.nytimes.com/2008/05/18/us/18apology.html.

58 University of Nottingham, "Saying Sorry Really Does Cost Nothing," *ScienceDaily,* September 23, 2009, www.sciencedaily.com/releases/2009/09/090923105815.htm.

59 Douglas A. McIntyre, "The 10 Most Hated Companies in America," 24/7WallSt, January 13, 2012, http://247wallst.com/special-report/2012/01/13/the-10-most-hated-companies-in-america/3/.

60 Anna Drennan, "Consumer Study: 88% Less Likely to Buy from Companies Who Ignore Complaints in Social Media," Conversocial, December 19, 2011, http://www.conversocial.com/blog/consumer-study-88-less-likely-to-buy-from-companies-who-ignore-complaints-in-social-media.

61 Luigi Guiso, Paola Sapienza, and Luigi Zingales, "The Value of Corporate Culture," September 2013, http://economics.mit.edu/files/9721.

62 Maryam Kouchaki, Elizabeth Doty, and Francesca Gino, "Does Your Company Keep Its Promises? Revealing and Addressing Commitment Drift in Business," Harvard University, Edmond J. Safra Center for Ethics, July 21, 2014, https://ethics.harvard.edu/blog /does -your -company-keep-its -promises -revealing-and-addressing-commitment-drift.

63 Naomi Klein, No Is Not Enough: Resisting Trump's Shock Politics and Winning the World We Need (New York: Haymarket Books, 2017), 113.

64 Jordie van Rijn, "National Client Email Report 2015," Data & Marketing Association, 2015, https://dma.org .uk/uploads/ckeditor/National-client-email-2015.pdf.

65 Campaign Monitor, "The New Rules of Email Marketing," https://www.campaignmonitor.com/resources/guides/email-marketing-new-rules/.

66 “Q1 2017 Email Trends and Benchmarks Show Increase in Desktop Open Rates,” Epsilon, July 24, 2017, http://pressroom.epsilon.com/q1-2017-north-america-email-trends-and-benchmarks-show-increase-in-desktop-open-rates-2/, 7, 11.

67 Andreas B. Eisingerich and Simon J. Bell, “Customer Education Increases Trust,” MIT Sloan Management Review, October 1, 2008, https://sloanreview.mit.edu/article/customer-education-increases-trust/.

68 Brandon Keim, “Given ‘Expert’ Advice, Brains Shut Down,” Wired, March 25, 2009, https://www.wired.com/2009/03/financebrain/.

69 Cited in “Consumer Trust in Online, Social and Mobile Advertising Grows,” Nielsen, April 10, 2012, http://www.nielsen.com/ca/en/insights/news/2012/consumer-trust-in-online-social-and-mobile-advertising-grows.html.

70 Anita Campbell, “85 Percent of Small Businesses Get Customers Through Word of Mouth,” Small Business Trends, June 10, 2015, https://smallbiztrends.com/2014/06/small-businesses-get-customers-through-word-of-mouth.html.

71 Fareena Sultan and William Qualls, “Placing Trust at the Center of Your Internet Strategy,” MIT Sloan Management Review 42, no. 1 (Fall 2000): 39–48.

72 “Anatomy of the Referral: Economics of Loyalty,” Texas Tech University, Lubbock, TX, and Advisor Impact, Salisbury, NC, December 2010.

73 “Local Consumer Review Survey 2014,” BrightLocal, 2014, https://www.brightlocal.com/learn/local-consumer-review-survey-2014/.

74 George Whitesides, “Towards a Science of Simplicity,” TED Talks, February 2010, https://www.ted.com/talks/george_whitesides_toward_a_science_of_simplicity.

75 “Pebble Time — Awesome Smartwatch, No Compromises,” Kickstarter, accessed October 9, 2017, https://www.kickstarter.com/projects/getpebble/pebble-time-awesome-smartwatch-no-compromises.

76 Lauren Goode, “Fitbit Bought Pebble for Much Less Than Originally Reported,” The Verge, February 22, 2017, https://www.theverge.com/2017/2/22/14703108/fitbit-bought-pebble-for-23-millionw.

77 Olav Sorenson, “Could Crowdfunding Reshape Entrepreneurship?” Yale Insights, July 14, 2016, http://insights.som.yale.edu/insights/could-crowdfunding-reshape-entrepreneurship.

78 Gené Teare and Ned Desmond, “The First Comprehensive Study on Women in Venture Capital and Their Impact on Female Founders,” TechCrunch, April 19, 2016, https://techcrunch.com/2016/04/19/the-first-comprehensive-study-on-women-in-venture-capital/.

79 Alison Wood Brooks, Laura Huang, Sarah Wood Kearney, and Fiona E. Murray, "Investors Prefer Entrepreneurial Ventures Pitched by Attractive Men," PNAS, February 20, 2014, http://www.hbs.edu/faculty/Publication%20Files/Brooks%20Huang%20 Kearney%20 Murray_59b551a9-8218-4b84-be15-eaff58009767.pdf. 추가로, 다음을 참고하라. Malin Malmstrum, Jeaneth Johansson, and Joakim Wincent, "Gender Stereotypes and Venture Support Decisions: How Governmental Venture Capitalists Socially Construct Entrepreneurs' Potential," Entrepreneurship: Theory and Practice 41, no. 5 (September 2017): 833-860.

80 "Women Unbound: Unleashing Female Entrepreneurial Potential," PwC and the Crowdfunding Center, July 2017, https://www.pwc.com/gx/en/diversity-inclusion/assets/women-unbound.pdf.

81 Anthony Ha, "LinkedIn Founder Reid Hoffman's 10 Rules of Entrepreneurship," VentureBeat, March 15, 2011, https:// venturebeat.com/2011 /03 /15 /reid-hoffman-10 -rules -of-entrepreneurship/.

82 Jim Collins, "Good to Great," Fast Company, October 2001, http://www.jimcollins.com/article_topics/articles/good-to-great.html.

83 Anil Dash, "There Is No 'Technology Industry,' " Medium, August 19, 2016, https://medium.com/humane-tech/there-is-no-technology-industry-44774dfb3ed7.

84 Rick Munarriz, "Blockbuster CEO Has Answers," Motley Fool, December 10, 2008, https://www.fool.com/investing/general/2008/12/10/blockbuster-ceo-has-answers.aspx.

85 Clint Ecker, "Motorola: 'Screw the Nano!' " Ars Technica, September 23, 2005, https://arstechnica.com/gadgets/2005/09/1352/.

86 "Worst Tech Predictions of All Time," Telegraph, June 29, 2016, http://www.telegraph.co.uk/technology/0/worst-tech-predictions-of-all-time/darryl-zanuck-in-1964/.

87 Sarah Perez, "Video Texting App Glide Is Going 'Viral,' Now Ranked Just Ahead of Instagram in App Store," TechCrunch, July 24, 2013, https://techcrunch.com/2013/07/24/video-texting-app-glide-is-going-viral-now-ranked-just-ahead-of-instagram-in-app-store/.

88 Sarah Perez, "When Growth Hacking Goes Bad," TechCrunch, January 3, 2014, https://techcrunch.com/2014/01/03/when-growth-hacking-goes-bad/.

89 Andy Johns, "What Does Andy Johns Think of Pinterest's Rapid Growth? What Factors Do You Believe Drove Its Viral Growth, Especially from 2011—Present?" Quora, March 17, 2014, https://www.quora.com/Andy-Johns-4/What-does-Andy-Johns-think-of-Pinterests-rapid-growth-What-factors-do-you-believe-drove-its-viral-growth-especially-from-2011-present/answer/Andy-Johns?share=1&srid=hiM.

90 Des Traynor, "If It's Important, Don't Hack It," Inside Intercom, February 12, 2013, https://blog.intercom.com/if-its-important-dont-hack-it/.

91 키바 웹사이트(www.kiva.org/about)를 참고하라.

92 "L. J. Hanifan," Wikipedia, last modified June 2, 2017, https://en.wikipedia.org/wiki/L._J._Hanifan.

93 Willy Bolander, Cinthia B. Satornino, Douglas E. Hughes, and Gerald R. Ferris, "Social Networks Within Sales Organizations: Their Development and Importance for Salesperson Performance," American Marketing Association, 2015, https://www.ama.org/publications/JournalOfMarketing/Pages/social-networks-sales-salesperson-performance.aspx.

94 "Customer Relationship Strategies: The Key to Developing Long-Term Customer Relationships," McGill University, School of Continuing Studies, accessed October 12, 2017, https://www.mcgill.ca/continuingstudies/programs-and-courses/business-and-management/courses-and-workshops/cementing.

95 "The Social Brain and Its Superpowers: Matthew Lieberman, PhD, at TEDxStLouis," filmed September 19, 2013, YouTube, posted October 7, 2013, https://www.youtube.com/watch?v=NNhk3owF7RQ.

96 "Compliance with Appropriate Implementation of Animal Experiments in Research and Development Activities at Otsuka Group Companies," Otsuka Holdings Co., Ltd., accessed October 13, 2017, https://www.otsuka.com/en/rd/compliance/.

97 "Keep Daiya Vegan! Reject the Otsuka Acquisition," Change.org, accessed October 13, 2017, https://www.change.org/p/daiya-canada-keep-daiya-vegan-reject-the-otsuka-acquisition.

98 Jim Dougherty, "5 Steps to Building Great Business Relationships," Harvard Business Review, December 5, 2014, https://hbr.org/2014/12/5-steps-to-building-great-business-relationships.

99 "Capitalizing on Complexity: Insights from the IBM Global CEO Study 2010," IBM Corporation, 2010, http://www-07.ibm.com/events/my/ceoworkshop/downloads/1.pdf.

100 Austin Kleon, "The Noun and the Verb," July 22, 2015, https://austinkleon.com/2015/07/22/the-noun-and-the-verb/.University of Nottingham, "Saying Sorry Really Does Cost Nothing," ScienceDaily, September 23, 2009, www.sciencedaily.com/releases/2009/09/090923105815.htm.

색인(ㄱㄴㄷ 순)

ㅋ

ㅎ

1인 기업

2021. 5. 27. 초 판 1쇄 인쇄
2021. 6. 03. 초 판 1쇄 발행

지은이 | 폴 자비스
옮긴이 | 이강덕
펴낸이 | 이종춘
펴낸곳 | BM (주)도서출판 성안당
주소 | 04032 서울시 마포구 양화로 127 첨단빌딩 3층(출판기획 R&D 센터)
10881 경기도 파주시 문발로 112 파주 출판 문화도시(제작 및 물류)
전화 | 02) 3142-0036
031) 950-6300
팩스 | 031) 955-0510
등록 | 1973. 2. 1. 제406-2005-000046호
출판사 홈페이지 | **www.cyber.co.kr**
ISBN | 978-89-315-8276-5 (03320)
정가 | 16,000원

이 책을 만든 사람들
책임 | 최옥현
진행 | 디엔터
교정 · 교열 | 디엔터
본문 · 표지 디자인 | 디엔터, 박원석
홍보 | 김계향, 유미나, 서세원
국제부 | 이선민, 조혜란, 김혜숙
마케팅 | 구본철, 차정욱, 나진호, 이동후, 강호묵
마케팅 지원 | 장상범, 박지연
제작 | 김유석

■ **도서 A/S 안내**

성안당에서 발행하는 모든 도서는 저자와 출판사, 그리고 독자가 함께 만들어 나갑니다.
좋은 책을 펴내기 위해 많은 노력을 기울이고 있습니다. 혹시라도 내용상의 오류나 오탈자 등이 발견되면 "좋은 책은 나라의 보배"로서 우리 모두가 함께 만들어 간다는 마음으로 연락주시기 바랍니다. 수정 보완하여 더 나은 책이 되도록 최선을 다하겠습니다.
성안당은 늘 독자 여러분들의 소중한 의견을 기다리고 있습니다. 좋은 의견을 보내주시는 분께는 성안당 쇼핑몰의 포인트(3,000포인트)를 적립해 드립니다.

잘못 만들어진 책이나 부록 등이 파손된 경우에는 교환해 드립니다.